組織の自己再生マネジメント

―市場「探求」と技術「活用」の両利きの学習プロセス―

北　真収 著

文眞堂

はしがき

本書の目的

　成長市場を探求することは，衰退して危機に陥った組織が自己再生へ舵を切る際の学習の要諦である。そのプロセスは次のように考えられる。リーダーは組織の逸脱や食い違いに気づき，それを増幅させながら探求するべき対象へメンバーの関心を引きつける。その一方で，彼らの感情に配慮して保持する技術の活用を尊重し，学習不安を抑える。つまり，新規市場へ既存技術を転用する両利きの学習を推進する。自己再生の場面では，組織学習でいう「探求」と「活用」の2つの学習パターンが使い分けられて，市場と技術からなる既存の知識資源の再構成が行われる。

　こうした考え方のもとに，再生へ舵を切るプロセスについて組織学習の観点から考察し，リーダーとメンバー間の相互作用のパターンを明らかにすることが本書の目的である。

バックグラウンド

　筆者は大学卒業後，メーカーで調査・企画の仕事や，事業部を販売促進の側面から支援する仕事に携わった。ちょうど，社長が代替わりして新しいビジョンへ舵を切る状況にめぐりあい，組織改革のプロジェクトにも参加した。その後，民間企業や官公庁から調査・研究を受託するシンクタンク（野村総合研究所）に移った。そこでは，中国・北京市に設立した事務所に4年間駐在して現地調査に携わる機会を得た。鄧小平氏が中国の改革開放へ大きく舵を切った直後の1990年代半ばであった。このような職務経歴をバックグラウンドに，2004年から大学教員として奉職し今に至っている。

　なぜ，企業から学究の世界に転身を決めたのか。振り返れば，シンクタンクなどでの仕事を通じてさまざまな企業の経営活動を眺めることができ，それぞれ行動パターンに違いがある点に興味を抱いたことが理由である。背景にある

ii　　はしがき

経営者や組織の認知の過程，心理の状態について構造的に探究したいとの思いが筆者の背中を押した。ただ，この時点では，漠然と，職務経験を踏まえた研究であればその成果は実践に役立つはずだという程度に考えていた。

研究の関心

　赴任した地方都市の大学や大学院では文科系の学生を対象に講義やゼミ指導を行った。文科系なので，製造業への関心は薄い。大学院は社会人院生が多かったが，大半は事務職で技術系は少ない。授業では，専門知識を説明する一助として，進んで，サービス業や中小企業のケーススタディを取り上げた。学外では，自治体や団体から研究助成を受けたり，審議会委員を委嘱されるなど，地元の経済界や行政の方々と交流する機会が多かった。

　学内外のこうした環境の中で，研究の関心は，次第に，製造業よりもサービス業，大企業よりも地方企業や中小企業へ傾いていった。また，「地場の産業や企業に対して何か役立つことができないだろうか」，研究の成果や貢献に対して意識が徐々に変わった。

再生の研究

　あるとき，偶然，目にした雑誌記事の中に，閉館寸前の危機からオンリーワンを築くことにより地理的ハンディをも乗り越えた加茂水族館（山形県）が紹介されていた。地方の中小組織では休廃業・解散に追い込まれるケースが増えている折，希望や勇気を与える好例として強く脳裏に焼きついた。これをきっかけに，再生やターンアラウンド（再建）をテーマにした研究を開始する。しかし，事例を収集し検討を重ねても，再生の背景を説明する理論的基盤や関連づけるロジックがなかなか見えてこない。

　並行して，日本学術振興会・科学研究費助成の基盤研究に応募する。しかし，不採択。大学教員に転じて以降，外部研究費は，幸運にも，日本学術振興会，民間や自治体の研究助成を受けてきたが，研究課題を再生に変えてからはなぜか採択されなくなった。次の年も基盤研究の採択はなかった。再生をどのように理論づければよいのかがなかなか納得のいく形で示せなかったことが原因である。自分の先入観，固定観念へのこだわりが論理的な着想を阻んでいた

のだと思われる。

学習に焦点化

　不採択のたびに，論理の組み立て方，論点の絞り方など分析の枠組みを見直し，どのように修正すべきか，自問自答した。一方で，少しでも関係のありそうな先行研究をレビューしたり，事例を詳細に見直すなど個々の作業は，とにかく前に進めることにした。一見，各々が独立して見える知識群を全体としてどのように統合していくのか。試行錯誤を繰り返すうちに，ようやく，組織行動の一角をなす学習に焦点を絞ると収まりがよくなることが分かってきた。東京工業大学の大学院在籍時に，恩師である渡辺千仭先生から学んだ動的学習係数の概念（市場への普及にともなう学習効果を表す概念）がヒントになった。

　組織学習にかかわるロジックを用いると，再生の学術的背景が説明しやすくなった。個々ばらばらに見えた知識が，いつのまにか，１つのまとまりをなしてきた。形が整ってくると，基本的に書き下ろし原稿が多いので，外部に公表することを考えた。とりわけ，発見事項は理論と現実の観察（事例調査）の往復運動の中から導いたものであるため，実務上も活用価値があるだろうと判断して本書の刊行を決めた。

　筆者は過去に，企業に在職した際に，新社長が掲げたビジョンへ舵を切る場面，さらに，中国に駐在したときに，計画経済から市場経済へ舵を切る場面に出あい，状況を目の当たりにする貴重な体験をした。本書は再生へ舵を切る場面に注目している。期待や希望と不安が入り交じる点はどれも同じである。結果もさることながらそのプロセスにこそ，変容のダイナミズムを理解する手がかりが隠れていると思われる。

謝辞

　朝４時半ごろから大学へ出かけるまでの２時間，自宅の机に向かう毎日である。日の出前の静寂の中で先人の研究を何度も読み返しながら，自分の論稿を少しずつ組み立てていく。「巨人の肩の上にのる矮人」の言葉があるように，先人の積み重ねた研究成果が知識ストックの脆弱な筆者に，さまざまなことを教えてくれた。また，事例調査では多忙な時間を割いてくださった多くの関係

者の方々から貴重なお話やご教示を賜った。ここに，深く感謝を申し上げる次第である。本研究は岡山大学在職時に着手し，その後転じた摂南大学（現職）でひとまず完成したが，それぞれの大学の教職員の皆様にもご理解，ご協力をいただいた。本書がよき返報の役割を果たすことを願っている。加えて，文眞堂の前野眞司氏には学術研究書として出版する機会を与えていただいた。お礼を申し上げる。

　最後に，妻・充代には休日も家庭をかえりみずに迷惑をかけてきた。今，暫時であるが，骨折した彼女を手助けする立場に変わっている。持ちつ持たれつ，早い回復を願っている。

2019年水無月　京都・宇治の自宅書斎にて

北　真収

目　　次

はしがき……………………………………………………………………… i

序章　組織の自己再生 ……………………………………………………… 1

第1節　問題の所在と研究目的 ……………………………………… 1

第2節　本研究の特徴 ………………………………………………… 5

第3節　本書の構成 …………………………………………………… 6

第1部　理論的背景編 ……………………………………………………… 9

第1章　組織学習の「探求」と「活用」…………………………………11

第1節　「探求」に関する議論 ………………………………………11

第2節　「活用」との両立の議論 ……………………………………26

第3節　本研究で踏まえるべき点 ……………………………………37

第2章　再生と「探求」……………………………………………………39

第1節　再生とは ………………………………………………………39

第2節　危機適応の心理 ………………………………………………48

第3節　機会発見の「探求」…………………………………………56

第4節　本研究で踏まえるべき点 ……………………………………68

第3章　再生へ舵を切る学習プロセス…………………………………69

第1節　プロセスの全体像 ……………………………………………69

第2節　逸脱の認識段階―逸脱の察知 ………………………………84

第3節　逸脱の増幅段階―組織スラックの補充 ……………………96

第4節　外的環境へ働きかける段階―学習不安の低減 …………… 109

第5節　メンバーの学習に及ぼす影響—周囲との関係 ……………… 120

第2部　実証研究編 ……………………………………………………… 125

第4章　理論的フレームワーク ……………………………………… 127

第1節　実証分析の枠組み ……………………………………………… 128
第2節　リーダーの行動に関する見解 ……………………………… 130
第3節　メンバーの学習に関する見解 ……………………………… 135

第5章　研究の方法 ……………………………………………………… 137

第1節　事例研究 ………………………………………………………… 137
第2節　再生事例の概要 ………………………………………………… 141

第6章　再生事例の記述 ……………………………………………… 145

第1節　はとバスの事例 ………………………………………………… 145
第2節　今治タオルの事例 ……………………………………………… 161
第3節　加茂水族館の事例 ……………………………………………… 178

第7章　理論的見解の考察 …………………………………………… 194

第1節　事例分析の確認 ………………………………………………… 194
第2節　リーダーの行動 ………………………………………………… 197
第3節　メンバーの学習 ………………………………………………… 212
第4節　「探求」についての解釈 ……………………………………… 215

終章　結論と今後の課題 ……………………………………………… 220

第1節　発見事項 ………………………………………………………… 221
第2節　理論的および実践的含意 …………………………………… 223
第3節　限界と今後の課題 ……………………………………………… 226

参考文献……………………………………………………………… 227

事項索引……………………………………………………………… 244

人名索引……………………………………………………………… 247

序章

組織の自己再生

第1節　問題の所在と研究目的

1−1．問題の所在

　今，再生といえば，まず，太陽光や風力，バイオマス，太陽熱，地熱など自然の力による再生可能エネルギーが想起される。エネルギー資源が乏しい日本では，持続的にエネルギーが供給されること，自給率向上によってエネルギー安全保障が確保できること，CO_2削減により気候変動対策がとれること，普及すればエネルギー・ランニングコストが削減できることなど，自然の営みによる再生の意義は大きい。

　また，医療の分野では，iPS細胞を使った再生医療が注目されている。再生医療は，機能不全になった組織や臓器を補助・再生させる医療で，2014年に，世界で初めてiPS細胞を用いた移植手術が日本で行われるなど，着実に成果を上げている。自分の身体から幹細胞という特殊な細胞を取り出して増やし，目的とする組織や臓器などに生成してからもとの身体に移植する。この試みによって，これまで有効な方法のなかった疾患の治療が可能になり，その実用化への期待は大きい。

　2つの例に見られるように，再び作り出される現象に対して新たな価値を見出そうとする動きが拡がっている。

　一方，企業に目を転じれば，ここ数年の間，休廃業・解散件数が増加している。直近の2018年は約4万7千件に達し，倒産件数約8千件の5倍以上，両者を合わせると約5万5千件が退出して，多くの雇用が失われた（東京商工リサーチ「2018年 休廃業・解散企業動向調査」）。また，休廃業・解散企業では経営者の高齢化が顕著である。一般的には，経営者の年齢と企業の業績は逆相

関して，年齢が高いと増収企業の割合が低下，減収企業の割合が上昇する。

本来，企業は発展し続けるという仮定が成立していることを前提に各種制度の論理が構築されていて，将来の休廃業・解散や倒産は前提には含まれていない。すなわち，「継続企業の前提」と呼ばれるゴーイング・コンサーンである。しかし，企業の成長・発展は決して線形的ではない。危機に直面するたびにそれを乗り越えて次の成長段階へ移行しなければならない。つまり，企業は既存の経営資源の再構成を行って組織のライフサイクルを危機から成長段階へ転換させる自己再生を行う。

倒産したり，休廃業・解散した企業は，もっと手前の段階で再生へ舵を切っておく必要があり，それによって転換を果たせば若い世代の事業承継の意欲を高めたかもしれない。さらに重要なことは，今後も休廃業・解散の見込まれる多数の企業に再生へ舵を切る行動を起こさせることである。そのために，再び成長軌道に乗り移る手引きや示唆が提供されなければならない。

ところで，経営から見た再生は，企業再生や事業再生，あるいは組織再生などと呼ばれる。共通しているのは，業績不振に陥った企業や事業，あるいは組織が健全な状態へ生まれ変わるという点である。再生を必要とするのは，現金不足で資金繰りに行き詰っている場合，現金があっても有利子負債を返済するには十分でない場合，今は問題がなくても近い将来，事業の先細りが見込まれる場合などが考えられる。すなわち，短期的に何らかの措置を講じなければ，近い将来，破綻することが明白な場合である。

再生の事例として，法的に負債を整理する会社更生法の適用を受けて再生した例，銀行主導で再生した例などが紹介されることは多い。財務の立て直しは短期間で行えることから，このように，再生例は銀行などの債権者や株主の立場からしばしば取り上げられている。しかし，最も重要なことは事業の立て直しである。それには従業員の意識，態度，行動の変容が必要であり，ここに多くの時間やエネルギーが割かれなければならない。

本研究では，企業は危機を自ら乗り越えて次の成長段階へ移行する自己再生を行うべきものと考える。自己再生は従業員の変容という組織の変革と強く結びつくものであるため，以降は，「組織の自己再生」の意味を含意して用いる。

組織の自己再生は，社会的使命が終わった組織ではなく，社会的使命を終わ

らせてしまわないように，組織自らが転換を図って外的環境の変化に適応した経営構造に変えていくことを意味している。

1−2．研究の目的

　危機を乗り越えて成長段階へ移る自己再生では，具体的に何を行えばよいのだろうか。自己再生は新しい知識や行動を身につける学習の成果でもあると考えて，本研究では組織が成長段階へ乗り移る過程について組織学習の観点から考察する。リーダーの行動とメンバーの学習という影響関係に注目しながら分析を行い，組織を変容させていく両者の相互作用のパターンを経時的に見出すことが目的である。その結果は，今後，休廃業・解散が予想される多数の企業に対して自己再生へ舵を切るための有用な知見として提供していきたい。

　研究の理論的背景となるのが，組織学習論の「探求」と「活用」という枠組み，さらに，「探求」と「活用」を使い分ける逐次的な両利きの学習概念である。

　再生は変革であるとも言われ，組織の変革や進化と関係が深い。組織の進化はワイク（Weick, 1979）の組織化モデルのように組織学習のパースペクティブから論じられている。一方，組織が成長するには知識の「探求（exploration）」と「活用（exploitation）」の両方が必須とされる（March, 1991）。「探求」は急進的な学習，「活用」は漸進的な学習を指す。つまり，組織の成長，進化を考察するには学習の視角が欠かせない。

　再生を必要とする組織は，学習リスクの低い「活用」に過剰に依存して「探求」を避けてきた結果でもある。よって，再生を図るには「探求」が鍵を握るだろうことは明らかである。しかし，「探求」は学習リスクが高く，組織スラックを必要とする。

　経営学のイノベーション研究領域では，研究開発活動において，「探求」と「活用」を併用する両利きの学習が注目を集めている。「探求」と「活用」を同程度に追求する学習が好業績をもたらすことを明らかにした実証研究の結果がそのきっかけとなった。両利きには同時的両利き，逐次的両利きがある。同時的両利きは大規模な組織が前提となる。逐次的両利きは組織スラックのない中小の組織にも適合するが，使い分けるには優れた機動性が必要とされる。「探

求」を実行するには，前述で指摘したように，学習リスクと組織スラックに留意しなければならない。

なお，自己再生とは，他人の資本や再生支援などの専門機関，専門家集団に頼らずに組織自らの手で既存の経営資源の再構成を行って，下の図序-1の点線が示すように，組織のライフサイクルを危機に陥った衰退段階から成長段階へ遷移させる組織学習であると定義する。

一般的に，組織の学習は「活用」に傾斜しやすく，そのことが危機を招く一因でもある。成長には「探求」と「活用」が必要とされるが，問題は危機に陥った組織が「探求」活動に取り組めるのか，リーダーはどのように働きかければよいのかという点である。本研究はここに焦点を当てている。

研究は次のように進めていく。「探求」と「活用」の組織学習，再生や知識移転といった経営学関連の既存研究，危機の心理や逸脱，驚き・快感情といった心理学関連の既存研究を渉猟する。これまでに明らかにされてきたこと，未だ分かっていないことを整理した上で，再生へ舵を切る学習プロセスに関する理論的見解を定める。前提条件として，危機的段階にあり組織スラックの乏しい単一ドメインの中小規模組織が回復へ向かって舵を切り始める時機を念頭に置いている。

この理論的見解が妥当かどうかの検証に当たっては，事例研究の方法を採る。「どのような」，あるいは「どのように」という制限のないオープン・エン

図序-1　組織のライフサイクルと再生

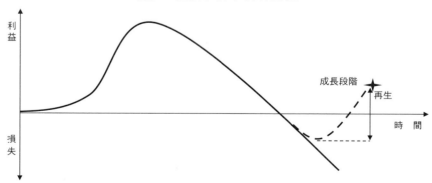

出所：Slatter & Lovett (1999), 邦訳 p.9 の図を加筆修正。

ドな課題提起に答える見解の場合は，対象に密着して経時的な視点から調査する必要があるためである。

　事例は，純粋な民間組織というよりも半官半民，あるいは地域の社会的使命を担った組織における再生を取り上げる。こうした組織のほうが，自己再生の困難性は大きいと考えられるからである。具体的には，倒産寸前の危機を回避し，利用客と日々接する乗務員を中心にサービス品質の向上に取り組んだ事例（はとバス），生産が縮小する中で，産地のブランドを立ち上げようとその意義を組合員と共有していった事例（今治タオル），地方にあって入館者が減り続ける状況の下で，新たな展示対象の発見とその飼育技術の開発，向上に取り組んだ事例（加茂水族館）の3つである。

第2節　本研究の特徴

　自己再生において，「探求」と「活用」の両利きの学習が重要であると考えている点が1つの大きな特徴である。組織学習では，新たな知識の「探求」と既存の知識の「活用」は，排他的な関係があるために両立は難しいとされてきた。本研究では知識を技術知識と市場知識の2つに分けることにより，既存技術を「活用」しながら新規市場を「探求」するという考え方をとる。イノベーションの研究領域では，「探求」と「活用」の両利きがホットな議論の対象になっているが，こうした両利きが，危機に直面した組織の自己再生を推進する場面でも鍵となることを明らかにする。

　なお，両利きの組織学習に関する既存研究では定量分析による考察が見られるが，サーベイなどの主観データを用いた実証分析である。物事を単純化して表現する定量データだけに基づく分析は平面的で立体感に欠ける。一方，質的調査の研究は少なく，「探求」と「活用」を両立させるメカニズムを構造的に明らかにする分析があまり行われていない。プロセス分析の観点から，本研究は質的調査を通じて文脈的な解釈を行っていこうとするものである。

　もう1つの特徴は，衰退して危機に陥った組織のメンバーの心理に配慮している点である。衰退組織に特有の無力感にさいなまれて，行動を遂行する自信

である自己効力感に欠けた心理状態から脱することが最も重視されなければならない。具体的には，組織にポジティブな感情を抱かせる行動がとられる必要がある。既存技術の「活用」を尊重することは学習不安をやわらげる。新しい知識の対象を絞って学習を明確にすることもいくらか不安をやわらげる。学習不安に注意を払いながらプロセスを考察していけば，両利きの学習をより立体化させた形で捉えることができる。

　理論的なフレームワークにおいては，衰退組織における不安に対比させたポジティブ感情，組織学習における既存知識の「活用」に対比させた新たな知識の「探求」，技術知識に対比させた市場知識，リーダーの思考に関して同質性に対比させた異質性など相対立する概念の組み合せを念頭に置いて見解の論理を組み立てる。そのことで研究の結果に一定の減り張りがつけられると考えている。

　本研究は衰退組織が再生へ舵を切るプロセスを「探求」と「活用」の組織学習論から考察するものであるが，既存の研究を見渡しても，類似したアプローチによる研究はあまり見当たらない。この意味では，開拓者的な研究である。

　なお，地方創生が叫ばれているが，それには衰退した地場産業や地場企業の再生が欠かせない。再生の鍵は組織学習次第である。再生へ舵を切る学習のプロセスをリーダーの行動とメンバーの学習という相互の影響関係から明らかにすることが，休廃業・解散に迫られる衰退組織に対して実践的な示唆になる。

第3節　本書の構成

　全体は次のように構成されている。まず，背景となる理論を振り返る。第1章では「探求」，「活用」，「探求」と「活用」の両立に関する既存研究をレビューし，第2章では再生の定義を行った上で，危機の心理や「探求」の発端に関する既存研究を振り返る。第3章では再生へ舵を切る学習プロセスの全体像を検討し，各段階において異質なものの見方，驚きや快感情，知識の移転など関連する研究を参考にしながらそれぞれの論点を整理する。

　次に，実証研究を行っていく。第4章では前章で整理した論点などを踏まえ

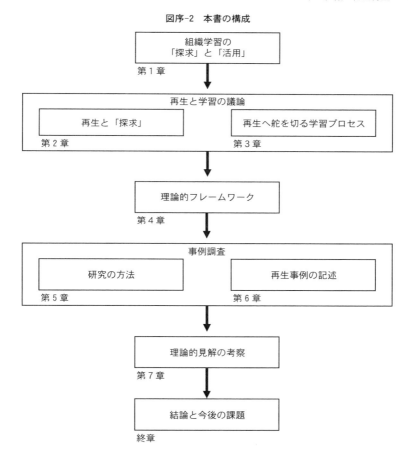

図序-2 本書の構成

ながら，課題に対する理論的見解を提示する。第5章で調査方法を説明し，第6章では3つの事例調査の結果を記述する。第7章では，事例におけるリーダーの行動とメンバーの学習の影響関係などを分析し，理論的見解の妥当性の確認や意義，応用の程度などについて考察する。最後に終章で本研究を要約し今後の課題にふれる。

なお，本研究で繰り返し用いる用語については，次のように意味を統一して使用する。

「活用」（exploitation）は知識の漸進的な学習活動を表し，「探求」

(exploration) は知識の急進的な学習活動を表す。「活用」と「探求」の活動を両立させることを両利きの学習と呼ぶ。また，リーダーとは，衰退して慢性的な危機状態に陥った組織において再生への道筋を描き出し，メンバーを先導していく人を指す。必ずしも経営者であるとは限らない。

第1部
理論的背景編

第 1 章
組織学習の「探求」と「活用」

第 1 節 「探求」に関する議論

1−1. 「探求」と「活用」の違い
1−2. 「探求」の特徴

1−1. 「探求」と「活用」の違い

　本書の表題である再生という言葉には，生き返ることを意味する以外に，精神的に生まれ変わることの意味もある。生まれ変わるには何らかの探索が必要になる。まず，糸口，端緒を見つけ出す。そして，それに関連する新しい知識を取り込む。このように，範囲の程度を問わず多様な知識を獲得する行動，すなわち，探索活動が欠かせない。この探索について，目標の達成状況の如何によってその範囲が広げられると指摘されている。マーチ（March, 1991）は次のように説明している。

　「組織は課題解決の検討に当たって，満足する代替案に到達するまで既存のルーティン（routine）の近傍領域を探索する傾向がある。しかし，そうした探索によっても目標を十分に満足させられる解決案が発見できない場合は，より広い選択肢の中から代替案を探索し，複数の代替案を実験するという方法（mode）へ切り替える。これは既存のルーティンとかに離れた代替案，既存のルーティンをも変えるような代替案を探索するものである。この方法の切り替えについて，切り替える前を「exploitation」，切り替えた後を「exploration」と呼ぶ。」

　組織のルーティンとは，形式，規則，手続き，しきたり，戦略，技術，さらには，パラダイム（paradigm, 認識枠組み），フレームワーク（枠組み），解

釈コード（情報解釈の規則），文化，知識を指し，組織が反復的に活動する上での行動の基礎，行動パターンをなす（Levitt & March, 1988）。

　ところで，レビットとマーチ（Levitt & March, 1988）は，ルーティンを強調したルーティン・ベースの組織学習論を唱え，次のように組織学習を解釈した。① 組織の行動はルーティンを基礎としていてルーティンが行動を左右する。② ルーティンは過去の解釈を基礎としている。③ ルーティンは経験の結果として変化するが，それは目標から見た結果の評価に依存する。これらから，経験の結果が移転されることで，学習者は他者の経験を獲得することができると考えた。

　ここで用語の使用方法を明確にしておこう。「exploitation」とは組織がすでに知っていることを利用したり展開する活動である。対比して用いる「exploration」はこれまで組織が持っていない新しい知識を追求する活動である（Levinthal & March, 1993）。本研究では，exploitation は知識の漸進的な学習活動を表す「活用」，exploration は知識の急進的な学習活動を表す「探求」と表記する。活用や探求は，文章表現では，名詞だけでなく文脈に応じて動詞や形容詞の形で使用されることが多い。一般的な意味と区別して示す場合は「　」でくくる。

　この組織学習は基本的にルーティン・ベースであり，歴史依存的に行われやすい（Levitt & March, 1988）。既存のルーティンを強化することもあれば，優れた新たなルーティンを探索することもある。マーチ（March, 1991）は，組織が知識を見つけて組織のルーティンに取り込む活動を，exploitation と exploration の 2 つに分けた。組織学習は環境に適応する過程でもあるが，組織ルーティンの「活用（exploitation）」なのか，「探求（exploration）」なのか，こうした資源配分の過程として考えた。「活用」にどれくらいの資源を配分するか，「探求」にはどうするのかが組織学習の効果に影響を及ぼす。しかし，どのようなプロセスで学習するのかについて言及していない。

　「活用」，「探求」を問わず，知識を取り込む点に関しては，個人が獲得した知識は組織のメンバー同士で取捨選択され，共通の理解がされて初めて組織ルーティンへと変化する。不要と見なされた知識は捨てられる。変化の激しい環境にある組織ほど，新たな知識の獲得とルーティンの形成が必要とされる

(Lichtenthaler, 2009)。マーチ（March, 1991）により提示された「活用」，「探求」という類型は，組織学習という文脈で解釈され，その後，組織的なイノベーションの文脈で議論される機会が増えて（Stuart & Podolny, 1996），現在，組織学習理論の主要な位置を占めている。

　「活用」と「探求」は，広範な学習活動のパターンを示すが（Lavie & Rosenkopf, 2006），学習の量および学習のタイプが異なる（Gupta, Smith & Shalley, 2006）。「活用」は，組織が新たに必要としている知識が明白で，どこに存在しているか，どこから取り込めばよいかがある程度分かっている場合にとる活動である。期間や費用の見積もりもしやすい。「探求」は，知識は有益かどうかが明らかでないまま行う活動である。探す範囲も広範囲となるうえ，新たな知識が発見できる保証もない。活動に要する期間や費用の見積もりがしにくくリスクが高い（March, 1991）。「活用」では利用の成果をもたらす学習サイクルが，「探求」では，探索の成果を生み出す学習サイクルが繰り返される。

　「活用」は既存の認知的枠組みのもとで能力，技術，パラダイムを掘り下げて改善と拡張を図る活動である。漸進的な学習に当たり，改善・手直し，標準化，迅速化，コスト削減など生産性・効率性の向上，調整等がもたらされる（March, 1991）。

　「探求」は新しい代替案の実験と試行錯誤の活動である。新たな認知的枠組みを開発するという既存の知識や情報にとらわれない急進的な学習に結びつく可能性があり，多様性の追求，発見，イノベーション，柔軟性の確保，遊びの維持などで特徴づけられる活動である（March, 1991）。また，新しい知識の獲得を目的とした学習とイノベーションを意味する（Gupta *et al.*, 2006）。「探求」では，ヘッドバーグ（Hedberg, 1981）が指摘したように組織にとって有効性が失われた知識を棄却するアンラーニング（unlearning）が重要であるとされる。

　平均志向の「活用」と分散志向の「探求」は正反対の活動である（McGrath, 2001）。「探求」は「活用」に比べて，不確実な結果が長時間かかって，因果関係も曖昧なままで現れる。しかし，「探求」の結果，組織は多様な知識を獲得し，そのことで不確実性の高い将来の競争環境の変化に適応しやすくなる。

14　第1部　理論的背景編

「探求」では大きな成果も得られるが，不確実性に対するリスクの負担が付随する（Levinthal & March, 1993）。

　知識の獲得プロセスには，過去の経験に基づく学習と先を見据えた認知に基づく学習がある。前者は「活用」，後者は「探求」に相当する。両者は，たとえば，代替案の捉え方について，考慮に入れる範囲や評価方法，位置づけが大きく異なる（Gavetti & Levinthal, 2000）。

　戦略の観点からみると，戦略を変えずに組織慣性を同じ方向に維持する場合は，既知の知識を深める「活用」を行う。しかし，意図的に戦略を見直して組織慣性を転換させる場合は，未知の知識を探す「探求」が必要である（Burgelman, 2002）。

　「探求」と「活用」の違いは，たとえば，製品プラットフォームと派生製品の関係から説明することができる。製品プラットフォームは，一連の派生製品を効率的に開発，製造する際の土台となる共通の構造として，意図的に構想され開発されたサブシステム，およびインターフェースの集合体である（Muffatto & Roveda, 2000）。派生製品は製品プラットフォームを土台として開発されるので基本構造は同じであるが，個々の市場セグメントに対して最適化を図る必要から部分的な修正が施された製品である。

　製品プラットフォームの開発は新しい製品設計の可能性を追求する「探求」としての性質が強い。そこでは，従来のプラットフォームとは異なる知識・技術の開拓が課題となる。派生製品の開発は既存の製品プラットフォームを利用して効率的に設計を進めることが重視され，「活用」として捉えることができる（Muffatto & Roveda, 2000）。なお，プラットフォームの概念は，図1-1に示したように，共通部品を大きなモジュール（構成装置）にまとめたものを指す（藤本, 2001）。

　次に，技術進歩を例として「活用」と「探求」の違いを説明しよう。「活用」は，既存の知識の精製や拡大によって大きな効果や改善を目指す漸進的な革新である（Atuahene-Gima, 2005）。「探求」は，実験や新たな知識の開発によって多様性や新規性を目指す急進的な革新である（Atuahene-Gima, 2005）。また，次のように表現されることもある。「活用」は既存の技術軌道（trajectory）のもとに構築された，既存のものの改善を指す革新である。「探求」は異なる

図1-1　プラットフォームの概念

サブ・アセンブリーのサイズ

	小さい	大きい
高い	共通部品	プラットフォーム
低い	非共通部品	非共通モジュール

（縦軸：共通化度）

出所：藤本（2001）p.319 図 8.9 をもとに作成。

新たな技術軌道へ移行する革新として位置づけられる。両者はタイプの異なるイノベーション活動，学習活動である（Benner & Tushman, 2002）。技術軌道とは，「ある技術パラダイム内における通常の問題解決活動を表した進歩のパターン」である。なお，技術パラダイムとは，「自然科学から引き出された特定の原理，ならびに特定の素材技術に基づいた技術的問題解決のモデル，およびパターン」をいう（Dosi, 1982）。

　特定の技術の進歩は，縦軸に技術の性能（パフォーマンス）を，横軸に当該技術に対する努力投入量をとる図においてS字曲線を移動する。技術には物理的制約が備わっており，その進化経路はS字を描く（Foster, 1986）。S字曲線に沿って「活用」に相当する革新である連続的イノベーションを積み重ねて性能を向上させていくと，やがて技術的限界に近づき，投じた努力に対して得られる性能が逓減し頭打ち状態になる。技術固有のS字という特性のためである。そのときに，いずれはこうした技術的限界を打ち破るのではないかと期待されるようなまったく新しい技術が登場し，開発が進められて，新しいS字曲線になる場合がある。やがては在来技術の性能を凌駕する。こうした過程は図1-2のように描かれる。在来技術のS字曲線が，萌芽期のために性能の劣る新しい技術のS字曲線へと移行する動きは非連続的イノベーションに当たる（Foster, 1986）。この「探求」に相当する革新である非連続的な技術変化を繰り返して，産業内の技術は進歩していく。

図1-2 技術進歩のS字曲線

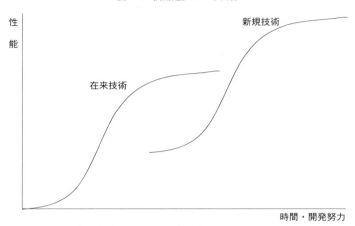

出所：Foster (1986), 邦訳 p.96 の図を加筆修正。

　この他にも，アバナシー（Abernathy, 1978）が唱えた製品イノベーションとプロセス・イノベーションを「探求」と「活用」の関係で捉えた研究もある（Benner & Tushman, 2003）。

　「活用」と「探求」，それぞれの活動は，知覚上，どのようにして測定するのだろうか。質問紙法調査で示された例を紹介する。ルバトキンら（Lubatkin, Simsek, Ling & Veiga, 2006）は，「活用」と「探求」の活動を測定するために，それぞれ6つの行動項目を設定している。詳しくは表1-1に示す。

　「活用」と「探求」を操作化する例をいくつか取り上げてみたい。既存研究では，取得特許の特性に注目してそれらを「活用」と「探求」の関係に置き換えて考察する例が多い。ソレンセンとスチュアート（Sørensen & Stuart, 2000）は，既存の技術領域や自社の研究範囲の知識に基づいた特許を「活用」，他社に引用されるような革新性の高い特許を「探求」としている。

　自社が既に取得している特許を引用するのか（自己引用特許），自己引用の少ない特許か，という区別に着目して，「活用」特許と「探求」特許に操作化している研究もある（Rosenkopf & Nerkar, 2001; Benner & Tushman, 2002）。たとえば，総引用特許数に対する自己引用特許数の比率を自己引用比率とし，比率が高いと「活用」特許とみなす（Hall, Jaffe & Trajtenberg, 2001）。

表 1-1 「活用」と「探求」の行動項目

	行動項目
活用	品質と低コストの改善に取り組む
	製品・サービスの信頼性を継続的に高める
	作業の自動化の水準を高める
	既存顧客の満足度を継続的に調査する
	既存顧客の満足度を維持するために微調整する
	既存顧客により深く入り込む
探求	考えられる範疇外の視点から斬新な技術的アイデアを創出する
	新技術を探索する能力を継続的に発揮する
	創造した製品・サービスが企業にとって革新的なものである
	創造した方向性が顧客ニーズを満たしている
	新たな市場セグメントを生み出すために大胆に行動する
	新たな顧客層をターゲットにした行動をとる

出所：Lubatkin *et al.*(2006) の記述（p.656）をもとに作成。

　カティラとアフジャ（Katila & Ahuja, 2002）は，同じ特許の重複引用率で表す特許の深さを「活用」，新しい特許の引用率で表す特許の範囲を「探求」として，両者の割合と新製品開発との関係を定量的に分析している。

　医薬品を対象にした実証研究では，「活用」と「探求」の区分は，従来，医薬品に使用されていなかった新化合物を含む新薬候補か否かを基準に操作化している（鈴木, 2013 ほか）。既存の新薬に使用されている新化合物をベースとした新薬候補は「活用」のパイプライン（開発品目），従来，医薬品に使用されていない新化合物をベースとした新薬候補は「探求」のパイプラインとみなしている。

　標準品と特注品を「活用」と「探求」の関係で捉えた研究もある（Ebben & Johnson, 2005）。要素技術等の知識が既存のものか，新しいものか。こうした基準で「活用」，「探求」が操作化されることがあるが，要素技術の多様化を「探求」，既存の要素技術の高度化を「活用」と捉える研究もある。この場合は，同一の技術軌道の範囲内であれば高度化，それ以外は多様化と区別している（鈴木, 2007）。自身の経験からの学習を「活用」とみなし，他者の経験からの学習を「探求」とみなした研究もある（Baum, Li & Usher, 2000）。

　マーケティングにおいて，概念を「活用」と「探求」に対応させている研究

例がみられる。マーケティング・チャネルの行動において，組織成果の向上に重要なのは，取引相手との関係性強化であると主張される一方で，機敏な販売チャネル変更や新規販路育成を追求する機動性の強化を指摘する議論がある。関係性強化の行動は効率化，精緻化を追求する「活用」に合致する。機動性の強化は新規販路の探索や試行を重視するところから「探求」に対応させて操作化している（結城，2011）。

組織学習のあり方は組織を取り巻く環境やライフサイクルに応じて変わらなければならない（松尾，2012）。まず，組織が直面している環境特性は学習のタイプやそれが及ぼす業績に影響を与える。次のような研究結果がみられる。「探求」的なイノベーションと財務的な成果の関連性は環境のダイナミズムが高い場合はポジティブであるのに対して，低い場合はネガティブである。「活用」的なイノベーションと財務的な成果の関連性は環境のダイナミズムが高い場合はネガティブであるのに対して，低い場合はポジティブである。また，競争が激しい状況では「活用」的なイノベーションと財務的な成果の関連性がポジティブである（Jansen, Van Den Bosch & Volberda, 2006）。ここで述べている「探求」的なイノベーションと「活用」的なイノベーションは，既存の技術，製品・サービスとの近接性，既存の顧客や市場セグメントとの近接性をもとに区別されたものである。なお，これは欧州の金融サービス企業の各支店を調査対象に分析した結果である。

組織の活動は，属する業界の変化の速度や，目標の達成に必要な相互依存性の複雑さの影響を受ける。そのため，タスク環境の特性に応じて，「探求」と機動性の最適なバランスを図る必要がある。タスク環境の変化の速度が速い場合，迅速な対応ができる機動性が重視される。複雑な相互依存性の場合は，「探求」の範囲を拡大して多様な選択肢を用意しなければならない（Siggelkow & Rivkin, 2005）。

続いて，組織構造の影響についてみてみよう。一時的に分権化した組織による初期段階の「探求」活動は，その後の調整と統合という「活用」活動によって高い成果の達成につながると指摘される（Siggelkow & Levinthal, 2003）。一方で，組織の権限及び意思決定を集中した集権化は，既存の製品の改良である「活用」的イノベーションだけでなく新製品の開発である「探求」的なイノ

ベーションを促進する傾向があるという指摘もある（Cardinal, 2001）。後者は製薬企業の事業部を対象にした調査に基づいている。これらと違って，前述のジャンセンら（Jansen *et al.*, 2006）は，集権化は「探求」的なイノベーションを抑制する方向で作用するが，必ずしも「活用」的なイノベーションを促進しているわけではないと指摘している。

　一般的に，「探求」活動は非公式化と関連が深いとされる。しかしながら，組織の規則や手続きに依存する公式化は，「活用」的なイノベーションを促進するが，必ずしも「探求」的なイノベーションを抑制するものではない。規則や手続きは，従来指摘されてきたほどには，組織の「探求」活動に負の影響を及ぼしていない（Jansen *et al.*, 2006）。

　参考までに，非公式化は次のような状況で発生したり，注目される。マーチ（March）らによる組織学習はルーティン・ベースではあるが，学習によって組織には公式的なルーティンと矛盾するような信念やパラダイム，文化，知識が定着することもある（Levitt & March, 1988）。たとえば，単調で安定的な環境にある組織よりも，流動的な環境に直面している組織のほうが非公式に共有された知見に依拠しやすい。また，組織階層でみても，経営層や上層部ほど非公式な情報に重きを置いている（Levitt & March, 1988）。

　最後に，組織のライフサイクルに関して言えば，組織には歳月を経るにつれて，既存知識の「活用」活動を強化する一方で，革新性の高い特許を生み出す新たな知識の「探求」活動を軽視する現象が現れる。ソレンセンとスチュアート（Sørensen & Stuart, 2000）は半導体とバイオテクノロジー関連企業を対象に調査し，組織の年齢と取得特許の特性の関係を分析・考察した。その結果，次の点が明らかになった。組織の年齢が高くなると，特許取得数は増加する。特に，既存の技術領域・自社の研究範囲の知識に基づいた特許数は増加する。しかし，他社に引用されるような革新性の高い特許は少なくなる。

1－2.「探求」の特徴

　「探求」の特徴についてみていこう。ローゼンコフとナーカー（Rosenkopf & Nerkar, 2001）は，「探求」のタイプを類型化している。彼らは自社を取り巻く境界について，技術の境界と組織の境界という2種類に分けて「探求」を

20　第 1 部　理論的背景編

考察した。たとえば，技術の境界を超えて異なる領域の技術を獲得すること
と，組織の境界を超え外部を探索して技術提携することでは，必要とされる知
識やノウハウが異なる。このため，「探求」を技術と組織に分けて分析するこ
とは意味がある。「探求」のタイプは図 1-3 のように，4 つに類型化できる。
異なる技術を「探求」する場合を考えると，組織外部の急進的タイプと組織内
部の内部的タイプでは必要とされる知識やノウハウが異なることになる。

　次に，階層性の観点からみると，「探求」には 2 種類の経路が存在する。広
域探索から局所探索へと階層を下っていく経路と，広域探索を経ずにさまざま
な要因で局所探索領域が直接，特定化される経路である。前者は探索の方向性
を決める焦点化プロセス（Rosenberg, 1976）と局所探索プロセスを繰り返し
ながら，階層を下降し探索領域を絞り込んでいくパターンである。後者は焦点
化プロセスが省略されてトップダウン的に局所探索が推進されるパターンであ
る（柴田・馬場・鈴木, 2017）。

　また，個人と組織の関係性を明らかにした組織学習のフレームワークとして
4I フレームワークがある。図 1-4 に示したように，これは，個人レベルによ
る直観（intuiting）に始まり，グループレベルによる解釈（interpreting）を
通じて組織レベルへの統合（integrating），制度化（institutionalizing）という
新しい学習のフィード・フォワードの「探求」プロセスと，逆のプロセスを通
じてさらに学習を発展させるフィード・バックの「活用」プロセスを表してい

図 1-3　「探求」の類型

技術の境界範囲		内部	外部
	類似技術	局所的	外部的
	異なる技術	内部的	急進的

組織の境界範囲

出所：Rosenkopf & Nerkar（2001）p.289 図 1 をもとに作成。

第1章 組織学習の「探求」と「活用」　21

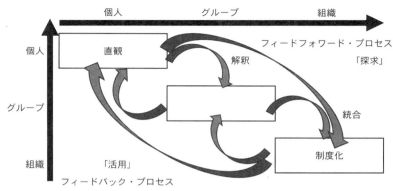

図1-4　4Iフレームワーク

出所：Crossan et al.(1999) p.532 図1をもとに作成。

る。両者はゆるやかに連結している（Crossan, Lane & White, 1999）。ただ，「探求」プロセスから「活用」プロセス，「活用」プロセスから「探求」プロセスという循環を首尾よくコントロールする方法に関しては明確にされていない。注目されるのは，「探求」は個人レベルによる直観が起点となり増幅されるという主張である。一方で，個人レベルで生まれた優れたアイデアであっても組織レベルまでの過程で潰される可能性もある点に留意しなければならない。

個人から組織への展開に関していえば，プロブストとビッフェル（Probst & Büchel, 1997）は個人学習と組織学習の橋渡しの概念を提示している。橋渡しが行われる要件として，コミュニケーション，透明性，統合化の3つを挙げている。メンバー間でコミュニケーションが行われることによって個人の知識が組織の知識へと変換される。この変換のプロセスが透明であれば誰でもアクセスができる。個別の知識が組織に共有されることで，個人の行動が全体に統合される。

「探求」の条件を見ておこう。「探求」活動は元来，スラック探索と呼ばれていたように，成果が目標水準を超過しスラックがあるときに行われる幅広い解釈のできる制限のないオープン・エンド型の学習である（Levinthal & March, 1981; Singh, 1986）。組織スラック（organizational slack）とは，企業の余剰資

源を表す概念である（Cyert & March, 1963）。組織に十分なスラックがない場合には，革新よりも日常業務に関する意思決定を優先的に処理するという計画におけるグレシャムの法則が作用する（March & Simon, 1958）。

革新を探求するためには組織は日常業務で使われていない利用可能なスラックを持っていなければならない。スラックの存在は，経営者の「遊び」やリスクテイキングな行動を促し，組織が新しい情報を得たり，新しい問題を創出する可能性を高める（Levinthal & March, 1981; Singh, 1986）。「探求」が行われるためには，「活用」活動を通じてスラックが安定的に生み出されること（Lavie, Stettner & Tushman, 2010），組織内の知識にある程度の多様性が存在すること，それが許容されて継続することが重要である（March, 1991）。

「活用」と「探求」は必要であるにもかかわらず，両者は基本的に両立が難しく（March, 1991），相互に排他的な概念である（Gupta *et al.*, 2006）と考えられてきた。通常，組織は「探求」よりも「活用」を優先する傾向が強い。なぜなのだろうか。その原因を少し詳しく見ていこう。まず，学習の自己破壊的な特性，次に学習の近視眼を取りあげる。

学習活動の力学に潜む罠は，組織に過剰な「活用」を引き起こす（Levinthal & March, 1993）。たとえば，既存のルーティン上で行われる「活用」は，「探求」を排除してしまう傾向がある（Levitt & March, 1988）。それは，「活用」に比べて「探求」のもたらす成果が不確実であること，「探求」は時間がかかりまた空間的にも遠くなるということから生まれる。目先の期待収益の高さから，組織ではどうしても「活用」が優先されてしまう。このように学習には片方に偏る自己破壊的な特性がある。時間的，空間的内容については，次の学習の近視眼でも言及する。

「探求」を困難なものにしている原因に，組織学習の近視眼が指摘される（Levinthal & March, 1993）。1つ目は，組織学習は短期が優先されやすい点である。短期的な学習はすぐに成果が出るためで遠い時点（overlooking distant times）が見落とされる。2つ目は，組織学習では至近のもの（near neighborhood）が優先されやすい点である。身近なところにもたらす結果が注目され，今取り組んでいる対象については学習が進み，適応力は増す。しかし，それ以外の対象について学習は進まない。3つ目は，失敗から学ぼうとし

ない点である。学習を通じて次第に成功確率が高まって知識や経験が蓄積される。そのことがバイアスとなって失敗に学ぼうとする機会を閉ざしてしまう。こうした組織学習の近視眼のために，「活用」が優先されて「探求」を行うことが難しくなる。

　経験に関しては，慣れ親しんだ知識や技術を利用した成果は過大に評価される傾向がある（Henderson & Clark, 1990）。本来であれば「探求」が適している文脈であっても，経験の蓄積がもたらすバイアスのために制約された合理性のもとで，「活用」を選択してしまうことがある（Levitt & March, 1988）。こうした不適切な経験の転用は既存の知識に縛られることの結果である（Finkelstein & Haleblian, 2002）。合理性は意思決定者の情報処理能力の範囲内に限られると制約された合理性となる（Simon, 1947）。

　顧客や取引先にとっては，既存の知識や技術を利用した組織のほうが安心できて責任ある行動が期待できる（Hannan & Freeman, 1984）。また，顧客の多くは革新的な技術ではなく，既存の技術の漸進的な進化のほうを歓迎する（Christensen & Bower, 1996）。こうした理由からも，組織は「活用」を選択する。

　ここで，「探求」に付随するリスクを具体例によって確認しておくことにしよう。14ページで取り上げた製品プラットフォームの場合のリスクを表1-2に示している。構想力やコストに関するリスクが象徴的である。

　これとは逆に，過剰な「探求」を引き起こすというリスクもある。「探求」

表1-2　「探求」に付随するリスク（製品プラットフォームの場合）

リスク	内　容
構想のリスク	将来の派生製品の展開を視野に入れてプラットフォームを構想できるかどうか
品質に関するリスク	プラットフォームが十分に最適化されていない場合は派生製品に問題を生じさせる
転用に関するリスク	ローエンドの派生製品に対しては過剰仕様になってしまい転用がしにくい
開発コストのリスク	プラットフォームの完成度，展開性を追求しすぎると，開発コスト，特にプロジェクトチーム内の調整コストが増加する

　出所：Meyer（1997）；Krishnan & Gupta（2001）の記述を整理。

が繰り返されて「活用」を駆逐する可能性である。レビンサルとマーチ（Levinthal & March, 1993）に基づくと，具体的な成果を上げられなくても「探求」は中止されることなく続行されるという失敗の罠が指摘される。それは，「探求」による結果は成果に直接結びつかないものだと先入観を持たれていること，過去の非連続的イノベーションにおいても初期段階では目立った成果が上げられたわけではないこと，「探求」に対する要求水準は高目に，しかも楽観的に設定されるため，高い要求を達成するには時間を要すること，などによる。このように，「探求」を擁護するような合意が形成されるとそれが継続されていく。また，過剰な「探求」は，自らのコア・コンピタンスを他分野，他市場へ転用，展開するという「活用」を困難にする（Simsek, 2009）。

　合意の継続という点に関連させると，組織が技術の転換への対応に失敗する要因について次のように指摘されている。既存製品のアーキテクチャ知識にとらわれてしまうと，新技術を用いる新製品に適したアーキテクチャの構築が手遅れになる（Henderson & Clark, 1990）。製品アーキテクチャとは，要素技術を組み合わせる設計の構造を指す。また，既存顧客のニーズを重視するほど，新技術による新市場への適応がおろそかになる（Christensen, 1997）。

　既存の戦略タイプを変更することは極めて難しい。マイルズとスノー（Miles & Snow, 1978）は，組織がとる戦略を，防衛型（defenders），先取型（prospectors），分析型（analyzers），反応型（reactors）の4つのタイプに集約している。防衛型は，限られた範囲で専門性を発揮しており，新しい機会を求めようとしない。先取型は，絶えず市場機会を探索していて，いつでも新しい環境に対応できる体制を整えている。分析型は，安定した事業と不安定な事業を同時に営んでおり，前者に対しては日常の業務活動を効率的に行い，後者に対してはトップ・マネジメントが新しいアイデアを求めて素早く行動を起こす。反応型はトップ・マネジメントが環境の変化や不確実性に気づいてもそれに適切に対応することができない。組織には，一旦，とるべき戦略タイプを確立すると，変更を探索する意欲を減退させてしまう傾向がある。なぜなら，組織は，戦略志向を支える行動と意思決定を一貫させ，戦略志向と環境条件を一致させる収束的変化の過程で，慣性を生み出すためである（Tushman & Romanelli, 1985）。

第1章 組織学習の「探求」と「活用」 25

　転換への対応や戦略変更が容易ではない原因の1つに学習障害が存在する。慣れ親しんだ有能性の罠（competency trap）と呼ばれる既存のルーティンが，将来に向けた学習を阻害する（Levitt & March, 1988）。有能性の罠とは，次のような現象を指している。マーチ（March）らによる組織学習は基本的にはルーティン・ベース，歴史依存的に行われる。ルーティンは過去の解釈を基礎にしている。そのため，要求水準を超えた成果は成功とみなされ，下回る成果は失敗と解釈される。成功は既存のルーティンを強化する。その能力が向上すると組織に高い成果をもたらすので，組織はますます既存ルーティンの利用を増やしていく。このことが，より有効性の高い新しいルーティンを探索したり，実践を通じて優れたルーティンの習得を経験しようという意識を弱める。

　もう1つの原因は埋没費用（sunk cost）である。これは過去に支払った費用で，今となっては取り返しのつかない費用を指す。現在のプログラムを続ける限り顕在化しないが新たなプログラムを採用しようとする場合に現われる埋没費用が，将来に向けた学習を困難にする（桑田・田尾, 1998）。

　これらの他にも，次のような原因が挙げられる。「活用」を念頭に置いた組織のルーティンと「探求」を目的としたルーティンとの間に負の外部効果（negative externalities）が存在し，前者は「探求」を，後者は「活用」を行う組織学習を弱めてしまう（Boumgarden, Nickerson & Zenger, 2012）。負の外部効果とは，タイプの異なる学習を行う組織のルーティンや仕組みの間には相容れない関係が存在することをいう。

　このように，組織は，もともと認知的枠組みを変えるような組織学習を行わない傾向にあり，「活用」中心であった組織に「探求」を求めることは容易ではない。その逆も当てはまる。ただし，「探求」から「活用」へ展開する場合は，追求する探索成果の革新性が高いほど，組織はそれを受容し活用する能力や体力を備えていないという問題は起こる（武石・青島・軽部, 2008）。

第2節 「活用」との両立の議論

2−1. 「探求」と「活用」の両立
2−2. 両利きの学習のタイプ

2−1. 「探求」と「活用」の両立

　組織が持続的に成長するためには，「探求」と「活用」という目的と性質の異なる2種類の学習活動を行うことが重要とされる（March, 1991）。コストと時間のかかる「探求」への過剰傾斜は収益性を圧迫する。「探求」だけのシステムでは，これまで開発されなかった新しいアイデアが数多く創出されるが，決め手となる能力に欠ける。「活用」への傾斜は目先の収益性を向上させるが，新事業の育成がおろそかになって中長期的に競争力は低下する。「活用」だけのシステムでは，22ページで説明したように長期的には自己破壊的（self-destructive）となる（Levinthal & March, 1993）。また，組織慣性が働くために最適とはいえない安定状態から抜け出せない（March, 1991）。このように，どちらか一方への過剰傾斜は好ましいことではない（Gupta *et al.*, 2006）。

　組織は旧来の確実なものの「活用」と新しい可能性の「探求」の両方を継続的に保持することが望ましいとされる。「活用」のみでは局所的にしか適応できないが，かといって「探求」ばかりでも組織の安定した存続が危ぶまれる。したがって，「活用」と「探求」の適切なバランスの維持が組織の生き残りと発展のために主要な要因となる（March, 1991）。「活用」と「探求」，それぞれの組織学習が生み出す知識を相互補完的に組み合わせることが，バランス維持につながる（Gibson & Birkinshaw, 2004）。

　両者のバランスに関して，「活用的イノベーションと探求的イノベーションのバランスが崩れるほど売上高の増加率が低下する。「活用」と「探求」を同程度に追求することが望ましい。」（He & Wong, 2004）ことが明らかにされた。彼らの成果は「活用」と「探求」の両立に関する代表的な実証研究の1つとされる。また，資源が乏しい環境下では豊富な場合とは異なり，少しでも「活

用」と「探求」のバランスが崩れると成長への適応が難しくなる（Cao, Gedajlovic & Zhang, 2009）。しかし，バランスがとれれば，豊富な場合よりも好業績をもたらす（Lavie, Kang & Rosenkopf, 2011）。資源が豊富だと25ページで説明した負の外部効果の影響を受けやすいが，乏しければ関係はない。

「活用」と「探求」の関係は，従来考えられてきた単一の次元上の二項対立的な関係ではなく直交的な関係があるとされる（Katila & Ahuja, 2002）。直交的な関係とは，「活用」が「探求」の価値を低下させることはないし，「探求」も「活用」の価値を低下させないことを意味する。「活用」と「探求」は相反するものであるとの認識は適切ではないということである。この関係について，カティラとアフジャ（Katila & Ahuja, 2002）は既知の知識をいかに反復して再利用するかという「活用」の深さと，新しい知識をいかに広く探索するかという「探求」の幅という2つの次元から考察している。彼らは，欧州，日本，北米のロボット産業の特許データを分析して，広すぎる「探求」と深すぎる「活用」は製品開発に逆効果をもたらし，ある程度の幅と深さを持った組み合わせが製品開発に最も効果的であることを指摘している。

「「活用」と「探求」は相矛盾したトレード・オフの関係にあり，活動に必要な組織ルーティンも違う」と，両者のバランスをとることの難しさを指摘したマーチ（March, 1991）であったが，その後，次の点に言及している。「両者のバランスを実現させるためには，それらを正反対で別個のものとして計画的な意思決定の下で選択するのではなく，「活用」的な活動の中に「探求」活動へ向かわせるきっかけとなる要素を組み入れる必要がある」（March, 2006）。本研究に影響を与える参考点として注目される。

グプタら（Gupta et al., 2006）は，「探求」と「活用」は排他的ではあるが，両立の可能性もあることに言及している。「探求」と「活用」の両者の追求に必要とされる資源が稀少になればなるほど，両者が互いに排他的になる可能性は大きい。また，単一のドメインにおける「探求」と「活用」は互いに排他的になる。しかし，資源に恵まれてゆるやかに結びついた複数のドメインでは，「探求」と「活用」は両立する可能性がある。

両者の資源配分については，組織ごとに最適な探索の量があると言われる。「活用」と「探求」のバランスは，組織目標と実績との乖離，組織スラック，

業績不振，技術開発の対象範囲，市場競争の状況，業界を取り巻く環境の変化などから予測される最適な探索量によって決定されるというものである（Wang & Li, 2008）。

「活用」と「探求」の両者の適度なバランスについて述べてきたが，両利きの学習という考え方がある。たとえば，両利きの学習とは既存の資源の「活用」を通じて現在の環境への適応を図ると同時に，新たな資源の「探求」を通じて将来の環境変化に備えるという相矛盾した取り組みを併せ持つ学習をいう（Duncan, 1976）。

また，オライリーとタッシュマン（O'Reilly Ⅲ. & Tushman, 2013）は，既存の資源と能力を成熟事業から新規事業へ活用する組織能力こそが，両利きの学習を説明する本質であると述べている。彼らは，「活用」と「探求」の同時追求を所与として，機会の戦略的な重要性と機会に対する既存資源・能力の活用の2軸によるマトリックスを提示している（O'Reilly Ⅲ. & Tushman, 2008）。図1-5で示したように，両利きが有効となる条件は，戦略的重要性が高くて資源能力活用が高い場合である。

ここまで，両利きという言葉を用いて説明を試みたが，英文の原著を引用した和文文献を読むと，両刀遣い，双面性などさまざまな言葉で表現されている。それは，英文中の ambidextrous organization に対して両刀遣いの組織や両面型の組織，organizational ambidexterity に対して組織の双面性や組織の

図1-5 両利きが有効となる条件

出所：O'Reilly Ⅲ. & Tushman（2008）p.195 の図を加筆修正。

両義性，組織の両手利きという訳語が当てられているためである。訳語の違い
が読者の混乱を招きかねない。本研究ではそれを避けるために，一般的に平易
で馴染みのある「両利き」を用いて両利きの学習，両利きの学習組織などと表
記する。

　両利きのタイミングについては，同時に両立させるか，交互に切り替えて時
系列でみて両立させるかという2つの見方がある。

同時的両利き（simultaneous ambidexterity）

　一定期間や短期間に同時に両立させることを指す。組織全体として「探求」
と「活用」を同時に追求する。そのため，組織を構造的に分離させて，「探求」
に特化する部門と「活用」に特化する部門を別々に編成する方法がとられる
（Tushman & O'Reilly III., 1996）。

逐次的両利き（sequential ambidexterity）

　単一ドメイン（domain, 領域）の単一組織やメンバー個々人が，自らの時間
やエネルギーを「探求」と「活用」に割り振る。つまり，時系列で交互に切り
替える（Rothaermel & Deeds, 2004）。ある時点では「探求」を追求し，別の
時点では「活用」を追求するという逐次的，もしくは断続平衡的な方法で両立
させる（Gupta et al., 2006）。また，ある特定の環境条件では「探求」の追求
が有効であり，別の環境条件では「活用」の追求が有効であるというように，
組織が直面する環境条件に依存して優先されるべき学習パターンを変える方法
もある（Rowley, Behrens & Krackhardt, 2000）。逐次的両利きは，中長期の
時間の流れの中で急進的変革と漸進的変革が交互に入れ替わりバランスをとる
断続平衡モデル（punctuated equilibrium model）の概念と深く関係している。
　このように，学習主体が個人もしくは単一ドメインの組織単位で，「探求」
と「活用」がトレード・オフの関係になる場合は，逐次的両利きの考え方が合
理的である。一方，緩やかに結びついた複数の部門からなる組織で，「探求」
と「活用」が同時に両立できる可能性がある場合は，同時的両利きの考え方が
適している（Gupta et al., 2006）。

30　第1部　理論的背景編

組織が主体となる両利きか，個人が主体となる両利きか。学習する主体の側面からみてみよう。

二重構造の組織

二重構造の組織は，主体となる組織を「探求」に特化する組織と，「活用」に特化する組織に分離して二重の構造に編成する組織である（Tushman & O'Reilly III., 1996）。互いに対立し矛盾する組織の構成要素を構造的に隔離することによって，2つの構成要素を同時に両立させる。そして，別々の組織単位を緩やかなルース・カップリング型の組織で統合する（Christensen & Bower, 1996; Teece, 2009）。この方法により「探求」と「活用」を追求する考え方である。なお，ルース・カップリングとは，2つのシステムが共通に，ほとんど変数を持っていないか，あるいは，共通の変数がシステムに影響する他の変数に比べて弱い場合で，2つのシステムが互いに独立しているような連結の形態である（Glassman, 1973）。

二重構造の組織は，同じ組織内で革新的な変化活動と漸進的な変化活動を同時に使いこなす学習組織である。両方を使いこなすには，組織ルーティンの強化と破壊というパラドックス（paradox, 逆説）を乗り越える必要があり，そのために2つの顔を持つ組織構造が提起されている。すなわち，漸進的変化活動を担う集権的で大きな規模の組織と，革新的変化活動を担当する分権的で別個の小規模な組織である（Tushman & O'Reilly III., 1996）。

単一ドメインの組織

単一ドメインの単一組織を主体とする。具体的には，スラックが不足している場合の組織や，「活用」と「探求」の切り替えが適切に行える機動的な組織，規模の小さな組織に適している。組織の規模が小さいと，組織の分離や階層ごとの役割分担が難しく構造的に分けられない（鈴木, 2007）。また，外的環境が比較的安定してゆっくりと変化するサービス産業などに適している（Chen & Katila, 2008）。

組織の規模に関連づけていえば，両利きにはバランス型と混合型という2つの考え方がある。バランス型は「探求」と「活用」が均衡している程度を表

す。均衡するほど成果が高まる。混合型は「探求」と「活用」をトレード・オフではなく補完関係として考える。両者の活動の程度が大きくなるほど成果も高まる（Cao *et al.*, 2009）。

中小の組織ではバランス型の両利きが成果へ強く作用する。一方，大きな組織では混合型の両利きが強く作用する。大組織は「探求」と「活用」を異なる部門に分けて実行することができるが，経営資源が限られている中小組織の場合は，「探求」と「活用」のどちらか一方へ注力してしまうというリスクに対してバランスが意識されなければならない（Cao *et al.*, 2009）。

組織のメンバー個々人

組織のメンバーを主体とする。メンバーの個々人が自らの判断で「活用」と「探求」を決定できるような組織を指している。つまり，目標達成に向けて秩序や連携を整合させる「活用」と新たな変化へ適応する行動能力に注目した「探求」のバランスをいかにとるか，どれだけの時間や労力をそれぞれの活動に割り当てるかを決定する。すべてのメンバーに両利きの学習を求めるものである（Gibson & Birkinshaw, 2004）。

2－2. 両利きの学習のタイプ

前述した両利きのタイミング，両利きの主体をもとにして両利きの学習タイプを分類すると，表1-3に示したように，構造的両利き（structural ambidexterity），時間的両利き（temporal ambidexterity），文脈的両利き（contextual ambidexterity）に分けられる（Lavie *et al.*, 2010）。

3つの学習タイプについて，それぞれの特徴を把握しておこう。

表1-3　両利きの学習タイプ

	二重構造の組織	単一ドメインの組織	組織のメンバー個人
同時的両利き	構造的両利き	—	—
逐次的両利き	—	時間的両利き	文脈的両利き

出所：筆者が表の形に整理。

構造的両利きについて

「活用」と「探求」の学習組織を別々に分けるのが構造的両利き（structural ambidexterity）の考え方である。ドメインは単一ではなく複数あり，それぞれが緩やかに結びついたものになる（Gupta *et al.*, 2006）。組織が構造的に分かれていても何らかの形で連結した状態にあり，資源配分の駆け引きが調整されることで両利きの学習が可能になる（Andriopoulos & Lewis, 2009）。この緩やかな連結が前述のルース・カップリング型組織に当たる。

たとえば，技術転換への組織適応について，次のように指摘されている。技術転換に直面する組織は，新旧事業組織を分離し，各々個別に製品開発を行うことが有効である（Utterback, 1994）。引き離された新規事業では変化へ対応するスピードが上がり，焦点を絞ることができる（Iansiti, McFarlan & Westerman, 2003）。単に新旧事業を分離するのではなく，分離した上で新規事業に対して既存資源を活用するように働きかけることが効果的である（Wi（魏），2001）。

既存事業組織は効率重視であるのに対して新規事業組織は創造性重視というように両者の組織特性が異なるために，既存事業組織と新規事業組織を分離することで既存事業からの影響を回避する，同時にシニアレベルでは両者を統合して経営資源の有効活用を図ることが必要である（柴田, 2009）。統合が意味するところは，既存事業からの制約の排除にこだわりすぎると，既存事業が持つ技術，ノウハウ，経験などの活用を見失う危険があるためである（Iansiti *et al.*, 2003）。

これまでの議論では，「探求」的プロジェクトと「活用」的プロジェクトという異なるプロジェクトをそれぞれ別の組織で同時に行う直交関係のタスク（task，課業）であれば，両利きの学習が可能であることが分かった。既存の「活用」組織を分離して新たに「探求」組織を編成するには豊富なスラックを持っていることが前提となる。新たな知識の「探求」，それらの効果的な「活用」という経営成果を求める視点からみれば，互いに矛盾する組織間を調整し統合するための管理コストが大きくなる（山岡, 2016）。また，組織の分離は社内の経営資源の配分を巡る両者間の緊張を高めて，収益を上げている「活用」組織のモチベーションを低下させる可能性がある。特に，別々の組織単位を統

第1章　組織学習の「探求」と「活用」　33

合するには，上級管理者チームによる適切なコーディネーションが不可欠となる（石坂, 2014）。

　ただ，同じ両利きの学習でも，製品の代替性が高い場合と低い場合では，対応する経営課題は異なる。技術転換が予期される場合，既存製品が代替される可能性は高い。それを主力としてきた企業は，既存製品の一層の改良と改善を行うと同時に，新技術の「探求」に一段と力を入れる（Shibata, 2012）。その結果，「探求」に従事する部門と主力の既存製品に従事する部門の間で，軋轢や摩擦が生じやすい。いかにして両者の対立を抑制できるのかが両利きの学習を機能させるための重要な経営課題になる。一方，製品代替性が低い場合，「探求」部門と「活用」部門の対立は生じにくく，両利きの学習を機能させるための経営課題は，経営資源をいかに効果的に配分し，両者間の相乗効果をいかにして引き出すのかという点になる（柴田・児玉・鈴木, 2017）。

時間的両利きについて

　時間的両利き（temporal ambidexterity）は，断続平衡理論をルーツとするところから，先にその概念を説明しておこう。ダンカン（Duncan, 1976）は，「組織はイノベーションの導入期には有機的構造になり，その定着期には機械的構造になる，つまり，長期で見ると両方の構造を必要とする」ことを主張した。その後，タッシュマンとロマネリー（Tushman & Romanelli, 1985）は，「非連続的な変革活動がどの業種においてもある規則的な頻度で行われていること，その中で組織も長期にわたる小規模で漸進的変革と，大規模で急進的な非連続的変革という2つの異なる変革を交互に行っている」ことを明らかにした。これは，生物進化論の断続平衡理論に似ているところから組織の断続平衡モデル（punctuated equilibrium model）と呼ばれる。断続平衡モデルは長期にわたる小規模な漸進的変革が過去からの延長線上にはない非連続的変革によって中断されることを仮定したモデルである。

　グプタら（Gupta *et al.,* 2006）は，断続平衡のメカニズムを「活用」と「探求」から理解しようとした。このメカニズムは，経営者が組織内で「活用」と「探求」という2つの学習について時間を介して相互に起こす，このことによって学習間のパラドックス（逆説）を解消しようと調整する。これは，組織

単位を別々に差別化するものではなく，1つの組織が長い安定期間の「活用」と短い突発期間の「探求」を循環するメカニズムを通じて結果的に「探求」と「活用」の両方を追求することを意味する。漸進的な学習と急進的な学習の間を循環するものである。大きな変化が必要とされるときに「探求」を行うが，平常時は「活用」活動によって対処するという組織の長期的な環境適応過程を示している。

ところで，時間的両利きの特徴は，あるときは「探求」を行い，あるときは「活用」を行うというように単一組織の中で2つの活動が時間をずらして起きる。学習を1つの連続体として考えれば，新しい認知的枠組みから開発していく「探求」，その枠組みの確立を待ってから漸進的に学習していく「活用」という流れになる。「活用」と「探求」は時間的に同時に両立させられないが，経時的に連結は可能である。

「探求」と「活用」を分離させたり統合させる必要性は最小限に抑えられる。その代わり，流動的，継続的に組織の学習特性を変える能力が必要になり（Puranam, Singh & Zollo, 2006），矛盾する学習を交互に切り替えられる機動性を構築することが時間的両利き実現の鍵を握る（Eisenhardt & Brown, 1997）。

時間的両利きの具体例の1つに複製が挙げられる。ここでいう複製とは1か所で行われている実践を組織全体に行き渡らせる活動を指している。複製のプロセスは大きく2つの段階に分かれる。前半は「探求」が主体で，後半は「活用」の側面が増えてくる（Winter & Szulanski, 2001）。

パターン化されたルーティンを新たな場所で確立する複製では，そこでのメンバーがルーティンを活用できるようにするために，最初は，どのようにして彼らにルーティンを植えつけるべきかその方法を「探求」する。「探求」を繰り返した後にルーティンが「活用」されるだけでなく，ルーティンを移植する方法そのものもルーティン化する。複製が成功するためには，単に既存の知識を利用するだけではなく「探求」もまた必要である（Winter & Szulanski, 2001）。「探求」と「活用」が繰り返されることで学習が促進され，複製を効率的に行うための知識が蓄積される。

主体が単一ドメインの単一組織で，「探求」と「活用」が互いにトレード・

オフの関係になる場合は，それぞれを適切なタイミングで交互に切り替える逐次的（sequential）な時間的両利きの考え方が合理的である。たとえば，特定時点において同時的両利きを追求できる組織スラックが不足するものの，「活用」と「探求」の切り替えに優れた機動性が発揮できるような小規模な組織にとって有効なタイプである（Lavie *et al.*, 2010）。

　単一組織で「探求」と「活用」をどのようにバランスさせればよいのかは難しいところである。組織は「活用」または「探求」に傾斜すると，その学習状態を保とうとする軌道依存を強める。このため，適切なタイミングで他方へ切り替えるのが難しい。また，切り替えの実行には大きなコストがかかる（Lavie *et al.*, 2010）。切り替えが時間的両利きの大きな課題である。

　前節の単一組織を想定した組織学習の4Iフレームワークにおいてフィード・フォワードの「探求」プロセスと，逆の流れとなるフィード・バックの「活用」プロセスは，相互に緩やかに連結している点が強調されている（Crossan *et al.*, 1999）。「活用」から「探求」へという学習パターンの切り替えは簡単ではないけれども，方策としては，多様な人材の配置，学習環境の整備，教育訓練・評価制度の充実，組織的なシステムづくりや知識・ノウハウの蓄積など，メンバー個人に働きかける視点が重要であると指摘されている（Nevis, DiBella & Gould, 1995）。時間的両利きを検討する上で，参考になる示唆である。

文脈的両利きについて

　組織風土の影響を強く受けながら，ハードな要素である自発性を促すストレッチ，基準などの規律や，ソフトな要素である他者を援助する支援，公正などの信頼といった文脈で特徴づけられるのが文脈的両利き（contextual ambidexterity）である（Gibson & Birkinshaw, 2004）。

　これは，個人を主体として議論されている両利きである。価値や規範など組織文化的な文脈の側面から生じるもので，両利きがメンバー個々人のレベルで実現される。組織の文化や風土が，個人レベルにおける「探求」と「活用」という相矛盾する学習に対して自分の時間や労力をどのように配分するかを自律的に判断させることで適切なバランスがとれると考える。たとえば，メンバー

に「活用」だけでなく「探求」を行う権限を与え（たとえば，就業時間の20％を新たな取り組みに振り分けられるルールなど），個人の裁量権に任せることにより両利きを達成する。

　文脈的両利きは，すべてのメンバーに同時的両利きの学習を求めている（Gibson & Birkinshaw, 2004）。しかし，個人が「探求」と「活用」に携わるタイミングはトレード・オフの関係になりやすい。そのため，現実には，同時的というよりも，「探求」と「活用」を交互に切り替える逐次的両利きが行われるとみられる（山岡，2016）。

　本節の最後に，両利きと経営者，経営陣の関係に触れておこう。両利きの能力に関して，矛盾する学習活動を同時に両立させる組織能力として捉えられたり（Tushman & O'Reilly III., 1996），変化する局面に応じて必要な学習活動を逐次的に交互に切り替える組織能力として捉えられている（Rothaermel & Deeds, 2004）。たとえば，通常は「活用」に専念する組織でも，ときおり，経営者が組織の方向性を大きく転換することによって，「活用」と「探求」を同時に追求する両利きの学習が実現される（Tushman, Anderson & O'Reilly III., 1997）。経営陣の構成について，同じ組織に長く勤務してきた人材と違う組織で働いた経験のある人材からなる混成の経営陣のほうが，混成でない場合よりも「活用」と「探求」を効果的に切り替えて両立させやすい（Beckman, 2006）。

　これとは別に，組織能力を動的に捉えるダイナミック・ケイパビリティ（dynamic capability）の考え方がある。ダイナミック・ケイパビリティは組織の経営資源ベースを意図的に創造し，拡大し，修正する経営者の能力である（Teece, 2007）。市場ニーズを知覚し機会を巧みに，すばやく創出するという経営者の企業家的行動がダイナミック・ケイパビリティの効果を最大化させる。そのダイナミック・ケイパビリティが組織の経営資源ベースに関する2つの主な機能である「① 資源の「探求」と選択という意思決定の側面，② 獲得された資源の「活用」という実行の側面」を担っていると主張されている（Helfat, Finkelstein, Mitchell, Peteraf, Singh, Teece & Winter, 2007）。なお，企業家とは革新を能動的に遂行する主体のことを指す（Schumpeter, 1934）。

このように，「探求」と「活用」の学習活動は，組織能力やダイナミック・ケイパビリティと関連していることが分かる。

第3節　本研究で踏まえるべき点

　マーチ（March）らによるマクロ視点の組織学習論を取り上げた。組織が知識を見つけてルーティンに取り込む活動には「活用（exploitation）」と「探求（exploration）」がある。「活用」は既存の認知的枠組みのもとで知識，スキルを展開する学習，「探求」は新たな認知的枠組みを開発しそれに知識，スキルを適応させる学習である。

　「活用」は漸進的な学習に当たり，改善・手直し，標準化，迅速化，コスト削減など生産性・効率性の向上，調整等がもたらされる。「探求」では，多様性の追求，発見，イノベーション，柔軟性の確保，遊びの維持などによって，既存の知識や情報にとらわれない急進的な組織学習に結びつく可能性がある。

　組織が成長・発展するためには，学習効果の点から「活用」と「探求」の2つは欠かせない。組織スラックの点からみても，「活用」はスラックを生み出す。「探求」には豊富なスラックが必要とされる。したがって，「活用」を通じてスラックが安定的に生み出されない限り，十分な「探求」を維持することは難しい。また，「探求」には，組織内の知識にある程度の多様性が存在することも重要である。

　しかし，両者は基本的に両立が難しい。通常，組織はリスクを避けがちで「探求」よりも「活用」を優先する傾向が強い。それは，組織学習では短期が優先されやすいこと，至近のものが優先されやすいこと，失敗から学ぼうとしないことのためである。

　「活用」と「探求」の特徴に鑑みると，両者のバランスをとることが望ましい。そこで，両利きの学習が注目されている。両利きの学習には，タイミングの側面から同時的両利き，逐次的両利き，組織構造の側面から二重構造の両利き，単一構造ながら時間的両利き（断続平衡的なタイプ）などがある。大規模な組織では別々に組織を編成して，それぞれを統合するような二重構造の両利

38　第1部　理論的背景編

きが実行されその成果が確認されている。一方，時間的両利きは，経営資源が乏しい小規模な組織であっても，「活用」，「探求」のバランスがとれるならば，好業績が期待できる。ただし，「活用」から「探求」へ学習パターンを切り替える優れた機動性が必要である。マーチ（March）らの組織学習論では，どのようなプロセスで学習するのかについて言及していないが，第2章以降，逸脱に注目しながら，こうした切り替えを含めた学習プロセスと組織の再生について考えていく。

第 2 章

再生と「探求」

第 1 節　再生とは

1-1. 組織の衰退
1-2. 危機と結びつく再生
1-3. 再生プロセスと学習

1-1. 組織の衰退

　組織のライフサイクルについて，クローガー（Kroeger, 1974）は開始，発展，成長，成熟，衰退の 5 段階で捉えている（図 2-1 を参照）。この中の衰退期に注目してみることにしよう。組織の衰退は，「組織の長期的な存続を脅かすような組織内部・外部の圧力に対する予測，認識，回避，融和などの適応に失敗したときの状態である」と定義される（Weitzel & Jonsson, 1989）。衰退した組織では，生産性，市場シェア，資産などの組織規模を測る指標の値に低

図 2-1　組織のライフサイクル

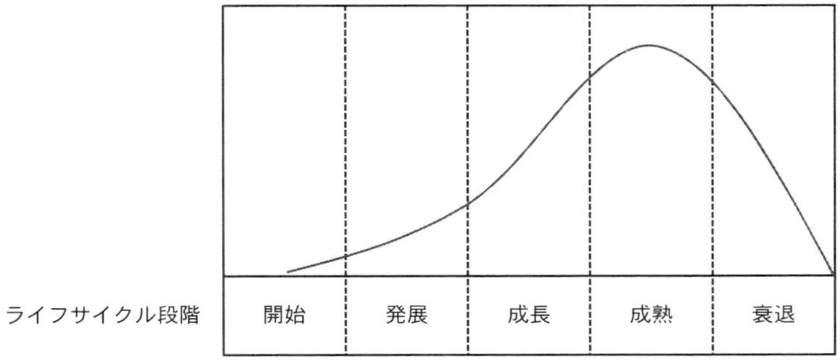

出所：Kroeger（1974）p.42 の図をもとに作成。

40 第1部 理論的背景編

下傾向が現れる。また，経営者が組織のライフサイクルの衰退段階，内部の停滞あるいは非効率性，競争力などの弱体化が意味する警告シグナルを認識できないか，認識できたとしても変化する外部環境に適応できないといった特徴が共通してみられる。

衰退が進行する過程を見ると，表2-1の通り，「盲目段階」，「非活動段階」，「誤った行動段階」，「危機段階」，「死滅段階」の5段階に分けられる（Weitzel & Jonsson, 1989）。盲目段階では組織の内外で生じる変化を認識することができない。非活動段階は収益の低下，過剰在庫など業績が悪化したにもかかわらず何ら対処行動がとられない。誤った行動段階は対処行動がとられるものの適切な行動ではない。問題が解決できないので組織内で対立が起きる。危機段階は問題解決の失敗から引き起こされ，危機，混沌の状態に陥る。そして死滅段階へ至る。

また，図2-2は各段階の組織成果と課題に取り組んだ場合の均衡状態を視覚的に表している。

組織の衰退に関する新たな研究枠組みを探究した犬飼（2005）は，衰退の因果メカニズムについて経営者の行為や意思決定に注目するモデルと，組織の実務に携わる中堅層以下の一般的なメンバーの行為に注目したモデルを取り上げて，その原因を整理している。

経営者の行為に注目したものは，脅威─硬直モデル（threat-rigidity model）である（Staw, Sandelands & Dutton, 1981）。脅威に直面すると，いっそう硬直的，慣性的になって既存の組織手続きを重視する意味の公式化と同時に，自らに権限を集中させる集権化も促進する傾向がある。このため，メンバーに指

表 2-1　衰退の進行段階

衰退の進行段階	内　容
盲目段階	変化を認識することができない
非活動段階	業績の悪化に対処しない
誤った行動段階	対処するが適切ではない
危機段階	問題解決に失敗
死滅段階	回復余地なし

出所：Weitzel & Jonsson（1989）p.97 の表1をもとに作成。

第2章　再生と「探求」　41

図 2-2　衰退の進行にともなう均衡状態とのギャップの拡大

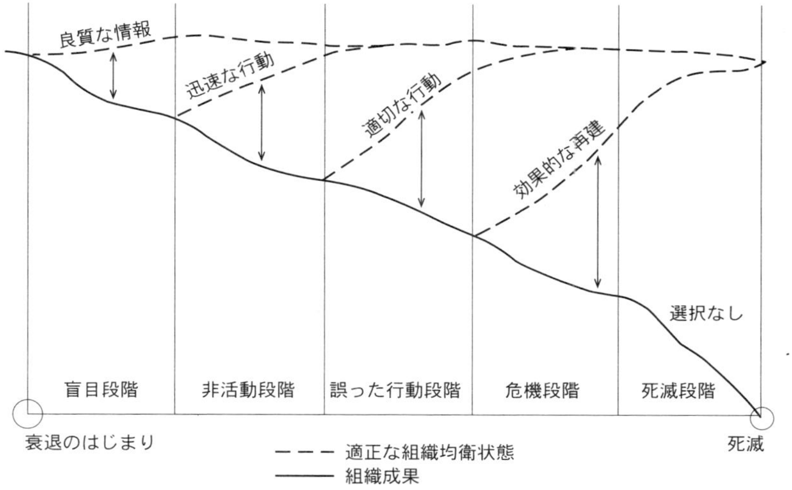

出所：Weitzel & Jonsson (1989) p.102 の図 1 をもとに作成。

示して多くの情報を収集したとしても，既存の枠組みに従って意思決定を行ってしまう。経営者は脅威を認知しても従来の組織手続きを変えないならば，組織は環境の変化に適応しきれず衰退に向かう。

　メンバーの行為に注目したものは，集合行為モデルである（Olson, 1965）。組織全体の目的達成を集合財とみなしている。集合財とは，一旦ある集団に対して提供されると，その集団に属するすべての行為者が利用を妨げられない財である。組織目的が達成されるかどうかを，集合財を提供する努力がメンバー全員によってなされているかどうかと読み替えた。必要なだけの集合財が組織に提供されない場合は衰退するといわれるが，組織規模が大きくなるほど提供されにくくなる。

　また，組織学習の点からは，「活用」という近視眼的な活動を優先させるとものの見方を偏らせる，それによって業績の低下，衰退を招く。サイアートとマーチ（Cyert & March, 1963）が述べているように，組織が「活用」的な学習サイクルを過去から繰り返してくるとものの見方が狭まって，問題を解決するために新たな代替案を探ろうとしても，現在とっている戦略・戦術の近隣や

その周辺に注意が集中してしまう。

さらに，組織内のミドル階層の相互作用という日本企業の特徴を踏まえた事例研究がある。それによれば，組織には，妥協的色彩の意思決定，上司の意向を優先する評価基準，社内政治志向が強い経営幹部という3つの要素が相互に強化し合う「改革阻害ループ」が存在する。そのループが衰退プロセスから脱却しようとする組織を阻害する（小城, 2015）。

衰退が進行する組織ではコンフリクト（conflict, 対立）が起きやすく，秘密主義がとられて，硬直的になる。さらに，集権化が進み，形式化して，スケープゴート（責任を転嫁するための身代わり）を作ったり，保守主義が際立ってくる。これらが組織の有効性を腐らせて，メンバーの満足度やコミットメントを低下させる（Cameron, Kim & Whetten, 1987）。組織の有効性とは，組織目的や組織目標が達成されている程度を指す。

衰退に陥ると組織の置かれている状況が見えにくくなり，メンバーの不安が募る。さらに業績の低下が続くと不安が一気に増大し危機へ至る。この段階で，経営者が組織の存在意義などを唱えても，過去からの強い思い込みがある場合は，状況を正しく認識できない恐れがある。強い思い込みは，組織が持っている過去の経験や学習成果の影響を受けるという経路依存性（path dependency）のもたらす結果である（小川, 2003）。

シェルハマーとクリロフ（Schöllhammer & Kuriloff, 1979）は，衰退期の課題についていくつか挙げている。それらは，①組織の柔軟性を回復すること，②変化の必要性を認識すること，③関係する内外の変化を識別すること，④新製品や市場機会を探すこと，⑤進歩的なアイデアを持つ新リーダーに託すこと，などである。

1−2. 危機と結びつく再生

危機は衰退の末期段階である。組織の危機とは，組織の最も優先順位の高い目標を脅かし，一方で，その対応に必要な時間を制約するという予想されていない現象である（Hermann, 1963）。経営者の注意の及ぶ範囲を狭め，柔軟性を低下させ，時間感覚を鈍らせる。その結果，情報収集の質が下がり，不十分な分析や偏った代替案を生んで意思決定の認知活動に悪影響を与える（Holsti,

1978)。

スターバック（Starbuck, 1983）によれば，組織を衰退に向かわせる慣性が認識できるのは，残念ながら，組織が危機を迎えたときでしかない。危機的な局面から業績を回復するのが再生であると言われているように（Bibeault, 1982; Hambrick & Schecter, 1983），再生は危機と結びついて（Slatter & Lovett, 1999），組織慣性の打破と深く関係している。

また，再生は組織変革と考えられている。組織の有効性を取り戻すために組織を再デザインするのが組織変革である。ナドラーとタッシュマン（Nadler & Tushman, 1995）は組織変革を4つに類型化しているが，その1つに再建（recreation）を挙げている（図2-3を参照）。それによると，再建は環境変化によって組織が危機的な状況に直面した際に行われる。組織を構成する基本要素を迅速に，不連続的に変革するものである。彼らは，再建が他の変革タイプと大きく異なる点について，次のように説明している。

再建は，環境に変換が起こっていて業績的危機が生じそれに対処しようとする点，切迫した状況を打開するために既存の価値観を問い直して否定することもある点，変革の速度は速く短期間である点，経営層が重要な推進役を果たす点，経営者が交代するケースが多い点，に特徴がある。再生を議論する上で，短期間，新しい価値観，経営者の交代が重要なキーワードになる。

ハースト（Hurst, 1995）は再生を次のように捉えている。「再生は将来，社会をどのようにするのかというビジョンを必要とするが，一方で，過去に根差

図 2-3　組織変革のタイプ

	漸進的	不連続的
予測型	調整	再方向づけ
即応型	適応	再建

出所：Nadler & Tushman（1995），邦訳 p.28 の図をもとに作成。

44　第1部　理論的背景編

している」。そのため，「創業時の価値観，感覚，興奮，加えて感情的なコミットメントを復活させることが必要になる」。

　ムーア（Moore, 2005）は企業が直面する市場のライフサイクルを，経時的に，新しい市場カテゴリーの誕生期，成長期，成熟期，衰退期，撤退期の5つに区別した。彼は，「企業がイノベーションに取り組むには，対象とする市場カテゴリーがライフサイクルのどの段階にあるのかを把握することが重要になる。」と指摘し，市場カテゴリーのライフサイクルに対応した14のタイプのイノベーションを提起した。たとえば，衰退期では自立再生イノベーションが提案されている。

　衰退市場からの自立再生イノベーションとは，成長する新しい市場カテゴリーへ自社の方向を変更することを意味している。成熟市場へ移るのではなく，成長市場へ移ることが成功条件となる。要する時間，リスクの大きさ，既存資源などを考慮すれば，その実行方策は，アプリケーション・イノベーションか，製品イノベーションのどちらかに絞られる。アプリケーション・イノベーションとは，既存技術の新しい応用分野（たとえば，顧客が解決を期待する新しい問題）を発見し，活用することで差別化を実現しようとするものである。製品イノベーションとは，確立した製品カテゴリーにおいて，機能，性能，価格を向上させる研究開発投資を行って成長市場での地位の差別化を図ろうとするものである。なお，ここでいう衰退期とは，周期的効果の影響を除いた成長率が負になった期間を指している。

　以上の見方を参考にすると，図2-4で示したように，再生は組織のライフサイクルの衰退段階から成長段階へ不連続的に飛び移る状態とみなすことができる。それまで連続的に辿ってきたライフサイクルの軌道を逸脱して，新しいライフサイクルのちょうど成長段階に遷移するのである。吉田（2004）も指摘しているが，組織自身が軌道からの逸脱を妨げるならば，衰退段階の多くの組織がそうであるように，自動的にその軌道上に沿って滑り落ち，やがて死滅に至ることになる。

　将来と過去という点でいえば，成長への新しい知識の獲得，今までに蓄積してきた知識の活用を並行して進める（吉田, 2004）。成長に向かう新たなパラダイム（paradigm, 認識の枠組み）を選択すれば，そのもとで既存の知識や組織

図 2-4　組織のライフサイクルと再生

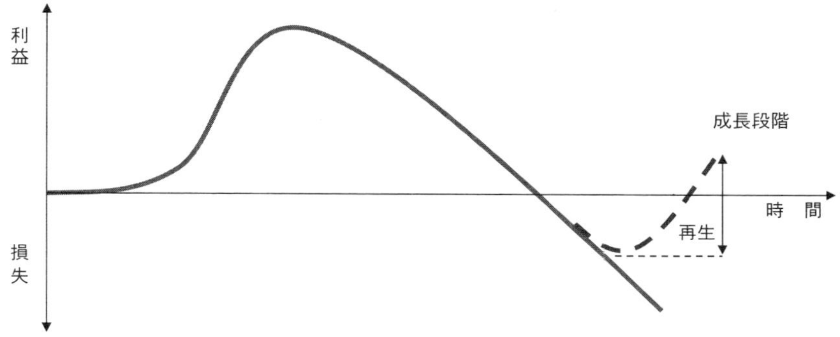

出所：Slatter & Lovett（1999），邦訳 p.9 の図を加筆修正。

共通の行動規範である組織ルーティン（routine）を再統合し組み換える。過去からの資源を捨てるのではなく，できるだけ活用しながら変化を遂げるため，誕生段階とは違って成長段階に遷移する。新たな知識は次第にルーティンとして活用される。知識がルーティンへ変化して初めて，組織のメンバーが同一事象に対して同一反応・行動を示すことができるようになる（Nelson & Winter, 1982）。

　再生の段階では，新しい機会に対して組織のエネルギーを集中すること，メンバーの変化への抵抗を減らすこと，新しい積極的な戦略を採ること，チームスピリットを開発することなどに取り組む必要がある（Schöllhammer & Kuriloff, 1979）。

1−3.　再生プロセスと学習

　再生において行われる活動は，危機に陥った原因とその深刻度を考慮して行われるべきこと，縮小活動（retrenchment）と回復活動（recovery）の2つについて段階を経て行うことがプロセスモデルで示されている（Robbins & Pearce II., 1992）。後者の2つの段階では，先に，コスト削減と資産圧縮である縮小活動からスタートして財務を安定させる。縮小活動の効果を確認してから，戦略の改善と業務の改善である回復活動を行う。ただし，回復活動の効果が現れるまでには時間を要する場合が多い。ハンブリックとシェクター

（Hambrick & Schecter, 1983）も，再生初期には縮小を行って財務的な安定を確保することが重要であると指摘している。これまでの研究で，縮小活動が再生に影響することは実証されたが（Robbins & Pearce II., 1992），回復活動と併せた検証はなされていない（芦澤, 2012）。

　組織学習に言及した既存研究によれば，再生初期の縮小段階では短期的視点の改善活動（exploitation）である「活用」が行われ，回復段階では長期的視点の開発活動（exploration）である「探求」が展開される（Pandit, 2000）。ところで，不確実性が高くダイナミックに変化する環境のもとでは，組織は市場や技術の変化に対して敏感に反応しようとする。つまり，「探求」活動を行う一方で，「活用」活動も追求するという両利きの学習を意識する。しかし，予測可能な比較的安定した環境のもとでは，両利きは決して安価で有益なものにならないかもしれない（Simsek, 2009）。では，再生の場合は，「活用」と「探求」の両利きの学習が有効なのだろうか。

　再生活動における学習は，上述したように，縮小段階では効率性とキャッシュフローを確保する「活用」，回復段階では新たな機会を柔軟に追求する「探求」という両利きの学習が想定される。もし，各段階とも「活用」だけに止まれば，縮小均衡経営を辿ってしまい成長段階へ飛び移れない。また，各段階が同時並行的に展開される場合があったとしても，回復の重要な鍵は「探求」が握っていることに変わりはない。

　回復段階では成長のための新しい知識の獲得が重視されなければならないが，先に述べた再生の考え方を考慮すると，既存の知識も活用するような形で進めなければならない。新たな知識と既存の知識を結びつける必要から，「探求」と「活用」の両利きの学習が求められる。

　ところで，再生は事業転換とは違う。事業転換と同じように飛躍的な業績の改善を目指すが，回復のスピードと求められる結果が異なる。事業転換では中期的に絶対的かつ相対的な業績改善の達成を目指す。一方，再生では早急に赤字を食い止め企業生命を確保して，回復へ向かって舵を切らなければならない（Slatter & Lovett, 1999）。再生は，日常的に行われている変化や改善ではない。一定期間に集中して行われる非日常的な変化である。この間は日常活動が停止される（吉田, 2004）。

衰退段階から再生にチャレンジするリーダーは，創業・起業化段階で求められるような企業家的に活動する能力を備えている必要がある。一般的な経営能力ではこの困難を乗り越えるのは難しいかもしれない。企業家とは革新を能動的に遂行する主体のことを指す（Schumpeter, 1934）。

本研究でいう再生は自己再生を意味し，他人の資本や再生支援などの専門機関，専門家集団に頼らずに組織自らの手で既存の経営資源の再構成を行って，組織のライフサイクルの衰退段階から成長段階へ飛び移る組織学習プロセスであると定義する。慢性的な危機に陥った段階であるため，速やかな脱出，成長段階への遷移が必要とされる。既存の資源も活用した成長をめざすため，誕生段階や成熟段階への遷移ではない。

また，吉田（2004）の言うように，一定期間に集中して行われる非日常的な変化であり，既存の資源を否定するのではなく，新しく組み換える。短期間に，既存資源や組織ルーティンなどを新たな枠組みのもとで組み換えて回復へ舵を切るので，機会を追求する「探求」活動と過去からの資源を利用する「活用」活動を併用する両利きの学習を実践するものと考える。

ここで，それぞれの違いが分かるように規定しておこう。「探求」は，新しく多様な知識を発見して獲得することを目的とし，認知に基づいたプロセスに特徴がある学習活動，「活用」については，既存の知識を利用して改善，拡張を図ることを目的とし，経験に基づいたプロセスに特徴がある学習活動と捉える。

再生は成長のための新しい知識の獲得・探求と，既存の知識の活用を組み合わせながら進めなければならない。再生の過程は，縮小段階，回復段階に分けて経時的に捉える見方がある。縮小段階は「活用」，回復段階は「探求」が適応するとされるが，本研究では組織が回復へ向けて大きく舵を切る局面，回復初期段階に焦点を当てている。

自己再生の問題は，これまで馴染んできた「活用」的な学習を捨て去るという単純なものではなく，今までできなかった新しいパラダイムを発見するような「探求」的な学習サイクルを生起できるのか，従来の「活用」活動とどのようにバランスさせるのか，であると考えている。

次節以降，再生の定義に沿いながら新たな知識と既存の知識を結びつける学

48　第1部　理論的背景編

習について議論を深めていきたい。なお，縮小段階においては組織のメンバーの雇用を維持して人員削減は行わないものとする。これは，既存資源の「活用」を前提としているためである。

第2節　危機適応の心理

2−1. 危機の段階
2−2. 危機の心理
2−3. ストレス，不安に適応

2−1. 危機の段階

　組織の危機とは，前節で言及したように，目標を脅かす予想されていない現象である。効果的に危機を管理するには，たとえば，「危機前兆の発見」，「準備・予防」，「封じ込め・損失の食い止め」，「平常への復帰」，「学習によって教訓を得て最初の危機前兆の発見に戻る」という5段階のサイクルを築くことが指摘されている（Mitroff, 1988）。危機管理では学習が鍵の1つを握っていることが分かる。

　経営コンサルタントでもあるフィンク（Fink, 1986）は，危機を一種の病気と見立てて，危機には前兆的危機段階，急性的危機段階，慢性的危機段階，危機解消段階という4つの段階があると指摘している（表2-2を参照）。それぞれについてみていこう。

　前兆的危機段階は警告段階を指す。この段階が転換点になることが多い。ここでは比較的容易に危機を操作できるため，気づくことが重要である。見逃してしまうと危機の発酵段階ともいえる急性的危機段階に至る。

表 2-2　4 つの危機の段階

	前兆的危機段階	急性的危機段階	慢性的危機段階	危機解消段階
危機への対処	容易に危機を操作可能	ダメージを最小限に抑える	大幅な改革が必要	前兆的危機を転換点にする

出所：Fink（1986）の記述をもとに作成。

急性的危機段階は，実際に苦境に追いやられた段階をいう。すでに相当のダメージが出ているので，それをいかにして最小限に抑えるかが問題になる。急激なスピードと衝撃度にどのように対処するかが難しい。

慢性的危機段階は大掃除の段階である。また，回復，自己分析，自信喪失，治癒の時期でもある。下手をすると，経営の大幅な改革が余儀なくされたり，倒産に至る場合もある。この段階はかなり長引く。

危機解消段階は，病気にたとえれば，患者が全快するときである。最初の前兆的危機段階を転換点にできれば危機解消につなげられる。

カプラン（Caplan, 1964）は，心理学的な視点から，精神障害の患者を対象にした調査をもとに危機モデルを提唱した。これは，危機の進展を，脅威の段階，緊張の段階，順応的態度の段階，精神的障害の段階という4つに分けている（表2-3を参照）。

第1段階は脅威を知覚し，第2段階の緊張段階では，不安，ストレス，恐怖，罪悪感と闘うためにコーピング（coping, 対処行動）をとる。直面している問題に背を向ける場合もある。また，何とか対処しようと試行錯誤する場合もある。脅威を取り除かないとストレスが増大する。

第3段階では，緊張の高まりに動かされて新しい解決策を試し，直面する問題に対処する。しかし，ストレスの低減や問題解決に役立つ何らかの新しい解決策が得られなければ，心理的な対応メカニズムが機能しなくなり，バランスを崩して第4段階の精神的障害の危機に至る。

医療分野では，フィンク（Fink, 1967）は，患者の臨床観察と喪失に対する人間の反応の文献から危機への適応の過程をモデル化した。これは，ショック性危機に陥った中途障害者が衝撃的な出来事によって一旦は精神的に不安定で危機的状況に陥るものの，危機への適応の4つの段階を経て障害受容に至る過

表2-3　カプランの危機モデル

	第1段階	第2段階	第3段階	第4段階
	脅威	緊張	順応的態度	精神的障害
危機への対処	問題への対応の喚起	機能低下	新たな解決策を試行	精神的障害，神経衰弱，心の抑制消失

出所：Caplan（1964）の記述をもとに作成。

50   第1部　理論的背景編

程を示している。4つの段階とは，衝撃，防御的退行，承認，適応と変化である。

　この危機理論は，社会福祉，急性期医療，災害医療などで活用されている。特に，救急・集中治療領域で活用されることが多い（田中，2005）。組織の危機状態から再生を考える本研究の場合は，衝撃的な状況を乗り越えるという点においていくらか類似する点がありそうである。

　フィンク（Fink, 1967）は4つの段階を，自己体験，現実認知，感情体験，認知構造，身体的障害の5つの治療的介入の側面から捉えて，危機に対する理解を行えるようにした。ここでは，田中（2005）の解説を参考にしながら4つの段階について，本研究に示唆を与えそうな自己体験，感情体験，認知構造の側面に限定して紹介する（表2-4を参照）。

　衝撃の段階は，最初の心理的ショックの時期である。危険や脅威を知覚することにより，無力感や激しい不安を示し，しばしばパニック状態になる。思考が停止して，起こっていることを完全に把握することができず，状況に対処するための適切な計画が立てられない。

　防御的退行の段階は，自分を守る時期である。衝撃にともなう混乱に耐えることができず，現実を回避し，否定し，願望的思考にふけるなどの防衛機制を用いる。感情的には安定し，非現実的な幸福を示す場合もある。均衡を崩そうとするものは，脅威として知覚され，怒りをともなった反応を示す。また，思考が固定しているため，生活様式や価値，目標などの変化を拒む。防衛機制とは，「自分を脅かす出来事や欲望，恐れなど心理状態を不安定にさせるものに対して，過度な不安から自分を守るために実際の知覚を変化させて対処するメ

表 2-4　危機適応の心理的段階

	衝撃	防御的退行	承認	適応と変化
自己体験	既存の構造への脅威	既存の構造の維持を試みる	既存の構造をあきらめる	新しい構造を構築
感情体験	不安	軽い不安，無関心	強い不安	不安は低減
認知構造	思考ができない	変化に抵抗	秩序の崩壊	既存の資源と能力を再構築

出所：Fink（1967）p.593 の表をもとに，一部を抜粋。

カニズム」(Freud, 1936) をいう。

承認の段階は，危機の現実に直面する時期である。「私はもはや以前の私ではない」ということを知覚し，自己を卑下する。こうした変化の中で，感情的には深い抑うつ状態になり，喪失感，悲痛などを示す。衝撃の段階と同様に混乱と無力の感覚をともない，系統立てた思考ができなくなる。

適応と変化の段階は，修正した自己像と新たな価値観を築く段階である。自分自身で資源を探索し，新しい満足感を体験して，次第に不安や抑うつを低減する。現在の資源や将来への可能性の観点から思考や計画が再構築され，見通しが開ける。危機は人生をより深く理解するための手段や，将来起こり得る危機に対する準備であると肯定的に捉える場合もある。

とりわけ，各段階の感情の側面に注目すると，最初の衝撃で生じた不安は強弱の変化をしながら最後には緩和される，つまり，新しい展望，見通しが開けると不安は低減し危機を受け入れることが分かる。また，認知構造では，変化に抵抗する段階が存在することが確認できる。これらの点が組織の再生に対して重要な示唆を提供してくれている。

2−2. 危機の心理

危機に直面すると高まる不安感についてみてみよう。不安には大別すると特性不安（trait anxiety），状態不安（state anxiety）という 2 つがある。特性不安とは，脅威を受けたときの認知状況に反応した不安の強度を表わす個人差である。人が性格特性として持っている不安といえる。これに対して，状態不安は個人がそのときに置かれた条件によって変化する一時的な情緒による状態である。たとえば，テストに対する不安などのようにある特定の状況下で感知する不安である（Spielberger, Gorsuch & Lushene, 1970）。危機が引き起こす不安は状態不安に当たる。

不安は明確ではない危険であるが，危険が来そうだという感情である。また，危険に対する警戒的態度であり，無力感であり，精神的平静さの喪失である（宮城, 1968）。不安は不確実性をともなった危険といえよう。また，不安とは恐怖から派生したもので，危険に臨んだときの不確かさ，頼りなさの気持ちであり，個人が一つのパーソナリティとして存在する上で，ある本質的な価値

52　第1部　理論的背景編

が脅かされるときに現れる気がかりである（Rollo, 1950）。恐怖の関係で言え
ば，心理学では不安を弱い恐怖，遠い恐怖と理解している（山根，2006）。つま
り，不安と恐怖の心理学的な差異は，強度や対象の切迫性の違いに基づく相対
的な程度差にすぎない。

　モウラー（Mowrer, 1960）は，不安は発症と持続の2つのフェーズからな
るという2要因理論を唱えている。それは次のような主張である。不安の発症
はネガティブな体験が特定の対象や状況と結びつき，古典的条件づけによって
不安反応を形成する。不安の発症後はオペラント条件づけによって，恐怖を抑
えるためにその状況を回避しようと学習を行うことで不安が持続する。なお，
古典的条件づけは条件反射とも呼ばれる現象である（Puvlov, 1927）。オペラ
ント条件づけは，偶然とった行動の結果がたまたま好ましい結果に結びつくと
その反応は繰り返される，しかし，不快な経験をともなえばやがて消去される
というものである（Skinner, 1938）。

　不安の持続についていえば，予期をもたらすメカニズムとして不安スキーマ
（anxious schema）がある。不安スキーマは，環境の一部に対する感度を高め，
危険検出を促進する働きを持つ。たとえば，危険の生起確率を過大視させて，
恐怖の対象に注意を向けたり，過去の不安経験を想起させて，ネガティブな予
期を起こし不安を持続させる（金，2006）。スキーマとは，過去の経験に基づい
て作られた心理的な枠組みや認知的な構えを指す。

　ところで，危機ではストレスが高じる。ストレスが続くと，精神的疲労がた
まり，偏見や考えすぎ，優柔不断な態度が現れる。また，睡眠不足や不眠症は
体を消耗させる。ストレスの本質は個人と環境の相互作用のプロセスにある。
このため，環境からの要求が自分の持っている資源に負荷をかけるか，それを
超えて心身の健康を危うくするのではないかと判断されたときに，人はストレ
スを経験する（Lazarus & Folkman, 1984）。ストレスの反応として，仕事が嫌
になったり，欠勤や離職，転職が起きる。組織でみると，生産性や効率性が落
ちる。

　危機のせいで時間が切迫しているように感じたり，失敗したときの悪影響を
予想するためにストレスがさらに高まる。そのことが人の判断に影響を与え
る。たとえば，意思決定において，決断が失敗を招くならば恐怖が生じて，そ

第2章　再生と「探求」　53

図 2-5　喚起水準と遂行行動の関係

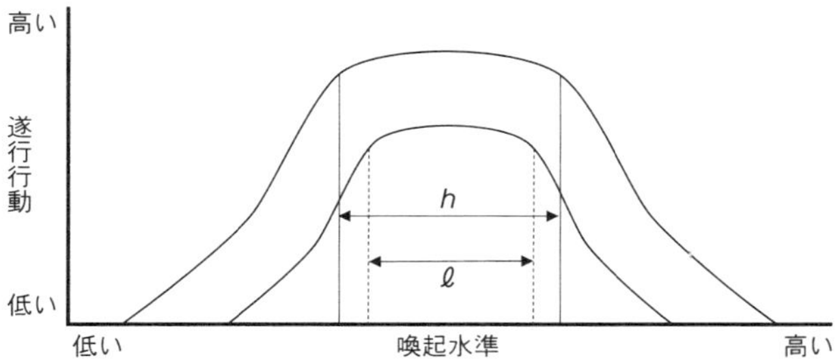

出所：Bindra（1959）の喚起水準と遂行行動の関係図の B を加筆修正。

の後の決断を回避してしまう。また，自尊心が失われることへの恐怖がある。こうした恐怖が心理的不安を高める（Fink, 1986）。

　また，ストレスによって思考の分極化が起こり，それが判断に影響を与える。分極化思考とはすべてのものを白か黒か，イエス（yes）かノー（no）かの二者択一で判断してしまうことで，灰色などの中間がない。あるいは，認識の収縮が起こり，早まった決断を下す可能性もある。認識の収縮は，まだ時期尚早にもかかわらず，思考過程を狭めてしまい，思考を止めてしまうことを指す。分極化思考や認識の収縮に陥った人は，目前の些細な問題に目を奪われて大局的な見地を見失ってしまう。そのため，単純で安易な決断を行いやすい（Fink, 1986）。

　ストレスの効用について言えば，ヤーキズとドッドソン（Yerkes & Dodson, 1908）は，動因水準（喚起水準）と遂行行動の間に逆 U 字型の曲線関係が存在することを指摘した。ストレスは動因水準を高めるが，動因水準は喚起水準や覚醒水準に置き換えて説明されることも多い。図 2-5 の曲線は喚起水準と遂行行動の関係を示している。図中の ℓ と h は喚起水準の最適範囲を表している。この Yerkes-Dodson の法則に従うと，ストレスの強度と生産性・効率性の間には，逆 U 字型の関係がある。ストレス強度が強いと，生産性・効率性が低下する。また，ストレス強度が弱くても生産性・効率性が下がる。過度なストレスは減らさなければならないが，適度なストレスを与えることも必要になる。

2−3. ストレス，不安に適応

再生は組織変革の１つでもあるのだが，変革には抵抗がある。変革を抑止しようとする要因として次の項目が挙げられる。メンバー個々人の視点から言えば，① 人の認知は新しい認知要素の採用を嫌い，既存の体制を壊さない要素だけを選択的に採用する。② 慣れ親しんだ既存の規則や規範を新たなものと入れ替えるには多くのコストを要する。③ 既存の利得の減少が予想されれば，変革に応じようとしない。また，組織の構造や制度からみれば，組織が既存の体制を強固に築き上げている場合や，先行投資がまだ十分に回収されていない場合，組織の文化・風土という価値意識が共有されそれに固執している場合は変革への抵抗が大きい（田尾, 1991）。

ハイフェッツとホール（Heifetz & Halle, 1996）は，変革に抵抗するいくつかの理由を挙げている。知識への恐れ，情報の欠如，雇用不安，変化すべき理由が理解できない，力喪失の恐れなどである。これらは，メンバー個人の否定的な感情を含んでいる。これまでの安定性や安心感を生み出していたものが脅かされると不安や恐れに変わる。

従来とは異なる学習パターン，行動パターンへ変わることが求められると，メンバーは不安感を抱く。人の認知は安定的である。今までできていたことが新しい状況ではできなくなる，分かっていたことが使えなくなる，使ってきたものが通用しなくなると不安を覚える。仕事の多くは過去のやり方を踏襲するという習慣的な活動である。新しい内容，方法を試みることには不安で消極的になり，どうしても慣れ親しんだ内容，方法を頼りにする。それを変更するには心理的負担が大きい。このように，組織の変化が生み出す未知の状況に対して不安感が根強い。

危機には危険と好機の２つの意味がある。危機が生み出すストレスを脅威に感じれば「危機とは危険なもの」とみてしまう。一方で，危機には「人を刺激する」という機能がある。好機をもたらす転換点と捉えれば成長を促進させる可能性がある。ストレスも同様に，快と不快，刺激と恐怖という２つの感情を引き起こす。つまり，よい面と悪い面がある。よい知らせに触れれば，危機にあってもストレスを調整し判断力を向上できる（Fink, 1986）。キャバノーら（Cavanaugh, Boswell, Roehling & Boudreau, 2000）は，ストレスの質に注目

し，挑戦に関するストレスは成果に対してはプラスの影響を与えるが，障害に関するストレスはマイナスの影響を与えると指摘している。危機によって生じるストレスを避けることができないのであれば，それを有効に利用しなければならない。

　ストレスまたは不安の程度が非常に高い場合は，問題に対してパニックに陥り，現状からの逃避だけを考えて自暴自棄の行動をとりやすい。逆に極端に低いと，仕事に対する情熱も意欲もなくなり，無関心になってしまう。Yerkes-Dodson の法則で説明したように，ある程度のストレス，不安は必要とされる。危機では適度の刺激を与えて，注意力を集中させるようにコントロールしなければならない。フィンク（Fink, 1986）は危機管理計画を立てること，また，それを持っていること自体がいくらかのストレスを減らすことにつながると指摘している。

　危機が引き起こすストレスや不安は大きく，その後も恐怖の抑制のための学習によってそれらが持続する。組織が危機を乗り越え再生するという難題に立ち向かうにはメンバーの不安をやわらげて快や刺激の感情をもたらすような環境を整備することが重要な課題となる。

　また，変革の観点から見た動機づけについて，寺澤（2005）は4つの条件を満たすことが望ましいと述べている。1つ目は，メンバーにとって変化することがよい選択であると認識してもらえること，2つ目は，メンバーの経験や既存の価値は活用されるような形で進められると認識してもらえること，3つ目は，変革がメンバーに必要以上に複雑そうに見られないこと，4つ目は，メンバーが徐々に変革に取り組めるように，調整しながら行うことである。再生における動機づけを考える場合，メンバーの不安や恐れなど否定的な感情の低減を十分考慮しなければならない。

第3節　機会発見の「探求」

3−1.「探求」の発端
3−2.　良い逸脱
3−3.　逸脱の発生
3−4.「探求」の制約

3−1.「探求」の発端

　本研究では，再生は組織のライフサイクルの衰退段階から不連続的に成長段階へ飛び移ると定義している。つまり，それまでのライフサイクルの軌道を逸脱することが求められる。逸脱するには，学習パターンを切り替えて，成長機会を探査し，そこで知識を発見し獲得する「探求」活動を行わなければならない。しかし，「活用」活動を繰り返してきた組織がこの場に及んで，「探求」を行うことは難しい。なぜならば，人は学習する存在であるが，過去からの延長線上において存在している。そのため，突然，新たな知識を大量に記憶したり吸収することはできない（馬塲, 1994）。慣れ親しんだ「活用」から「探求」へという急激な学習変化に対応するのは容易なことではない。

　ただ，何らかのきっかけや転機となるものが現れると，「探求」への扉を開く可能性はある。「探求」について，その発端を逸脱と捉えるような分析視角が示されている。工藤（2008）によると，それは突発的な行動が生じることによって，新たな環境への認知が生み出され，その認知がさらに行動の多様性を促していくとみる見方である。「探求」への発端を逸脱として論じた研究には，自己組織化論，知識創造論，事業パラダイム論があって，それらを取り上げて説明している。自己組織化論ではゆらぎ（fluctuations），知識創造論ではゆらぎや暗黙知，事業パラダイム論では危機感や企業家精神を「探求」の発端と見ている。

　ところで，ゆらぎとは何か。熱力学において，物質を構成するすべての粒子の運動量を測定すると，その値は一定の値を示すとは限らない。多くはある平

第2章　再生と「探求」　57

均値のまわりで不規則に変化する。これがゆらぎである。すべての粒子の運動には自由度があり，そのために運動量の不規則な変化となって現れる（Nicolis & Prigogine, 1977）。ゆらぎは，ミクロレベルでは分子の不規則な変化，マクロレベルでは局所的に現れる新しい変化として観測される。このゆらぎの増幅，つまり，不規則な変化の振幅を大きくすることから新しい秩序が導かれる（Nicolis & Prigogine, 1977）。

　既存の秩序の解体と創造を論じた自己組織化論は，ゆらぎを組織の構成要素とみて，組織のゆらぎが環境の情報と関連することに着目する。そして，特定のゆらぎを選択的に増幅し，新たな知識的秩序を形成することを重視する。こうした活動によって，組織が環境との情報交換を通じて発想転換や視点転換を起こすような知識を創造することになる（野中, 1986）。ここでのゆらぎは，不安や迷い，あそび，曖昧性，不規則な変化を背景とする行動である（野中, 1985）。ゆらぎが，硬直的な均衡に陥る組織状態を避けて，新たな領域での経験，情報を生み出す「探求」活動の発端となっている（工藤, 2008）。さらに言えば，組織は不安定で変化する外部環境を秩序立てて，ゆらぎによって適応しようとするとき，メンバーから「逸脱だ」と抵抗を受け組織内部に矛盾を生じさせるかもしれない。この場合，ゆらぎは逸脱として捉えられることになる。つまり，逸脱が発端となる。

　「探求」と深く結びついた逸脱であるが，最初に，逸脱とは何か，逸脱に対する反作用について，既存の研究をレビューし，それらの意味するところを整理しておこう。

　逸脱（deviance）は，本来の意味や目的から外れること，本筋や決められた枠からはみ出すこと，本筋からそれて外れること，が本来の意味である。逸脱行為というのは，レメルト（Lemert）が言った「標準から大きくかけ離れていると見なされる行為である」という言葉が出発点である（鮎川, 2006）。レメルト（Lemert, 1951）は，「私たちは，人間がそこにおいて暮らし相互作用している人々の中心的な傾向あるいは平均的な性質から見て，どのように異なり偏るのかに関心を持つ」と述べて，平均からの偏りという考え方を示した。このように，逸脱は統計学的な概念に出自を持ったものであったが，次第に規則違反という規範的，道徳的な意味合いをも含めて使われるようになった（鮎

川, 2006）。

　確かに統計学においてデビアンス（deviance）が用いられており，逸脱度と呼ばれている。逸脱度（deviance）はモデルの当てはまり具合（quality-of-fit）を表す統計量であり，最尤推定法を用いたモデルフィッティングの場合に最小二乗法（least square method）における残差平方和（sum of squares）を一般化した概念である。残差逸脱度が 0 に近いほど提案モデルが優れている（＝フルモデルに接近している）と解釈する。逸脱度はカイ 2 乗分布で近似されるため，尤度比検定（likelihood ratio test）などの検定統計量として利用されている。

　ところで，逸脱は不確定性によって 3 つの類型に大別できるともいわれる（Meyer, 1957）。1 つは，予期される現象の遅延である。2 つ目は，多義的な可能性やあいまいさを持つ現象の生起である。3 つ目は，遅延もあいまいさもないが，事後予測が不可能な現象の生起である。多義的とは，いくつかの意味があって 1 つの分類に収まり切らないことをいう。

　一般的に逸脱はネガティブな側面で捉えられやすい。社会学において逸脱行為は次のように定義されている（宝月, 2004）。1 つは，行為者が社会的に有害な結果をもたらす行為を行った場合，それを病理的であるとみなし，その状態は改善の対象とされる。2 つ目は，何らかの規範・規則から外れたり，それを無視する行為である。3 つ目は，誰かが特定の行為を逸脱とみなし，ある人を逸脱者と判断し，そうした認定が社会的に受け入れられる場合である。

　組織論で言う逸脱とは，集団内，組織内の基準や規範に対して明らかに背く行為である。従業員が意図的に組織における生産や所有を逸脱するような行為や，組織の利益を害する行為は組織逸脱行為（organizational deviance）と呼ばれる（Robinson & Bennett, 1995）。また，従業員が同僚など組織のメンバーの福利衛生を自発的に害する行為は組織における対人逸脱行為と呼ばれる（田中, 2009）。

　人は集団や組織に所属すると，その集団や組織の標準をなす考え方に従い，適応した行動様式をとる。また，信頼性のタイプの 1 つとして制度的信頼性がある。制度という形式化が信頼性を維持するのだが，それは制度からの逸脱を抑止することになると考える信頼性である（Rousseau, Sitkin, Burt & Camerer,

1998)。標準や制度から逸脱しそれらに反する行為をなすときは大きな心理的抵抗を感じる（三島, 2003）。逸脱は集団や組織から攻撃されやすいためである（Weick, 1979）。

　愚かな決定に至りやすい集団的浅慮（group think）について，ジャニス（Janis, 1982）が逸脱との関係を説明したくだりがある。「人は自分の所属する集団の合意に合わせて，集団からの逸脱を自発的に避けようとする自己検閲が働く。メンバーの中で逸脱した意見を持つ者に対しては，集団の意見に同調するように直接的に働きかける。逸脱は，集団内の者からはネガティブに捉えられて思慮の浅さである浅慮を招いてしまうが，集団外の者からみればそうした浅慮を避けるために逸脱は奨励されるべきものであると肯定的に理解される。」

　集団内，組織内の逸脱は阻害的とみなされてネガティブな側面を持っている。しかし，集団や組織の外から逸脱を客観的に見た場合は肯定されるよい側面もある。

3−2. 良い逸脱

　今度は，逸脱を肯定的なものとしてみてみよう。良い逸脱（正の逸脱，positive deviance）は，コミュニティの中にいる多くの人や集団がとっている普通の行動よりも，特定の問題に対して良い結果を生んでいる「普通ではない」行動や手段に着目する考え方である。ただし，限られた資源しか持っていないか，悪化した状況のもとで，そうした行動がとられる点に注意が必要である。「普通ではない」行動も実行されれば良い結果をもたらす可能性はあるが，ただ「普通ではない」と認識されているがために実行されないだけである（Singhal, 2011）。

　最善の解決策は社会の当たり前の基準から逸脱しているために潜在化することが多い。良い逸脱は，限られた資源の中でも潜在する創造力や知恵に着目して，直面する問題に対する解決策を見出し，行動へと顕在化させていく。この考え方は解決策に苦労している複雑な問題に対しても発想の転換を提供する（河村・Singhal, 2012）。

　再生に示唆を与えるとみられる組織の変革は，しばしば，メンバーの非同調や逸脱から始まる。基準や規範を変えることが，そのまま組織の変革に結びつ

60 第1部 理論的背景編

く場合がある。変えようとすることは逸脱することでもある（田尾, 1999）。な
お，非同調は集団の基準や規範に同調しないことを指し，逸脱はそれに反する
ことを指す。両者は次元の異なる行動である（Hollander, 1967）。ここでの逸
脱は，変革の実現のために従来の保守的な慣行や惰性などに逆らって行動する
ことを意味する肯定的な側面である。

　逸脱を組織学習の視点からみてみよう。組織学習は，組織の知識や価値体系
が変化し，問題解決能力や行動のための能力が改善されるプロセスである
（Probst & Büchel, 1997）。ミクロ視点の学習論者であるフィオールとライルズ
（Fiol & Lyles, 1985）は，組織学習を低次学習と高次学習に区別している。前
者は，ルーティン・レベルでなされる行動の表面的，部分的調整であり，後者
は構造の変革，仮定の修正をともなう学習で，より認知的なプロセスである。
高次学習は既存の組織価値の疑問や否定から発生する（Miner & Mezias,
1996）。たとえば，仕事に対する考え方や問題解決にかかわる既存価値を疑問
視してそれらから転換する際に発生する学習である。転換はそれまでの方針や
傾向などを別の異なった方向に変えることである。高次学習は，既存の認知的
枠組みを逸脱することから始まり，新しい行為に関連する規則等の開発，因果
関係の理解，組織全体に影響を与える学習である（Fiol & Lyles, 1985）。経営
戦略や組織構造なども含む広い範囲を対象にしており，既存の枠組みの範囲内
で行われる改善活動である低次学習とは異なる。

　新たな行動を生み出す高次学習は，学習棄却（unlearning）とも呼ばれる。
組織レベルの学習棄却は，時代遅れになった知識や組織を誤った方向へ導く知
識を，組織が捨て去るプロセスである（Hedberg, 1981）。学習棄却は，もとも
とはヘッドバーグ（Hedberg）が提起した概念であるが，ツァングとザーラ
（Tsang & Zahra, 2008）は，「既存の価値を棄却すること，それが何らかの新
しい価値観に基づいた棄却であること，新たな価値観によって組織的価値観を
置換すること，これらの1つを満たすか，あるいは複数を満たすもの」と新た
に定義している。学習棄却に関係する実証研究では，市場の不確実性が高くメ
ンバーの危機感や不安が募るほど，組織の学習棄却が促進されて組織学習が活
発化し業績が高まることが示唆されている（Akgün, Lynn & Byrne, 2006）。
ここでいう高次学習は「探求」活動にほぼ相当する。

逸脱を新奇性や創造性の視点からみてみよう。意思決定の過程は，知覚，認知，構想の3つの異なる能力からなっていると言われる（大河内, 1979）。過程の起点であり，鍵を握るとされる知覚については，人は新しい局面での決定を迫られた場合，新奇性に対して無限の対応能力を備えていない。新奇なものを知覚しても，無意識のうちに支配されている自らの知覚パターン（文脈効果と呼ばれる）や情報処理の単一回路（フィルター効果と呼ばれる）から逸脱しなければ対応することができない（大山・東, 1984）。

音楽では創造性の喚起の点から，逸脱のポジティブな面が主張されている。音楽における意味は逸脱によって生成されるが，意外性の契機の最も強いときが逸脱の発生するときであると考えられている（Meyer, 1957）。それは，演奏家や聴衆が身を乗り出すようにして能動的に解読しにいこうとする状態のことを指している。音楽家にとっては，逸脱を構成する作業が本質的な芸術的手段なのである（田柳, 2010）。

ここでの逸脱は人々を釈然とさせる逸脱であることが前提とされる。逸脱は，蓋然性（確からしさ），あるいは既存のスキーマとの高度な認知的交渉の結果，新たに許容されたものと考えられている。つまり，逸脱によって認知的な拠り所としての蓋然性は一瞬妨げられるものの，後から振り返って，「釈然とできる逸脱」であったと追認されることが重要である。大きな流れの蓋然性を保持する中で，不確定なことが起きる状況が音楽における意味を生む（Meyer, 1957）。

アバナシーとクラーク（Abernathy & Clark, 1985）は，革新力に基づくフレームワークを用いてイノベーションを4つに分類している。このうち，新しい技術を用いて新たな市場や顧客との関係を構築するのが構造的イノベーションである。これは，確立された技術体系や生産システムから逸脱して，製品およびプロセスの構成を定め，技術とマーケティングの方針を示して業界構造を規定するようなイノベーションである。

また，未知のイノベーションの段階では，中核技術が完成しておらず，製品市場も発達していないことから将来の成功を客観的に予測するのは難しい（平澤, 2013）。その一方で，既存の規範から逸脱する画期的ノベーションへの期待感が高まる。創造活動には規範から逸脱する側面があるが，逸脱の動機が好

62 第1部 理論的背景編

奇心でもあるといわれる（楠，1992）。このように，既存の体系や規範からの逸脱は創造活動と深く関係している。

3-3. 逸脱の発生

ここからは，革新や創造性を生み出す発端となるような逸脱の側面に注目して議論を進めていく。逸脱を発生させる要因は種々考えられるが，とりわけ，認知の逸脱について考えてみたい。

認知的枠組みから逸脱が引き起こされる状況として，ルイスとサットン（Louis & Sutton, 1991）は次の3つを指摘している。1つは，非日常的な状況，新奇な状況を経験する場合，2つ目は，認知上の食い違いが発生する場合，3つ目は，考えることを強要されたり，公然と質問される場合である。

予期との食い違いで言えば，ワイク（Weick, 1995）は，予期せざる事象に出くわす場合と予期された事象が生じなかった場合の2つを挙げている。予期せざるとは，新奇性，望ましくない状況，曖昧性といった新しい事象を指しそれに出くわす場合である。予期されたとは，乖離，過剰な情報，複雑性や攪乱，不確実な推量といった事象を指しそれが生じなかった場合である。当初の想定と実際の結果が食い違うならば人は驚く。

期待と結果の間の食い違いが意図せざる過程につながるとする考え方がある。こうした問題が生じる状況として次の3つが挙げられる（March & Simon, 1958）。1つは，単一の刺激やきっかけがそれと結びついた多数の反応，それらの反応結果に対する多数の期待，さらには多数の態度，選好，そして評価を喚起する場合である。2つ目は，刺激それ自体が意図していなかった要素や内容を含む場合である。3つ目は，刺激の意味を別の意味と取り違えて解釈したり，反応しなかった場合である。

また，コミュニケーションが問題となって行為の意図せざる結果が起きることも指摘されている。長谷（1991）は次のように説明している。「行為の意図せざる結果とは，言明としての行為が自身を否定して，パラドキシカル（paradoxical, 逆説的）な言明を構成している現象を指している。言明それ自体には矛盾などないのだが，ある言明が他者に向かってメッセージとして差し出されたときに初めて矛盾は生じる。」 なお，言明それ自体の意味は「メッ

セージの内容レベル」を指し，言明が他者に伝えられる際に生じる意味は「メッセージの関係レベル」と呼ばれている（Watzlawick, Beavin & Jackson, 1967）。行為の意図せざる結果は，関係レベルのメッセージが内容レベル（言明それ自体）と矛盾するときに生じる。

　長谷（1991）は続けて，「言明の主体者は，自身の行為が矛盾をはらまない真なる言明だと信じて他者に提出する。ところが，その途端，他者に提出したこと自体が新たな意味を生み，これがもともとの言明と矛盾して，結果としてパラドックスが生じる。行為の意図せざる結果は，主体者にとって意外なものとして出現する。コミュニケーションによって生じる意味（関係レベル）がもともとの言明の意味（内容レベル）を否定している。主体者はパラドキシカルなメッセージを発しようとしているわけではない。それが他者との関係を規定することから生じる意味によって，パラドックスが結果的に構成されてしまう。」と述べている。問題はコミュニケーションにあるとみられる。

　ところで，ワイク（Weick, 1979）の示した自己組織化の過程の中では，「一方で記憶が信頼されているごとく，他方で記憶が信頼されていないがごとく，行動しなければならない」ことを要請している。「信頼されている」とは信じることによって収束が促進されること，「信頼されていない」とは疑うことによって逸脱が促進されることを含意している（古澤, 2004）。疑うことは，組織の中に不調和を生み，それが既存の認知的枠組みでは見えない問題を浮き彫りにする。そこで，その不調和を解消するために，あるいは，それを有意味なものにするために，新たな認知的枠組みの選択が求められる（Starbuck, 1983）。疑うことは不調和を生むという意味で逸脱と強く結びついていると考えられる。

　こうした疑い，懐疑の意義について，ワイク（Weick, 1979）は次のように指摘している。1つは，もし新奇性を外部から獲得できないならば，経験による学習は陳腐化して古くならざるを得ない。その場合に，疑う行為は組織内部から生じる新奇性であり貴重な源泉となる。2つ目は，非線形の分野では疑いが意味を持つ。処理・記憶・行動の間の複雑な非線形の関係は，因果マップ上で線形関係に変えられる。これを疑うことによって，新たに適応性が高まる。因果マップとは事象と事象間の因果関係を表現する地図をいう。3つ目は，蓄

積された経験の多くは過剰な意味を持っているため，疑いの目をあらゆる経験に向ける。その結果，信じることと疑うことの双方を使い分けることが正当化される。4つ目は，ある見方を持ちながらもそれを疑える人は，状況を多様な視点で捉えられる。

他者からの反作用によって逸脱が生み出されると考える分析視角がある。社会学において逸脱行為の研究は，主に逸脱行為とその行為者に注目する原因論に向けられてきた。それに対して，レイブリング・パースペクティブ（labeling perspective）を唱えたベッカー（Becker, 1963）は次のように考えた。「逸脱とは人間の行為の性質ではなくて，他者によって規則と制裁とが行為者に適用された結果である。逸脱は行為それ自体に内在する性質ではなくて，その行為を行った人（行為者）と，それに反応する人々（他者）の間の相互作用の内にある。逸脱はその行為に対する他者からの社会的反作用によって作り出される産物である。」そして，行為や行為者に逸脱や違反者のラベルを貼ることによって逸脱を作り出す警察や裁判所などの社会統制機関こそが研究対象であるとして命題を立てた。

レイブリング・パースペクティブでの研究の主題は，行為そのものではなく，行為に対する社会的反作用へ焦点化させて，規則それ自体が重要な研究領域を形成することになった。規則とは一般に法律を指している（北沢, 1987）。従来の研究が，社会統制機関を与件として，その権威と正統性を疑うことなく，社会統制機関に自らを同一視した上に成り立っていたのだが，ベッカー（Becker）は視座を180度転換させ，逆転的，逆説的発想の斬新さを打ち出したのであった。

レイブリング・パースペクティブは，規則を自明のものとは見なさず，その根拠や形成過程を問題とする。また，逸脱行為者の主観的定義づけに着目し，彼らの側から，社会や彼らを取り巻く一般の人々や，社会統制機関の代理人（agent）がどのように見えるのかということも重視している（鮎川, 2006）。既存の枠組みに疑問を抱いたり，それを否定することで逸脱を生み出そうとする視点は組織学習の「探求」活動に対して重要な示唆を与えてくれる。

3−4.「探求」の制約

縮小段階，回復段階からなる再生，その中でも回復段階において，「探求」と「活用」の両利きの学習が必要なことは本章の第1節で述べた通りである。

再生という非日常的で非定型的な問題へ対処するには相当な困難をともなう。それは，計画におけるグレシャムの法則（Gresham's law of planning）が暗示している。人は高度にプログラム化されている定型的なタスク（task, 課業）とそうでないタスクの2つに直面する場合に，納期が迫っていないときでさえも，後者よりも前者を優先するという法則である（March & Simon, 1958）。

さらに，組織は十分なスラックを持たない場合は，日常業務に関する意思決定を優先的に処理してしまう（March & Simon, 1958）。組織が「探求」を行おうとするならば，利用可能なスラックを持っていなければならない。組織スラック（organizational slack）とは企業の持つ余剰資源を表す概念である（Cyert & March, 1963）。それは，組織が環境変化に適応する余剰能力であり，安定した環境では必要とされない経営資源である（大月, 1999）。また，変革目標の実現に投じられるさまざまな形態の資源やエネルギーとして考えられ，成果が目標を上回ったときに蓄積される（Levinthal & March, 1981）。

組織スラックの種類についてはいくつかの考え方がある。たとえば，企業内の資源として使われたかどうかによって，吸収されたスラック，吸収されていないスラックに分ける方法がある（Singh, 1986）。吸収されたスラックは，過剰な費用として既に企業活動に使われているが，削減することで資源として利用できるものを指す。吸収されていないスラックは，組織内で使われずに残っている過剰な資産を指す。こうした資産は広く利用されやすい。長期的な性質を持ったものとして，潜在的なスラックがある（水谷・中村, 2010）。潜在的なスラックは，今は利用できないものの，借り入れなどにより外部から資金を調達することによって創り出せるスラックを表している。

組織スラックは，新製品，新市場，新プロセスの開発や研究開発（R&D, research & development）などに役立つ資源でイノベーションに好影響を及ぼす。また，外部環境の急激な変化から受ける組織への衝撃をやわらげる緩衝材の働きがある（Bourgeois III. & Singh, 1983）。スラックの存在は，経営者

66　第1部　理論的背景編

の遊びやリスクテイキングな行動を促し，新しい情報を得たり，新しい問題を創出する可能性を高める（Levinthal & March, 1981; Singh, 1986）。また，組織が敏速に行動したり，重要な人材が維持できる。未来に投資ができ，賢明なリスク選択ができる（DeMarco, 2001）。

　開発活動などの「探求」を維持するには，改善活動などの「活用」を通じて組織スラックを安定的に生み出さなければならない。組織スラックは，日常業務において使い果たされるものではなく，行動可能性の程度を準備するものと考えられ，危機に際しては学習を喚起する作用を及ぼす（Cyert & March, 1963）。しかし，一般的には，危機に至るまでの間に組織スラックを使い果たし，余力がないことが多い。慣性を打破するには冗長性が必要とされるが（Morgan, 1986），慢性的な危機に陥ってしまっては，もはや，打破すべき「探求」は起こりにくい。

　「探求」と「活用」の両利きの学習に言及すると，大規模な組織ほど豊富なスラックを必要とする構造的両利きが採用できてその効果も発揮できる（Benner & Tushman, 2003）。分離されたそれぞれの組織の間で資源配分などを巡ってコンフリクトも生じやすいが，十分にスラックがあることが，そうしたコンフリクトを緩和する役割を果たす（Jansen, Simsek & Cao, 2012）。

　ところで，危機が引き起こす生存不安は大きく，その後も持続する。そうした中で，回復機会発見の「探求」は行えるのだろうか。

　本章の第1節で，「探求」は，新しく多様な知識を発見して獲得することを目的とし，認知に基づいたプロセスに特徴がある学習活動であると規定した。新しい知識は有益かどうかが明らかでないまま行う活動である。探す範囲も広範囲となるうえ，新たな知識が発見できる保証もない。活動に要する期間や費用の見積もりがしにくくリスクが高い（March, 1991）。人は，未知なもの，新奇なもの，曖昧なもの，不明確なものに対して不安を覚え，嫌悪を抱く。組織学習は，基本的にルーティン・ベースで，過去の経験に依存して行われる傾向が強い（Fiol & Lyles, 1985）。「探求」は新しい認知要素を追求し，既存の規則や規範を入れ替えようとする学習活動であり，その不安感のためになかなかメンバーに受け入れられない特性を持っている。

　不安と学習の関係から言えば，不安が人の認知活動を妨害する（Eysenck,

1979)。それは次のように説明されている。人が不安を感じると，その状況分析や対処法に関して情報処理を行うことを動機づけられる。不安を感じている学習者は，本来の学習課題とは関係のない情報処理に認知活動の多くを費やすことになり，課題の遂行に集中することができなくなる。注意力が分散した学習者は，自己を否定的に評価するようになる。そのことが不安感を高めて課題の遂行をますます困難にしてしまう。このように，不安は学習課題に悪影響を及ぼす。

　レビット（Levitt, 1969）は，被験者の不安水準と学習との関係を検討し，「不安水準が高すぎても，低すぎても遂行行動は促進されず，最適な効果は不安水準の中間範囲で得られる」ことを示した。また，「一般感覚刺激や情動（または感情）刺激の最適水準が心理的な安定性を保つ。少なすぎる刺激も多すぎる刺激も情動の崩壊，行動の混乱を招く。刺激が最適範囲にあるときのみ，正常に諸機能を働かせることができる」と指摘した。

　本章の第2節で取り上げた Yerkes-Dodson の法則を不安と学習との関係に適用することの有用性が示されている。同様に，Yerkes-Dodson の法則をもとに教授法について言及した倉八（1991）の文脈を参考にすれば，不安傾向が高い状態の場合は，不安をやわらげるようなリーダーシップや関係づくり，不安傾向が低い状態の場合は，適度な緊張を与えるリーダーシップが望ましい。

　また，変革に直面する場合，人には2種類の不安が作用するといわれる。シャイン（Schein, 1999）は，1つは，何か新たなことを学習することに関連した不安，もう1つとして，生き残りに関する不安を挙げている。そして，組織変革を機能させるためには2つの要件が有効であると指摘している。1つは，学習に対する不安よりも生き残りに対する不安のほうが大きくなければならない。2つ目は，生き残りに対する不安を増大させるよりも，むしろ学習に対する不安を低減させなければならない。

　たとえば，見習い，真似ることができるような手本（役割モデリング）を示すのも1つである。再生が必要な危機的状況では，生き残りに対する不安が十分に大きいので，学習に対する不安のほうを減じる必要がある。つまり，学習不安をいくらか低減できるようであれば「探求」活動が起きる可能性はある。「探求」は認知プロセスの強い学習であるため，学習に悪影響を及ぼすような

68　第1部　理論的背景編

不安は適度にコントロールしなければならない。

第4節　本研究で踏まえるべき点

　本研究でいう再生は自己再生を意味し，他人の資本や再生支援などの専門機関，専門家集団に頼らずに組織自らの手で既存の経営資源の再構成を行うこと，そして，組織のライフサイクルを危機に陥った衰退段階から成長段階へ遷移させる組織学習プロセスである。慢性的な危機にあるため，速やかな脱出，機会発見が必要とされている。また，資源を再構成するところから，機会を追求する「探求」活動と過去からの資源を利用する「活用」活動を併用する両利きの学習を実践するものと考える。従業員の雇用を維持して人員削減は行わない。

　危機に直面すると，不安やストレスの高い状態が生じる。たとえば，ストレスは快と不快の感情を引き起こすように，ストレスにもよい面と悪い面がある。よい知らせに触れれば，危機にあってもストレスを調整し判断力を向上できる。危機では適度の刺激を与えて，注意力を集中させるようにコントロールしなければならない。

　危機に陥った衰退組織の多くは，組織のライフサイクルの軌道に沿うようにそのまま下方へ滑り落ちて死滅に至る。しかし，再生は，この衰退軌道から逸脱することを要求している。逸脱に注目すると，認知の逸脱は「探求」活動の発端となって，新たな解決策を生み出したり，イノベーションをもたらす可能性がある。逸脱は，期待と結果との間に食い違いが起こり，それが意図せざる過程となって生じる。また，疑うことは不調和を生むという意味で逸脱と強く結びついている。認知の逸脱は，行為そのものが対象でなく，そうした行為を評価する認知的枠組みを問題にしている。

　組織変革との関係でいえば，危機に陥るとその生存不安によって「探求」活動が起こりにくくなる。「探求」に必要とされる組織スラックが不足している上に，メンバーの不安が認知に基づく学習である「探求」に悪影響を及ぼす。このため，学習不安を低減することが真っ先に意識されなければならない。

第3章
再生へ舵を切る学習プロセス

第1節　プロセスの全体像

1−1.　進化モデルの視角
1−2.　リーダーの行動の視角
1−3.　認知と行動の逸脱の視角
1−4.　プロセスの全体像

　本節では，危機に陥った衰退組織の自己再生へ舵を切るプロセスを探るために，いくつかの視角を通して参考点の抽出を行う。ここまでの議論を踏まえると，再生について，危機と結びついていること，組織のライフサイクルの衰退軌道から逸脱すべきこと，組織変革の1つであること，また，成長機会を見出すには「探求」活動が必要で，逸脱は「探求」の発端となることなどその特徴が明らかになってきた。そこで，1つ目は，組織変革のプロセスや組織学習アプローチという観点から進化モデル，2つ目は，不安やストレスで動揺したメンバーへの配慮という観点からみたリーダーの行動，3つ目は，「探求」の発端という観点から認知と行動の逸脱に関して検討する。

1−1.　進化モデルの視角
自己組織化
　自己組織化は物理学，化学，生物学など分野を超えたテーマとなっているが，本来は，無秩序状態のシステムにおいて外部からの制御なしに秩序状態が自律的に形成されることを指している。経営組織論では環境の変化に対応して組織の変革を行う場合などに援用されている。

ワイク（Weick）は組織化のプロセスとして自然淘汰が行われる進化論の過程を雛型にして進化モデルを提起した。組織化とは，意識的な相互連結行動によって多義性（equivocality）を削減するための文法のようなものである（Weick, 1979）。多義性は，いくつかの意味があって1つの分類に収まり切らないことを指す。

組織化は，生態学的変化（ecological change），イナクトメント（enactment），淘汰（selection），保持（retention）からなるプロセスである。生態学的変化は，不連続性，違い，あるいは注意を引きつける外的変化であり，センスメーキング（sense-making, 意味形成）の素材となる手がかりを提供する変化の過程である。イナクトメントは生態学的変化の手がかりを囲い込んでそれに一連の意味を与える先行的なセンスメーキングの段階である。センスメーキングは新しい出来事には「このような意味がある」と意味づけることをいう。何が変化であるとみなすかは，その時点で組織が持っているフレーム（frame, 知識の枠組み）に基づく。淘汰はイナクトメントで抽出された手がかりに，さまざまなフレームをあてがって解釈を行い，多義性を削減しようとする。保持はイナクトメントや淘汰の際に用いられたフレームの貯蔵に当たる（Weick, 1979）。

プロセスをなす4つの段階は，何が問題か（生態学的変化），それに対してどうしたのか（イナクトメント），そうした行為はどんな意味を持つのか（淘汰），結論は何か（保持）と表現することもできる。

組織化のプロセスは図3-1に示している。なお，図中の＋は信頼して小さな変化である逸脱を増幅する関係，－は懐疑によって逸脱を抑制する関係を表わす。フィードバック・ループでは単なる信頼だけではなく懐疑も必要なことを意味している。

図3-1　組織化のプロセス

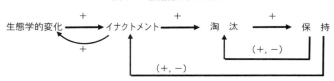

出所：Weick (1979), 邦訳 p.283 をもとに作成。

第3章　再生へ舵を切る学習プロセス　　71

　ワイク（Weick）の進化モデルは，組織学習アプローチの知識成長パースペクティブに当たる。組織は相互に依存しているメンバーの集合体であり，認知や信念のパターンを共有するものと考えている（Aldrich, 1999）。

　本研究は再生の中でも回復へ舵を切る時機，すなわち，回復の初期段階に注目している。そこで，自己組織化の初期段階に相当する生態学的変化，イナクトメントについて少し詳しく触れておきたい。

　通常，人はスムーズに運んでいる事柄に対してあまり注意を払おうとしない。しかし，スムーズな流れに変化や違いが生じると注意を喚起する。変化は不連続性や差異に当たり，今までの経験の過程の中で違っていると認識されるものである。生態学的変化とは，メンバーや集団の行動，集団間の相互作用を通じて認識される変化を指している（Weick, 1979）。

　イナクトメントは組織が外的環境と直接やり取りする唯一の過程である。経験の流れの中に変化や違いが生じると，より深い注意を払おうとするためにそれらを隔離するような行動をする。こうした囲い込みがイナクトメントの1つである。小さな変化（逸脱）であったものを大きな複雑な変化（変異）として生み出す。また，外的環境に対して能動的に何らかの働きかけを行って，先行的に意味を見出したり（センスメーキング），環境に変化を生じさせることも含めている。

　このように，ワイク（Weick, 1979）はイナクトメントを行為や活動の側面で捉えている。図 3-1 に表されているように，生態学的変化とイナクトメントは逸脱を増幅し合う関係である。

　なお，「経営者は環境の客観的特徴を，構築し，再構成し，選び，そして壊す」と主張したワイク（Weick, 1979）は，イナクトされた環境（enacted environment）という環境観を提示した。この環境観には，外的な存在としての環境は存在しない。人々はさまざまな状況や事柄に対して意味づけや関連づけを行うことで環境を生み出す。環境は断片的で曖昧な情報から創造されることも多い。環境をイナクトするには過去の経験を振り返ったり，内省し続けることが重要になる。この環境観は，先に行動し，その中で回顧的に行動の意味づけを行って，行動を続けるか否かを判断する点が特徴である（高橋, 2009）。

72　第1部　理論的背景編

革新プロセス

　組織化プロセスとは別に革新を生み出すプロセスがあるが，そこでは，自己にないものを生み出したり，見つけ出したりする逸脱のプロセスが先行する（Leonard & Sensiper, 1998）。あるいは，逸脱の結果は逸脱の増幅プロセスへ展開される。この点は，生命システムの進化との関係から次のように説明されている（Maruyama, 1963）。逸脱増幅（deviation-amplifying）は，人の持つ能力が経験の蓄積に基づいて増進されるように，初期のキック（initial kick）に基づいた逸脱の結果を次第に増幅させる過程であると考えられる。生理学の形態発生（morphogenesis）に対応させて解釈すると，増幅によってある時点でシステムの基本構造を変えて環境の変化に適応しなければならないことを意味している。

1-2.　リーダーの行動の視角

緊急時のリーダーシップ

　危機ではリーダーシップ行動が特に重要になることについて，古くから多くの研究者が指摘してきたところである（Strauss, 1944; Smelser, 1963）。こうした一般論は数多く語られるものの，実験的に研究した文献はかなり少ないのが現状である。そうした中でも，いくつか実験結果を紹介する。まず，脱出や避難に関してである。

　ケリーら（Kelley, Condry Jr, Dahlke & Hill, 1965）は，緊急事態での脱出行動に関する研究を行っている。メンバー全員が，「私が最後に脱出する」と意思表示した人の存在を認知できる状況にあれば，通路の混雑度が低下し，脱出率が上昇する。意思表示した人の存在がメンバーに安心感を与えて，彼らを理性的な行動へ導いていることが明らかになった。

　釘原・三隅（1984）は立体迷路からの脱出課題を実験室的に設定し，脱出行動に及ぼすリーダーシップ効果について，恐怖条件下と無恐怖条件下において吟味している。結果として，無恐怖条件下ではリーダーシップ行動のタイプ間に明確な差が見られない。しかし，恐怖条件下においてはタイプ間に有意な差が見出された。被誘導者の誘導者に対する依存性の程度が差を説明する理由の1つである。恐怖条件のほうが無恐怖条件よりも誘導者に対する依存性が高く

第3章　再生へ舵を切る学習プロセス　73

なる傾向がみられる。危機的状況では被誘導者はリーダーシップ行動に敏感に反応しやすくなることが明らかにされた。

釘原・三隅・佐藤・重岡（1982）は，模擬被災状況におけるリーダーシップ行動が避難行動に及ぼす効果について実験的に検討している。結論として，リーダーが脱出者を明確に指定し，順序づけ，脱出を支持し促進するような具体的かつ強力な指示，発言を行う場合に，脱出効率が高くなることを明らかにしている。

三隅・佐古（1982）では，緊急事態における避難者のリーダー追随を促進するリーダーシップ行動を実験している。その結果，リーダーへの追随が最も顕著なのは，リーダーが脱出開始冒頭に避難者の緊張低減を意図した発言を行い，その後に，脱出方向を指示する場合であった。緊張低減なしに脱出方向の指示を行う場合や，緊張低減が脱出方向指示の後になされる場合は追随度が低くなった。参考までに，実験は次のような方法で行われている。避難者役の被験者4名，リーダー役をするサクラ1名の合計5名で，各人は手元のスイッチを動かしてコンピュータ画面上の四角の部屋の中にある各自の点を移動させる。従属変数である被験者のリーダー追随度は，画面上に映るリーダーの点と被験者の4つの点の距離で測定された。

次に，平常時と比較した研究である。矢守・三隅（1988）は，平常事態におけるリーダーの行動が，平常事態における部下の作業量に及ぼす効果と，緊急異常事態発生時における部下の異常に対する対処行動に及ぼす効果を実験している。ここで，異常事態対処行動とは，各集団のメンバーがリーダーから与えられた作業とは直接的な関連を持たないが，集団全体の効果性に対しては負の影響を及ぼしかねないような突発的な異常事態に対するメンバーの対処行動をいう。リーダーシップは三隅（1984）のPM論に基づいて類型化している。PM論では，集団の機能的要件としての集団目標達成機能，集団維持機能に基づいて，前者を促進する行動をリーダーシップP行動，後者を促進する行動をリーダーシップM行動と呼んでいる。この研究では，P行動に集団目標達成の強調，M行動に集団凝集性の強調を含めている。

結論として，集団目標と集団凝集性（group cohesiveness）の両方を強調するタイプが平常事態作業量，異常事態対処行動の双方に対して最も効果的で

あった。集団凝集性強調タイプが異常事態対処行動に対してのみ効果的であった。さらに，集団目標達成に対する動機づけの程度である集団へのコミットメントが高いほど，異常事態対処行動に効果的であった。集団凝集性とはメンバーを集団に引きつけて留まらせるよう働く力のことをいう（Festinger, Schachter & Back, 1950）。

　危機下でのリーダーシップ行動に関する先行研究が乏しいため，緊急時の行動について，三隅らを中心とした実験的研究結果を概観した。緊急時にはメンバーは安心感を求めること，彼らの緊張をやわらげる言動が効果的であること，また，リーダーへの依存性が高まることから，リーダーは集団目標や集団凝集性を強調すべきこと，などがリーダーシップの重要な知見として得られた。

メンバーに影響力を及ぼす変革型リーダーシップ

　次に，組織変革のリーダーシップについてみてみよう。第2章の1節で言及したように，再生は組織変革の1つである。再生では組織の中核をなすアイデンティティや価値観を思い切って転換させなければならない（Nadler & Tushman, 1995）。そのため，再生プロセスでは変革型リーダーシップの行動がとられるべきことに異論はないだろう。ただし，メンバーの不安やストレスを低減する配慮が行われる必要がある。

　変革型リーダーシップ（transformational leadership）について，バスとスタイドルマイヤー（Bass & Steidlmeier, 1999）は，リーダーに必要な行動は4つの次元から構成されると指摘している。1つ目は，信念の表出，信念と一致する行動，目的の明確化など理想化された影響力ないしカリスマ（charisma）である。メンバーの情熱を鼓舞し働きかける行動と「あのリーダーならばやってくれるはず」というメンバーからの認知上の帰属である。カリスマは人々の心を引きつける強い魅力である。2つ目は，メンバーの認識のスキーマを変革しようとする行動で，問題を新しい視点で捉えさせて，改善策を発見させようとする知的刺激（intellectual stimulation）をいう。スキーマとは判断を行う認知的枠組みを指す。3つ目は，単純化したイメージやシンボルを用いた提示，リーダー自ら率先垂範してメンバーに模範的行動を示す役割モデリング

（role modeling）などによるビジョンやあるべき姿の伝達である。役割モデリングは行動の規範となる手本をいう。4つ目は，メンバーの個人差を踏まえた個別の配慮で，支持，メンタリング（指示や命令によらない指導・支援），コーチング（仕事を対面で指導）などを指す。

　組織の変革を推進するためにリーダーがどのような役割を果たすべきかという先行研究では，たとえば，コッター（Kotter, 1990）はリーダーシップをマネジメントと明確に区別した上で次のような点を指摘している。基本のプロセスを，表3-1のように，アジェンダ（agenda）の創造，アジェンダを達成するための人的ネットワーク構築，達成の手法の3つに分ける。リーダーシップでは，まず，将来の方向性を定めることが必要とされる。これは計画の立案ではない。次に，単純なイメージやシンボルを活用することによりアジェンダを伝え，メンバーの心を1つの方向に向けて統合する。最後に，メンバーの意思決定への参加，メンバーの努力に対するコーチングやフィードバックなどの支援，メンバーに対するアジェンダの浸透を通じて，動機づけや意欲の高揚を図る。

　ところで，アジェンダは議題などの意味も持つが，コッター（Kotter, 1982）はリーダーに求められるアジェンダを以下のように考えている。「戦略的課題と捉えられ，長期的，中期的，および短期的な責任と，緩やかに結びついた目的や計画からなる。公式的なものではなくリーダーの頭の中に描かれた非公式なものである。優れたリーダーほど行動を通じてアジェンダを構築するのが上手く，頭の中で整理されていてより遠くを見ている。」　アジェンダはまだ非公式な検討課題，行動計画といった意味合いを含んでおり，内容仮説と言ってもよいだろう。もちろん，修正や更新は都度行われる。

表3-1　コッターのリーダーシップ

	マネジメント	リーダーシップ
アジェンダの創造	計画立案と予算設定	方向性を設定する
達成のための人的ネットワーク構築	組織化と人員配置	心の統合
達成の手法	コントロールと問題解決	動機づけと啓発

出所：Kotter（1990）の第1章より作成。

76　第1部　理論的背景編

　若干関連しているが，伊丹（1999）は「場」の成立要件として参加するメン
バーが共有するものを持っていることの必要性を論じているが，第1番目にア
ジェンダ設定を挙げている。ここで言うアジェンダは何に関するものかを指定
しているもののことである。指定はごく詳細でも，あるいは一種の方向性のよ
うなおおまかなものでもかまわない。

　また，リーダーシップがメンバーのモチベーションにもたらす効果につい
て，シェイマーら（Shamir, House & Arthur, 1993）は次のように説明してい
る。カリスマ的リーダーの行動は，リーダー自ら率先垂範してメンバーに模範
的行動を示す役割モデリング（role modeling）と，メンバーにカリスマ的リー
ダーの価値観や信念を共有するように促すフレーム調整（frame alignment）
の2つからなる。役割モデリングとフレーム調整を通じて理想的なビジョンを
示し，ビジョンの価値観を共有する多くのメンバーを巻き込む。そうすること
で，メンバーには集合性の感覚および集合性の中から派生するメンバーシップ
の結果として自己効力感が生まれる。自己効力感とは，ある成果を上げるため
に必要とされる行動を効果的に遂行できるという信念である（Bandura,
1977）。また，メンバーに信頼を表して期待をかけ続けることによって，メン
バーの自尊心や自己価値が高められる（Shamir *et al.*, 1993）。

1-3.　認知と行動の逸脱の視角

　逸脱は逸脱をともなう認知，逸脱をともなう行動という2つに分類される。
認知の逸脱は既存の認知的枠組みからはみ出すことを指している。高次学習や
それに相当する「探求」は既存の認知的枠組みを逸脱することから始まる。認
知的枠組みとは，人が自分で持っているモノサシに当たる見方のことである。

　その認知的枠組みも変わることがある。認知の方式（mode）の転換は矛盾
が契機となることが指摘されている。組織のルーティンに従って，無意識な認
知活動が連続的に行われる中で，新奇性の経験や予期せぬ経験をきっかけとし
て認知的枠組みの再構成が行われる（Louis & Sutton, 1991）。ルイスとサット
ン（Louis & Sutton, 1991）によれば，人には無意識的な認知方式と意識的な
認知方式の2つの方式が存在する。無意識的な認知方式は日常的な状況におけ
る活動を指し，意識的な認知方式は行動の背後にある因果的な理由や因果関係

を探し求める活動を指す。無意識から意識への方式の転換は「認知ギアの転換（switching cognitive gears）」と呼ばれている。こうした転換は，これまでにない新奇な状況を経験したり，予期せぬ失敗を経験するなど，従来からの考え方に矛盾が生じたときに起こる。これが契機となって，認知的枠組みの再構成が行われる。

　また，やってみたことがない新しいことをいろいろ試してみるという試行は，認知の逸脱を発端とした仮説に基づくものであるが，これまでに取り組んだことのない仮説を検証するという意味でいえば行動的な逸脱をともなう（吉田，2011）。認知の逸脱の発生については，すでに，第2章3節で期待と結果の食い違いなどによって説明しているので，ここでは，行動の逸脱が生じる源泉について考えてみよう。古澤（2004）は，次の3つを挙げている。1つは，計画に基づいて行動しようとすると，当初予想したことと異なる要因や結果によって計画と違った行動になることである。2つ目は，さまざまな行動を試す試行錯誤によって，従来の行動には見られなかった行動が現れることである。3つ目は，実験を通じた行動の逸脱である。探索型の実験の場合は，未知なものや革新的なものを発見しようと新しい試みや新しいアプローチを採用した学習方法がとられる（Garvin, 2000）。

　認知と行動の関係をみると，組織学習では両者が一致するものと考えられている。組織学習には認知の変化が行為の変化に先行する予測の学習と，行為の変化が認知の変化に先行する経験学習という2種類があり，認知と行為がともに変化することによって統合された学習となる（Crossan & Sorrenti, 1997）。ダフトとワイク（Daft & Weick, 1984）は，組織は外的環境からの情報をスキャニングし，解釈し，学習するというプロセスを通じた解釈システムであると捉えた。外的環境の解釈について図3-2をみてみると，規範にとらわれずに環境に働きかけて全体を把握した上で諸関係を整理するというイナクティング（enacting）の場合は，組織による認知の変化と行動の変化の結果として位置づけられる。

　組織の変化は認知と行動の同期的な変化または同調的な変化がともなわなければ持続できない（吉田，2004）。学習では，行為先行の逸脱であれ，認知先行の逸脱であれ，続けて他方の逸脱が起こり，その結果，行為と認知の逸脱が共

78   第1部　理論的背景編

図 3-2　組織の解釈モード

	消極的	積極的
分析不可能	指示のない観察	イナクティング
分析可能	条件のついた観察	発見

（縦軸：環境に対する認知変化／横軸：環境に対する行動変化）

出所：Daft & Weick（1984）p.289 の図 2 から抜粋。

に生起する。その後，両者がほぼ時を同じくして収束して新たな知識が獲得される（吉田, 2011）。片方だけでは効果的な学習は起きない。

　通常，組織は認知と行動を一致させようとすると考えられる。組織には認知的側面と行動的側面がある。認知的側面は組織の思考の対象となる範囲を指し，行動的側面は組織が実際にとる行動を指す。認知的側面と行動的側面の間に生じるアンバランスは，組織に何が問題かを新たに認知させ，新たな行動を促す要因となる（Itami & Numagami, 1992）。

　第 2 章 1 節で再生には感情的なコミットメントの復活が必要だ（Hurst, 1995）と紹介した。また，第 2 章 3 節の認知の逸脱の発生ではポジティブな驚きについて言及し，感情との関連性を示唆した。危機と結びついた再生では，組織のメンバーの感情に注意を払って不安，ストレスを減じることは重要である。こうした再生という特殊な文脈を踏まえれば，感情と認知や行動の関係を把握しておく必要がある。

　何らかの刺激や情報に接することによって生じた感情は，その感情を生じさせるきっかけとなった刺激や情報に関するリスク評価に影響を及ぼす（関沢・桑原, 2012）。たとえば，興奮のようなポジティブな感情へ誘導された人は，投資を巡る選択において高リスクを志向する。不安のようなネガティブな感情へ誘導された人は逆に低リスクを志向する（Kuhnen & Knutson, 2011）。また，ネガティブな感情はリスクを実際よりも高く見積もる方向へ評価を変化させる（Loewenstein, Weber, Hsee & Welch, 2001）。

第3章　再生へ舵を切る学習プロセス　79

　特定の行動を実行することに対する評価でもある態度は，その行動を規定する重要な要因である（Ajzen, 1991）。ライアンとピントリッチ（Ryan & Pintrich, 1997）は，対人関係における態度と行動が関連していることを実証している。また，人の感情と認知のシステムは独立したシステムとして考える一方で，相互に作用し適応反応が生じるとされる（竹村, 1997）。

　まとめると，感情は認知と影響し合い，また，態度に影響を及ぼして，行動へ結びついていくと考えられる。本研究では，認知が逸脱して行動が追随し逸脱する，認知の逸脱に感情が重要な影響を及ぼすものと捉える。

1-4. プロセスの全体像

　ここまで，いくつかの視角を通して検討を行い自己再生へ舵を切るプロセスの参考点を探ってきた。

　進化モデルの視角からは，自己組織化や革新プロセスを取り上げた。組織の変革を議論する際に自己組織化の考え方が援用されることは多い。組織変革の1つである再生，とりわけ，舵を切る初期の段階では，組織化のプロセスが強調している変化を囲い込み，外的環境に働きかけるイナクトメントの考え方が応用できる。変化段階とイナクトメント段階は逸脱を増幅し合う関係である。

　リーダーの行動の視角からみれば，緊急時のリーダーシップ行動はメンバーに安心感を与え，緊張をやわらげる役割を果たさなければならない。また，組織変革型のリーダーシップの行動では，アジェンダの方向性設定，模範行動を示す役割モデリング，メンバーへの配慮，支持が強調されている。危機からの再生という平常時でない局面では，リーダーは不安やストレスで動揺した心理状態に配慮し，再生のアジェンダやそれを象徴する手本を示す。メンバーが希望や自信を持てるように行動する必要がある。

　認知と行動の逸脱の視角からみれば，メンバーにとって新たな知識の学習に当たる「探求」活動は認知と行動の両方が逸脱することから始まる。なぜならば，組織学習では認知と行動の同期が求められるからである。さらに，再生の特性を考えると，感情を考慮した逸脱の視点も重要になる。メンバーは何か新たな事柄を学習することに対して不安を感じる。そのため，学習不安を低減するような状況を作ることが欠かせない。

次に，すでに，第1章，第2章から得られた本研究で踏まえるべき要点を確認しておく。組織が知識を見つけてルーティンに取り込む活動には「活用（exploitation）」と「探求（exploration）」がある。「活用」は既存の認知的枠組みのもとで知識，スキルを展開する学習，「探求」は新たな認知的枠組みを開発しそれに知識，スキルを適応させる学習である。組織が成長・発展するためには，学習効果の点から，「活用」と「探求」の2つは欠かせない。組織スラックの点から見ても，「活用」はスラックを生み出す。「探求」には豊富なスラックが必要とされる。しかし，両者は基本的に両立が難しい。

「活用」と「探求」の特徴に鑑みると，両者のバランスをとることが重要になる。そこで，両利きの学習が注目されている。両利きの学習には，タイミングの側面から同時的両利き，逐次的両利き，組織構造の側面から二重構造の両利き，単一構造ながら時間的両利き（断続平衡的なタイプ）などがある。その中で，時間的両利きは，経営資源が乏しい小規模な組織であっても，「活用」，「探求」のバランスがとれるならば，好業績が期待できる。ただし，「活用」から「探求」へ学習パターンを切り替える機動性に優れていることが求められる。この機動性の発揮はたやすくない。

本研究でいう再生は自己再生を意味し，組織が危機に直面した中で，他人の資本や再生支援などの専門機関，専門家集団に頼らずに組織自らの手で既存の経営資源の再構成を行うこと，そして，組織のライフサイクルを現在の衰退段階から成長段階へ遷移させる組織学習プロセスである。また，資源を再構成するところから，機会を追求する「探求」活動と過去からの資源を利用する「活用」活動を併用する両利きの学習を実践するものと考える。なお，雇用を維持して人員削減は行わない。

再生は，組織のライフサイクルの衰退軌道から逸脱することを要求している。逸脱に注目すると，認知の逸脱は「探求」活動の発端となって，新たな解決策を生み出し，イノベーションをもたらす可能性がある。逸脱は，期待と結果との間に食い違いが起こり，それが意図せざる過程となって生じる。また，疑うことは不調和を生むという意味で逸脱と強く結びついている。

しかし，危機に陥ると，「探求」に必要とされる組織スラックが不足している上に，メンバーの不安が認知に基づく学習である「探求」に悪影響を及ぼ

す。このため，スラックや学習不安が意識されなければならない。

　以上の諸点をもとにして，再生へ舵を切るプロセスの基本的な方向を整理してみる。

　まず，前提条件を明らかにしておこう。

①　本研究でいう自己再生のプロセスは，縮小段階と回復段階からなる再生全体の中でも回復へ舵を切る時機，すなわち，戦略変更と業務改善に取り組み始めるタイミングを指している。また，その枠組みとしてワイク（Weick）の自己組織化のプロセスの生態学的変化段階，イナクトメント段階を援用する。

②　ここでの組織学習は「探求」，「活用」と呼ばれている学習パターンであり，主体は衰退段階にあり組織スラックの乏しい単一ドメインの中小規模組織を念頭に置いている。

③　逸脱については認知が逸脱しすぐに行動が追随して逸脱すること，感情が認知の逸脱に重要な影響を及ぼすものと考える。

　再生へ舵を切るには「探求」が学習の鍵を握っている。そこで，「探求」活動の論点に注目すると，自己再生における課題は，図3-3に示したように，①逸脱を見出せるのか，②スラック不足を補えるのか，③学習不安を低減できるのかの3点に集約できる。それぞれの課題に対応させてワイク（Weick）の組織化のプロセスを援用すると，自己再生へ舵を切るプロセスは，経時的に

図3-3　「探求」の論点の自己再生プロセスへの展開

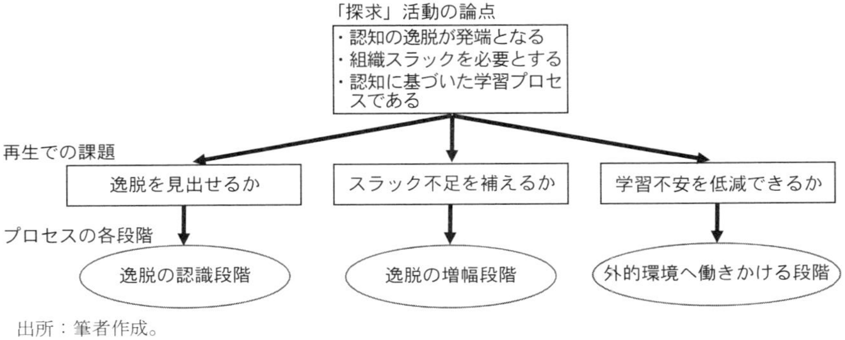

出所：筆者作成。

みれば，逸脱の認識段階，逸脱の程度や範囲を大きくする逸脱の増幅段階，能動的に意味を見出そうと外的環境へ働きかける段階からなるプロセスとして描ける。逸脱の認識段階は食い違いや再生の糸口を発見すること，逸脱の増幅段階は食い違いに注目して関心を強く引きつけられる再生の方向を指し示すこと，外的環境へ働きかける段階は「活用」を意識しながら「探求」を促進することを意味している。外的環境は，サービス・ドミナント・ロジックで指摘されているように（Vargo & Lusch, 2004），働きかける資源（オペラント資源，operant resource）として捉えている。サービス・ドミナント・ロジックとは，企業がいかにして顧客とともに価値を創造できるかという価値共創の考え方である。

　プロセスは，また，次のような特徴を持っている。1つは，認知的枠組みからの逸脱や枠組みの変化という点に注目する。逸脱が発端となって組織がそれまで置かれていた文脈から新しい文脈に応じながら，その意味が形成され，解釈されて，新たな行動，すなわち，新たな知識の学習を促すというシナリオである。逸脱は必ずしも事前に計画されたり予測できたりするものではなく，認知プロセスの中で見出される。もう1つは，大きな枠組みとして，組織のリーダーの行動とメンバーの学習の相互の影響関係に注意を払って感情的な側面も考慮しながら考察を行う点である。

　逸脱の認識段階，逸脱の増幅段階，外的環境へ働きかける段階におけるマイルストーン（里程標），リーダーのとる行動，および前提とするメンバーの感情を次のように設定する（整理したものは表3-2に示す）。

逸脱の認識段階

　逸脱を見出す課題に対応している。再生の糸口を発見することがマイルストーンである。リーダーは，組織の逸脱，すなわち，外的環境との間の食い違いを察知してそこに再生の糸口を見出す。

逸脱の増幅段階

　組織スラックを補う課題に対応している。食い違いに注目して再生の方向を指し示すことがマイルストーンである。リーダーは，察知した逸脱をもとにし

第3章 再生へ舵を切る学習プロセス 83

表 3-2 自己再生へ舵を切るプロセス

	逸脱の認識段階	逸脱の増幅段階	外的環境へ働きかける段階
マイルストーン	再生の糸口を発見	再生の方向を指し示す	「活用」を意識しながら「探求」を促進する
リーダーの行動	組織の逸脱を察知	行動の規範を示し関心を引きつける	市場に接触し、働きかける仕組みを作る
前提とするメンバーの感情	不安や無力感	変化に抵抗，心理的に余裕がない	新たな学習への不安

出所：筆者作成。

て方向性を手本の中に表現するだけでなく，スラック資源に相当するほどの心理的余裕を与える手本を生成してメンバーを強く引きつける。4Iフレームワークの考え方に倣えば，リーダーの察知した逸脱が組織レベルにまで増幅される。

外的環境へ働きかける段階

　学習不安を低減する課題に対応している。「活用」を意識しながら「探求」を促進することがマイルストーンである。リーダーは，既存資源の「活用」に配慮したり，市場に接触し，働きかける仕組みを用意するなどメンバーが新たな学習に取り組みやすい状況を作る。

各段階を通じたメンバー

　リーダーとメンバーの影響関係に注目すると，メンバーは，リーダーが示す行動規範である手本に抵抗するかもしれない。逆に，注意を向けて認知的に影響を受けるかもしれない。また，新たな学習に不安を抱くかもしれない。逆に，外的環境との接触，やり取りを通じて，学習の刺激を受けるかもしれない。認知的枠組みの変化に対する抵抗や新たな学習への不安といったメンバーの心理については，次節以降で感情的な側面から深掘りをする。

　上記のプロセスは，本章の2節以降の議論を経て精緻化した上で，改めて次の第4章で分析の枠組みとして提示する。

　なお，本研究で繰り返し用いる用語について，次のように定義する。リーダーとは，衰退して慢性的な危機状態の中で再生への道筋を描き，メンバーを

84   第1部　理論的背景編

先導していく人を指す。必ずしも経営者であるとは限らない。逸脱は，本筋からそれて外れることが本来の意味であるが，ゆらぎ，変化，差異，不連続性などの現象を知覚した際に，先行的に既存の認知的枠組みからはみ出して判断する認知の逸脱や，それに続いて起きる行動の逸脱を意味している。外的環境は，客観的に捉えて，広く社会や経済，関係する市場や技術を指している。

第2節　逸脱の認識段階—逸脱の察知

2-1. 経営者の交代，周縁部組織
2-2. 異質なものの見方
2-3. リフレクション
2-4. 本節の要約

　本章の第1節で表した自己再生へ舵を切るプロセスにおける逸脱の認識段階は，再生の糸口を発見することがマイルストーン（里程標）である。その鍵は逸脱の察知にあると考えて，本節では，「組織の逸脱を察知するリーダーは，どんな思考特性を持つべきだろうか」について考えてみたい。

2-1. 経営者の交代，周縁部組織
経営者の交代

　経営者の過去の経験が新しい活動を行う際の足かせになる。それが結果として組織を危機に陥らせることもある（Leonard-Barton, 1992; Rosenbloom, 2000）。急激でなく慢性的な業績の悪化は，経営者の能力の問題に起因する事例が多い。そうした場合は，新しい経営者を選任して交代することになる。理由はそれまでの経営者が回復の解決策を提示することは考えにくいためである。また，ステークホルダー（stakeholder, 利害関係者）に対して，「業績回復の新たな挑戦」というメッセージを伝えて信頼を取り戻す象徴的な意味もある。

　再生を期待される経営者は，平常時の伝統的経営者と異なり，組織の危機と

いう極限的な時間との闘いのもとで多くの非常に困難な決断を下さなければならない。そのためには，行動派である必要がある。また，短期的に重要な経営管理が行える危機管理者であることも求められる（Slatter & Rovett, 1999）。人員整理といった雇用リストラ，債務負担を軽くする財務リストラ，賃金カットなどはやらないに越したことはないが，危機を乗り切るには避けて通れなくなってきた。

　ところで，経営者の交代は組織内の多数派にとっては見えない仮説ともいえる少数意見を明示化して顕在化させていくことができる（Starbuck, Greve & Hedberg, 1978）。一方で，交代は戦略の変更や組織構造の再構築を促す要因に過ぎず，交代自体が直接の因果関係で成果に影響を与えるわけではない（Virany, Tushman & Romanelli, 1992）。たとえば，日本企業を対象に経営者の交代と業績との関係をみた研究には次のようなものがあるが，いずれも，プラスの効果は見出せていない。まず，製造業の経営者交代についての分析結果によると，交代確率は企業業績と負の相関があった（阿部・小黒, 2004）。事業リスクが大きい，あるいは事業再編成の必要度が高い外部環境に直面している企業ほど，内部者による交代が業績に対して負に反応する。同様に，外部者（アウトサイダー）による交代も業績へ負に反応する（宮島・青木, 2002）。

　次に，2000年から2007年のデータを用いて，経営者の強制交代が日本と米国で企業の業績や行動にどのような影響を与えているのかを比較した研究がある。米国企業では強制交代後に企業業績が改善していたが，日本企業では業績改善は見られなかった。米国企業は資産の規模と従業員数を大幅に縮小させていたのに対して，日本企業では負債比率を減少させるにとどまっていたことがその要因として指摘されている（泉・権, 2015）。

周縁部組織

　通常，組織構造は柔軟性や適応性において体系的に異なる階層によって構成されている。それは，変化しにくい中核部分と変化に敏感な周縁部分を指す（Hannan & Freeman, 1984）。中核部分は，組織の目標，権限の形態やメンバーとのやり取りの基盤，中核技術，戦略からなる経営中枢に当たる。組織慣性は周縁部分よりも中核部分に強い影響を与える。組織にはこのままでいよう

86　第1部　理論的背景編

とする力が働くがそれが組織慣性である。

　周縁部分やその働きに関してアダムス（Adams, 1976, 1980）は次のように指摘している。組織を巡る状況が不安定であったり，組織の方向の見定めが困難なとき，組織は速やかな意思決定を行うために，権限を経営層から外部と接触する周縁部分へ移す場合がある。その周縁部分はいくつかの働きを持っている。外部環境の変化の中から何が組織に好ましいか，好ましいものだけを取り入れる（filtering），好ましくないものは阻止する（protecting），好ましくないものが入ったとしてもその影響をやわらげる（buffering），組織を代表して外部の関係者に支持を求め受け入れてもらう（representing），交渉したり取引する（transacting）。このように，周縁部分の機能を整理している。

　中核部分とは異なる多様な境界を維持することによって，まず周縁部分で学習が行われ，そこに差異を生む（安室, 1987）。もし，周縁部分での学習による変化と経営者の認知的枠組みや意識の変革とが重なり合うならば，変化しにくい中核部分に影響を与え，組織全体の変化を生みやすくする可能性はある（吉田, 1991）。

　境界や接点に関する考え方の1つとして，バウンダリーワーク（boundary work）という用語がある。これは，科学者が非科学的なものと対比させながら，科学的なるもののイメージを作り上げていくという科学と非科学との境界画定の過程を議論する際に使用した用語である（Gieryn, 1983）。このバウンダリーワークは，自組織を固定せずに外部環境と対比させながら自組織の環境適応や構造変化を作り上げ，また作り直すという意味で新しい視点を提供してくれている（香川, 2011）。

　周縁部分のメンバーについて触れておこう。周縁部分のメンバーは，境界連結者（boundary spanner）や対境担当者（boundary personnel），他にもゲートキーパー（gate keeper），カスタマー・コンタクト・エンプロイー（customer contact employee）などと呼ばれる。境界連結者は図3-4に示したように，外部から情報を獲得したり，他組織と交渉して関係を構築する役割を担っている（Jemison, 1984）。境界連結は自組織と外部環境の接点に位置し，両者を結びつけることである。連結行動にかかわるメンバーが役割遂行の鍵を握っている（山倉, 1993）。

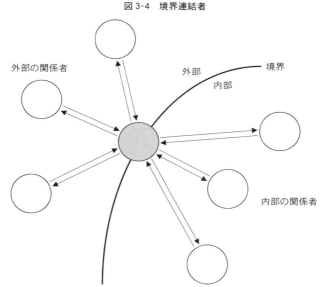

図3-4 境界連結者

出所：田尾（1991）p.20の図2-2を加筆修正。

　山倉（1988）は組織間関係におけるコミュニケーションの担い手としての対境担当者（境界連結者）の概念を提示している。それによると，「対境担当者は，組織と組織の境界，組織の内外の接点に位置し，他組織との連結を担う機能を持つ。また，他組織に対して自らの組織を守るという境界維持機能を持つ。対境担当者の特徴は次のように表される。① 組織内の他のメンバーと心理的，組織的に近接している。② 他組織に対して自らの組織を代表する。組織の顔であり，外部環境に対して，自らの組織の価値，規範を表現すると同時に，外部の価値，規範を理解しなければならない。③ 他組織に対する影響力の行使者であるとともに，他組織による自組織への影響の目標ともなる。組織内外の結節点に立つことによって，両組織に対する交渉行動が要請される。」

　組織は境界連結者を通じて，情報処理や代表の機能を強化することができる。情報処理機能は，外部環境の情報をモニタリングし，生データを処理して組織内部に情報を提供する役割をいう。境界連結者は，過剰な情報量や処理コストを抑制したり，新しい情報を通じて組織の刷新を促すことができる。代表

88 第1部 理論的背景編

機能は，外部環境から資源や情報を得たり外部へ提供すること，政治的な交渉を通じて自社に有利な地位を確保すること，広報を通じて社会的正統性を確立することなどを指している（Aldrich & Herker, 1977）。

これらの機能は緩衝と適応の側面からも説明されている。1つは，外部圧力の緩衝（buffering）となって外部環境からの脅威や影響力をやわらげる側面である。もう1つは，情報の探索や収集を行って外部環境へ積極的に適応（bridging）するという側面である（Fennell & Alexander, 1987）。

境界連結者と同様な意味であるが，中間（middle）として捉える見方もある。デービス（Davis, 1989）は，ネットワーク型の組織において生産者と消費者の間に立ち，両者を媒介するパイプ役として中間を定義した。生産者と消費者の関係を重視する組織では，両者をいかに結びつけるかという役割を担う人々が存在し，彼らを中間と呼んでいる。

境界連結者からなる周縁部分は，組織規模の成長・衰退，技術進化，さらに市場的，競争的，制度的な環境の変化に応じて比較的柔軟に変化する。

2−2. 異質なものの見方

交代した経営者，周縁部組織のものの見方について考えてみよう。背景にあるのは異質性である。

交代した経営者のものの見方

交代した経営者，特に外部から就任した経営者（アウトサイダー）について見てみよう。山野井（2006）は，日本の中小製造業における経営者の交代を研究の対象にして，統計的分析により以下の点を明らかにしている。中小企業における経営者交代は戦略変更を促していること，新しい経営者自身が就任した企業の価値観や知識を身につけていれば戦略変更は小さく，他社での価値観や知識を習得していれば戦略変更は大きい。なお，戦略変更は事業多角化度の変化率を用い，交代から3年目の年度で変化を測定している。

また，企業外部から選ばれた経営者は内部者による交代と比較して次のような点が指摘されている。従業員の削減や配置転換を断行し（Helmich & Brown, 1972），組織を混乱させ役員の退社を招いてしまう（Friedman & Saul,

1991)。また，大きな戦略変更を行う（Wiersema, 1992）。戦略変更に着目すると，ここで指摘された変更は外部環境と組織の適応関係（形態，特性，状態）における時系列的な変化である。変更の決断は外部環境の機会・脅威の変化と，組織内の経営資源からみた変更の必要性や可能性という両者に対する見方である認知的枠組みに基づく（Rajagopalan & Spreitzer, 1997）。組織が保有する経営資源をどのように見抜き，どのような製品・サービスを引き出していくかは，経営者の認識に依存する（Penrose, 1959）。同じように見える外部環境，経営資源であっても，経営者の認知的枠組みが異なれば戦略変更が起きる（山野井, 2006）。

　別の見方をすれば，交代した経営者は目新しい行動をとることによって，有能であることを示さなければならないという状況に身を置いている（Finkelstein & Hambrick, 1996）。ステークホルダー（stakeholder, 利害関係者），とりわけ株主を強く意識して，業績回復に挑戦している姿を見せなければならない。そして，早期に改善成果を出すという強い意欲と熱意を持ち続ける必要がある。

周縁部組織のものの見方

　異質馴化の発想法がある。未知なものに慣れさせ順応させる方法である。既存の体系をある程度拡げて大きくはない創造性を引き出そうとする異質馴化では，異質の現象は既存の体系の中に含まれるものの，とくにその周縁部分に属するとみなされる（村上, 1992）。

　社会学の観点からは逸脱が周縁部分から起きやすいことが指摘されている。野村（2003）は脱物象化について次のように述べている。「物象化とは，自分たちが作り出した結果に対して，あたかも自然現象のように自明かつ自動的なものと錯覚してしまうことをいう。物象化的錯覚から逃れる脱物象化の方法の1つに，マージナルな位置にある個人や集団の存在が挙げられている。マージナルとは，周辺的，周縁的，境界上という意味である。中心に対する周辺，あるいは複数集団の間に位置することをいう。こうした人々には錯覚に対して内省的な認識が生じやすい。このことがきっかけとなって脱物象化としてのリフレクション（reflection, 内省）が起こる。物象化は非内省的な認識である。」

90　第1部　理論的背景編

「問題をはらんだ状態において人々はそれまでの物象化された目で見ることを止め，内省的な知性を作動させることによって脱物象化を行う。自明性が失われた非日常的な状況がリフレクション（内省）を活性化させる。それは，一種の異化効果が生じるためである。異化とはその出来事，あるいは性格から当然なもの，既知のもの，明白なものを取り去って，それに対する驚きや好奇心を作り出すことである。問題をはらんだ状態が内省的な感受性もしくは感受能力を生み出すことになる。」

　それでは，組織の周縁部分からどうして逸脱が起きるのだろうか。安室（1987）が組織のクォンタム・リープ（量子論的飛躍）について述べているが，この説明に即して疑問を解釈してみよう。組織のクォンタム・リープとは，組織の小個体群が次々と新技術の芽を生み出し，短期間に進化の枝を伸ばしていくことをいう。

　ダーウィニズム（Darwinism）に端を発するランダム・トランスフォーメーション理論（random transformation theory）では，「組織が強い慣性力によって一定の形状を維持しているならば，変異は組織の中核内奥部分にではなく環境と接している周縁境界部分で発生する。変異創発のメカニズムは，組織の環境注視から始まる。組織が環境要素から情報を獲得するためには，その要素の周囲に組織境界（organizational boundary）を設けなければならない。それは一種の知覚のフィールドのようなものである（Starbuck, 1976）。組織は環境を注視するために，環境と同質の組織単位を設けて，情報の取り込みを始める。」

　しかし，「組織には，形づくられている各種の情報資源を，むやみに変えられてしまわないように保護する保持機能が内在している（Weick, 1979）。変異が組織の境界部分に保存され，組織の中核部分の影響からうまく隔離されている限り，保持機能による消去から免れる。組織慣性を振り切るのは組織存続の危機感を抱いた経営者によるゆさぶりである。このとき，変異を組織の新しい適応形態に浮上させる（加護野, 1983）。」

　こうした変異の発生を小さな変化である逸脱に置き換えて考えてみても，組織の周縁部分が外部環境から情報を得ることによって逸脱が起きると推測される。周縁部分は，組織慣性による影響が弱くて，外部環境から大きな刺激を受

けやすいためである。

異質性

アウトサイダーの経営者，組織の周縁部分のいずれも，自らの持つものの見方・考え方が異質性と深く関連していることが確認できた。そこで，異質性について視点の転換の意義とマイナス効果も含めて整理しておこう。

クーン（Kuhn, 1962）は，自然科学においてある理論的仮説から別の新しい理論的な仮説へ入れ替わる理論交替の現象を科学革命，あるいはパラダイム転換と名づけた。クーンのいう自然科学のパラダイム転換の筋書きは，小野坂（1993）が次のように整理している。「長年にわたって依拠してきたパラダイムを捨てて新たなパラダイムを採用するには，よほどの決定的な出来事がないと難しい。既定のパラダイムに習熟すればするほど，このパラダイムでは説明しきれない事例があることが分かってくる。それをなんとか既定のパラダイムで説明しようと努める。しかし，こうした変則事例が次々と現れてくると，普通とは違う異常な状態となる。このときに，新しいパラダイムが出現し科学革命が起きる。」

それでは，パラダイムの視点転換がどのようにして起きるのだろうか。ここでは，認知科学の立場から述べている村上（1985, 1986）の内容を要約する。「手持ちの札は同じでもどちらを優先するか，どちらを大文字で書くか，そんな区別が有機的なパラダイムの中で逆転したり，転換したり，ひっくり返ったりすることがある。そうしたことが起こった瞬間，それまでの優先性が崩されて，今まで見えていた概念がまったく違ったパラダイムとして現れてくる。そうすると，見えていたものを新しいヒエラルキーの中で見直すことになる。そのとき，『わかった！』という感じが出てくる。」（村上, 1985），「ものごとの意味はそれ自体の中にあるというよりは，それが置かれたコンテクスト（context, 文脈）によって決まってくる」（村上, 1986）。

たとえ同じ要素であってもパラダイムが異なれば，つまり異質なものの見方・考え方の環境では，また別の意味を持ち，別の働きをすることになる。

異質性の効果は認知的枠組みから指摘されている。物事を見るための異なる観点である異見に出会うことで異質な認知的枠組みが確保できる。1つの現象

92　第1部　理論的背景編

を複数の枠組みから捉えることができ，多様な知識群が生み出せる（March, Sproull & Tamuz, 1991）。異質性を持った相手と相互作用し合う過程では，自分たちの視点とは異なった視点が提供される可能性が高い。その結果，より妥当な解を得たり，相互の違いを統合するような新しい視点を得る機会がもたらされる（Jackson, May & Whitney, 1995）。たとえば，浅川・中村（2005）は，製薬企業における研究開発部門がマーケティングなどの研究開発とは無関係な部門と交流をすることによって，研究成果が向上することを明らかにしている。

　異質性の高い集団や組織は，革新的な目標を設定したり，外部の多様な情報を内部に持ち込んで，知識の創造の部分を刺激する（Ancona & Caldwell, 1992）。それは，活用できる情報資源が豊かになり，視野が拡がり，選択肢が多様になることによって，問題解決の可能性を高めるからである（山口, 1997）。

　自己再生の視点から言及すれば，アウトサイダーの経営者は，それまでの経営者とは異なるスキルや見解を持っている（Boeker, 1997）。危機に陥った原因について，内部者よりは客観的に，しかも，本質的に捉えることができるかもしれない。いち早く組織の逸脱に気づき，既存ルーティンに慣れ切ったメンバーの目から見れば逸脱と映るような行動をとって危機に立ち向かう可能性はある。

　このとき，経営者の思考や行動には多様性が要求される。なぜならば，困難な状況を切り開くには既存の発想では手に負えず，異質なアイデアや行動パターンが必要になるからである。危機状態から再生へ舵を切るには変化を予感させる芽が必要であり，そうした芽を生む行動がなされなければならない。今田（2010）によると，こうした要求に応えるのが「ゆらぎ」であるとされる。ゆらぎとは，既存の枠組みや発想に収まり切らない現象を指す。はみ出し現象，逸脱行動とも呼ばれる。異質性を持ったアウトサイダーは逸脱とのかかわりを説明する好例である。

　一方，異質性にはマイナス効果もある。異質性がメンバー相互の情緒的魅力を低減させるならば，その低減を通して集団凝集性が低下してしまう可能性はある（Hogg, 1993）。異質性の高さはメンバー相互の類似性の低さを意味し，互いのコミュニケーションや合意形成を困難にする（Newcomb, 1953）。異質

性は組織内部に対人葛藤を生起させるなどのコンフリクトやテンションを生む（Newcomb, 1953）。また，組織外部から多様な圧力に晒されると，成果の達成を難しくする（Ancona & Caldwell, 1992）。

異質性は逸脱を引き起こすが，その逸脱が間違ったものとなって逆機能を及ぼしてはいけない。留意すべきは，異質性のもたらすプラスの効果を引き出すとともに，異質性の持つマイナスの影響をいかに小さく抑えるかである。

2-3. リフレクション

ショーン（Schön, 1983）は，驚きを確認してそれに対応すること，新たな発見に驚き対応を変えること，驚きに立ち止まって考えること，などの例を挙げて，驚きによるリフレクション（reflection, 内省）が行為に影響を及ぼすことを主張した。

「行為の中のリフレクションは，驚くという経験に密接に結びついている。ときどき，その行為の最中に何をしているのかを考える。その行為が驚きに結びついた時，それが心地よいものであれ，そうでないものであれ，行為の中のリフレクションによって対応する。対応しながら何をしているのか，それがどういうことかを新たに意味づける。また，それがさらなる行為に影響を与える。」（Schön, 1996）。

ここで紹介したショーン（Schön）の考え方は，内省的実践論といわれ，最初は学校教育の分野で注目された。その後は社会教育，生涯学習の分野でも実践研究方法論の土台となりつつある。そこで，この理論の内容を少し掘り下げて検討してみたい。

英語のリフレクション（reflection）は，上述の説明ではあえて内省と表記したが，日本語に訳すと，反省，内省，自省，省察など訳語が多様である。混乱を避けるために，以降からは原則として訳さずにリフレクションのまま，形容詞はリフレクティブ（reflective）のまま用いる。

リフレクションとは，経験によって引き起こされた気にかかる問題に対する内的な吟味と探索の過程で，自分の経験に意味づけを行ったり，意味を明らかにする。結果として，概念的な見方に変化をもたらす（Burns & Bulman, 2000）。

94　第1部　理論的背景編

　認知の観点から見ると次のように理解されている。リフレクションは，個人が直面した出来事や状況の中から何らかのパターン，ロジック，秩序を見出すために行われる認知活動である（Cunliffe, 2002）。出来事を注意深く見てみると，失敗や気にかかる問題がリフレクションの契機とされる。予期せぬ出来事，不快な出来事，非定型の出来事は仮説検証を行う引き金になり，原因帰属（causal attribution）の思考や振り返りを強化させる。原因帰属とは人の行動あるいは現象の原因が何であるかを推論することをいう。要は，失敗によって次の行動に影響を及ぼす認知的プロセスが生じるのである（Ellis, Mendel & Nir, 2006）。

　ショーン（Schön）によれば，自分が体験したことの意味を考えるリフレクションには行為の中のリフレクション（reflection in action）と行為の後のリフレクション（reflection on action）の2種類がある。行為の中のリフレクションは理論の根幹をなすものである。それは，実践者が実践の最中に，状況とリフレクティブに対話しながら行っている行為，認知，判断といった暗黙のわざを意味している（竹淵, 2009）。行為の中でリフレクションを行うとき，その人は実践の文脈における研究者となる（Schön, 1983）。行為の後のリフレクションは，実践を振り返り，経験を意味づけ吟味することをいう。

　行為の中のリフレクションに注目すると，そこでは，実践状況の中で生じてくる問題の状況を見きわめ，その再構成に取り組む。つまり，問題をなしている要素の組み合わせを変えて，従前とは異なる問題に作り上げるのである。3つの試み（experiments）を通じて行為をしながらリフレクティブな思考を展開し，問題の設定を行う。具体的には，驚きの経験をきっかけにして，① 探査的な試み，② 手法検証の試み，③ 仮説検証の試みの3つを行って，評価，行為，再評価を繰り返す。自らの理解や行為を吟味しつつ，問題を再構成していく（本田, 2003）。3つの試みは状況とのリフレクティブな対話を通して進められる。リフレクティブな対話とは状況とのやりとりをする中で深まっていく性質の対話である。試みによる結果は，手法が意図した結果をもたらしたか，その結果が全体的に望ましいものであるかという2つの基準によって評価される（本田, 2003）。

　また，ショーン（Schön, 1983）は次のように述べている。行為の中のリフ

レクションの大半が，驚きの経験とつながっている。行為が驚きや喜び，希望や思いもかけないことへと導くとき，人は行為の中でリフレクションを行うことによってそれに応える。驚きに刺激されて，行為について振り返り，行為の中で暗黙に知っていることを振り返る。この過程で，行為の結果，行為自体，そして行為の中の暗黙の直観的な知が相互に作用し合って，リフレクションは絞り込まれていくことが多い。

　何かしら心動かされる驚きの経験に直面すると，何が起こっているのかを探って，どうすればよいのかを考え，何らかの手立てを講じる。こうして，目の前の問題に対処する（本田, 2003）。行為の中のリフレクションは，予期せぬ状況に直面して生じる驚きの結果でもあり，また，それをもたらす原因でもある（Schön, 1983）。予期せぬ状況には前提とする価値観の転換や知識の構造の転換が含まれている。これまでの知識や枠組みで解決できるはずだと考えていた問題に対して起こる予想外の現実状況とのギャップを感じたとき，内省的実践論であるリフレクションの必要性が高まるとみられる（竹淵, 2009）。

　本研究で扱うリフレクションは，行為の中のリフレクションであり，「直面した予期せぬ出来事に驚いて振り返り，試行して因果関係のロジックを見出す。そして，出来事を引き起こした原因を捉え直すもの」と考える。

　ショーン（Schön）の主張するリフレクションは，予期せぬ出来事が引き金になる点において逸脱や異質性と関連する部分，重なる部分がある。組織が危機状態から再生へ舵を切る糸口を見出す上で注目すべき概念である。

2-4. 本節の要約

　本節の冒頭で述べたように，「組織の逸脱を察知するリーダーは，どんな思考特性を持つべきだろうか」について検討した。先行研究等を踏まえて得られた参考点を以下に要約する。

　組織が危機に陥るとその打開のために経営者が交代する事例が数多く見られる。経営者が代われば，その認知的枠組みが異なるために戦略の変更が起きる。とりわけ，それまでの組織になかった認知的枠組みを持つアウトサイダーの場合は大きく変更される。つまり，経営者交代は外的環境に対する組織の認知の仕方を正そうとする期待である。

96 第1部 理論的背景編

　また，外的環境と接触する組織の周縁部のメンバーは境界連結者と呼ばれる。外的環境とのやり取りや学習によって組織の中核部分との間で差異を生みやすい。アウトサイダーの経営者と同じように，組織の中では異質である。

　彼らの保持する外的環境と同質の認知的枠組みは，組織の逸脱に気づかせるとともに，その多様な思考や行動を通じて異質なアイデアや新たな視点をもたらし，問題解決の可能性を高める。彼らの逸脱に対する驚きがリフレクションを引き出す。リフレクションは，直面した予期せぬ出来事に驚いて振り返り，試行して因果関係のロジックを見出し，出来事を従前とは異なる出来事へ作り上げることである。

　まとめると，衰退した組織の逸脱を察知するには，外的環境と同質の認知的枠組みを持っていること，たとえ内部者であっても外的環境と同様の見方ができることは必要である。要は，多様な見方のモノサシを持っているかどうかである。また，逸脱に驚けば，リフレクションの効果によって再生の糸口やアジェンダを見出す可能性はある。ただし，多様な思考や行動は組織の抵抗を受けやすい。リーダーは，組織内のコミュニケーション，合意形成に配慮しながら，察知した逸脱に対する信頼を早期に得なければならない。

第3節　逸脱の増幅段階—組織スラックの補充

　3-1. 関心の喚起
　3-2. 驚き
　3-3. 快感情
　3-4. 本節の要約

　本章の第1節で表した自己再生へ舵を切るプロセスにおける逸脱の増幅段階は，再生の方向を指し示すことがマイルストーン（里程標）である。その鍵は逸脱をもとに関心を引きつけて組織スラックの不足を補うことにあると考えて，本節では，「リーダーが示す手本について，察知した逸脱をどのような形で表現すればメンバーを囲い込んで彼らの心理的余裕を生み出せるのだろう

か」について考えてみたい。感情的な側面からアプローチを行う。

　最初に，手本の意味合いを確認しておく。リーダーの示す手本はアジェンダの具体化であり，事例に相当する。人に情報や知識を伝える状況では，事例が使われることが多い。事例には，伝えたい内容をより具体的に理解してもらうという理解支援効果と，内容に減り張りをつけて注意喚起するという動機づけ支援効果がある（海保，2002）。

　再生では組織慣性の転換が必要になる。動機づけ支援の側面から手本を通じて何らかの心理的影響を及ぼそうと考えるならば，どのような視点に立つべきなのか，こうした点について検討を行う。

3－1．関心の喚起
概念の対極化

　認知において参考になるのが，デービス（Davis, 1971）の論文である。社会学において興味深い言明を生み出す方法として対極的属性に注目している。それは，ある属性の持つ言明をそれと対極にある属性を持つ言明に変える「概念の対極化」である。言明とは真または偽を主張することをいう。人の関心を引きつける興味深い言明について，彼は次のように指摘している。

　「興味深い言明とは人の予想を否定するような言明であり，面白くない言明は人の予想を肯定するような言明である。当たり前だと思われている確信の1つを紹介するだけならば，"そんなことは自明だ"と価値は否認される。また，実践的な結果が現れない言明ならば，"それが何のためになるのか"と価値は否認される。理論レベルと実践レベルの両方で，興味深いと思われることが必要である。」

　「興味深い言明とは，先ず，広く認められている対立意見の存在論的な主張が，単なる現象学的な見せかけであることを明らかにしようと試みる。次に，存在論的に優位に立っているという自らの主張を通じて，この現象学的な見せかけの対立意見を否定しようとする。」存在論とは，存在者が持つ共通の特質やその根拠を考察する学問である。

　「興味深い言明とは，受け入れられたものを否定することである。Xとして受け入れられているものは実際にはXではないと考える。」もう少し具体的

98　第1部　理論的背景編

に述べると，次のように説明されている。

　「人が興味深い言明と感じるのは，まだ知らなかった真実を伝えてくれることではなく，すでに知っていると考えていた真実は誤りだと伝えてくれることである。言い換えれば，興味深い言明は人の予想基盤の一面を否定するものである。」

　「人が面白くないと感じる言明の形式は3つある。1つ目は，予想基盤の一面を肯定する場合は，人は"そんなことは自明だ"と反応する。2つ目は，予想基盤のどんな面にもまったく言及しない場合は，人は"そんなことは的外れだ"と反応する。3つ目は，予想基盤の全体を否定する場合は，人は"そんなことは不合理だ"と反応する。」

　デービス（Davis）は興味深い言明について，単独の現象の特徴か，複数の現象間の関係かの基準に沿って12の論理カテゴリーに分けている。彼が示した属性の次元と対極的属性は表3-3の通りである。この表は，言明について興味深いかどうかを判断する基準として用いることができる。

　たとえば，単独の現象での構成要素の質についてみると，「さまざまな種類の要素が組み合わさっていると思われる現象が，現実には単一の種類の要素か

表3-3　次元と対極的属性

	次元	対極的属性	
単独の現象	組織化の程度	組織（構造）化	非組織（構造）化
	構成要素の質	異質	同質
	抽象度	全体的現象	個別現象
	普遍性	普遍的	局所的
	安定性	安定的	変動的
	機能	機能的	逆機能的
	評価	善	悪
複数の現象間	相関関係の有無	相関	無相関
	共存の可能性	共存	非共存
	共変の正と負	正の共変	負の共変
	対立の有無	類似現象	対立的現象
	因果関係の向き	独立変数	従属変数

出所：Davis（1971）の記述をもとに整理して作成。

らなっている」という言明，それとは逆の「単一の種類であると思われる現象が，現実にはさまざまな種類の要素が組み合わさっている」という言明が紹介されている。前者は表面的に複雑な中に単純さを見出すことによって興味深いものとなる。後者は，表面的に単純な中に複雑さを見出すことによって興味深い言明になっている。

また，安定性についてみると，「安定して変化しないと思われる現象が，現実には不安定で変化する現象である」という言明と，逆の「不安定で変化すると思われる現象が，現実には安定して変化しない現象である」という言明である。前者は，一見安定した現象の驚くべき不安定さや変化を論証することによって興味深い言明になる。後者は，一見不安定な現象の驚くべき安定性や永続性を論証することによって興味深いものになる。相反する2つの形式の言明を示すことが興味深さにつながるのである。

このように，言明を構成する要素，その属性を明確にし，属性を対極的な方向から捉えることができれば，それまでの言明とは大きく異なるものが提起できる。既存の思考前提を疑い，ある属性を対極的な属性に変えることで，新たな言明が生まれる。ある属性を持ったそれまでの言明が，すでに広く受け入れられている場合には，強く関心を引きつけることができる（Davis, 1971）。

ヒューリスティックス

人は2つの思考システムを持っているという。1つは低負荷で素早いが大雑把な思考方式（mode）の経験的システム，もう1つは負荷が高く時間も要するが精緻なプロセスを辿る思考方式の分析的システムである（Epstein, 1994）。そして，経験的システムが分析的システムよりも強く人を動機づけ，行動へ駆り立てるとされる。

人々が意思決定の際に無意識のうちに利用する経験則がヒューリスティックス（heuristics）である。その基盤となっているのが経験的システムである。人は経験的システムによる判断を批判的に扱うのではなく，それを十分に機能させて利用している（Kahneman & Frederick, 2002）。

ヒューリスティックスは，必ず正解が得られるとは限らないが，近似解が期待できる方法である。代表的なヒューリスティックスの1つである利用可能性

ヒューリスティックス（availability heuristics）では，ある出来事の頻度，確率，原因などは，そうした出来事の想起が記憶からどれくらい利用可能かをもとにして検討される（Tversky & Kahneman,1973）。

　記憶には，符号化（または記銘），貯蔵（または保持），検索（または想起）の3段階の情報処理の過程が含まれている。高野・波多野（2006）によれば，外部環境から情報を取り入れることを符号化や記銘，取り入れた情報を維持することを貯蔵や保持，その情報を取り出すことを検索や想起と呼んでいる。人は何か行動を起こす際は，以前に記銘して保持した情報を想起させて判断材料にしている。

　ある出来事が発生する頻度や確率について推定を行うとき，出来事の思い出しやすさや想像しやすさで推測してしまう。思い出しやすいものを過大視，思い出しにくいものを過小視しやすい。記憶のメカニズムからみると，出来事の鮮烈さや性質が思い出しやすさに影響を与える。この影響が過大視のバイアスを生む。たとえば，新商品がヒットする可能性は，遠い過去ではなく近い過去の類似商品の売れ行きを想起することによって検討される。遠い過去よりも近い過去，少ない頻度よりも多い頻度の事象のほうが容易に想像しやすい。

　想起は，人々が経験を通じて得た自分の記憶から，出来事や事柄を思い出すことである。想起容易性（retrievability）とは，情報を記憶から想起しやすいことを示しており，思い出しやすい情報は意思決定者にとって利用しやすいものとなる。想起容易性が高まる要素としては，表3-4に示した著名度，親近性，顕著性（目立ちやすさ），鮮烈性，近時性（最近のこと）などが挙げられる（山崎，2011）。

　たとえば，目立ちやすさの実験例を以下に紹介する。

【実験例】

　リヒテンシュタインら（Lichtenstein, Slovic, Fischhoff, Layman & Combs, 1978）は，死亡者数の推定の研究を行っている。実験に参加した学生に40種類の死因別死亡者数を推定するように質問した。その結果，実際に死亡者数の多い死因を過小に推定し，逆に少ない死因を過大に推定した。また，疾病よりも事故のほうを過大視している傾向がみられた（図3-5を参照）。これは，疾

表 3-4　想起容易性の要素

	要素	説明
想起容易性	著名度	有名, 人気のある事柄
	親近性	親しみやすい事柄
	顕著性	目立つ事柄
	鮮烈性	鮮烈で印象に残る情報
	近時性	最近生じた出来事

出所：山崎（2011）の記述をもとに作成。

図 3-5　死因についての頻度推定の一次バイアス

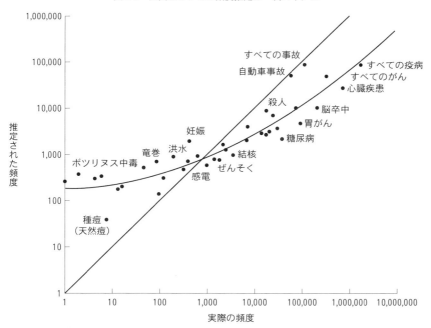

出所：中谷内（2012）p.54 の図 3-1 より作成。
原典：Lichtenstein *et al.*（1978）.

病よりも事故のほうが目立ちやすいからだと考えられる。事故の中でも日常的ではなく，目立ちやすいもの（たとえば竜巻など）のほうが過大に推測されやすいことが分かった。非日常的な事故のほうが数は少なくても目立ちやすく，

102　第1部　理論的背景編

思い出しやすいことによる結果である。

　続いて，想起容易性の具体例について説明する。目立つ事柄や鮮烈で印象に残る情報は人々の記憶から想起しやすい。たとえば，紅一点，黒文字の中の赤の文字など，異彩を放つものには目が行きやすい（Wolman & Frank, 1975）。また，物理的に目立つものだけでなく，初めて見たもの（初対面の人）など新規なものや，他者とは異なる，あるいは，反対の意見を主張している人など周囲から逸脱しているものも顕著性の高い知覚対象となる。目立つ要素としては，新規性の高いもの，周囲よりも抜きん出て象徴的な場合や，普段とは異なる意外な事柄などが挙げられる。同じ事実を読んだり聞いたりするよりも実際に目の当たりにするほうが，自分自身にとっての鮮烈さがまったく異なる。心に残る鮮烈な経験が，その後の行動に及ぼす影響は小さくない（山崎, 2011）。親しみやすいと感じる親近性の場合も，利用しやすい情報となる。たとえば，自分の友人や家族などの身近な人々に対して親しみを感じる場合が多い。そのため，これらの人々から発せられた情報を多く利用する傾向がある（山崎, 2011）。

　最近生じた出来事である近時性は利用されやすい情報である。具体的な特徴を示したものも想像されやすい（Nisbett, Borgida, Crandall & Reed, 1976）。また，経験したことがないものの，一定のルールや関連情報に従うと容易に想像できる事柄や例などはイメージしやすい。このように比較的容易に想像できるものは判断に用いられる傾向がある。

　本来，合理的に妥当な演繹論理を行うならば，普遍的なものを個別の事例に特定化しなければならない。しかし，実際には人は稀な事例でも鮮烈な事例であれば，それを一般化してしまう。こうした個別の事例を一般化させるという論理性の低い帰納論理が，日常，しばしば用いられている（広田, 2012）。したがって，顕著性や鮮烈性の高い情報が優れているとは限らない。顕著性が影響を及ぼすあまり，その対象や関連情報を過度に重視してしまうという偏った判断を行う場合がある。また，顕著でない情報や，鮮烈性の低い情報を軽視してしまい，判断に悪影響を与える場合がある（山崎, 2011）。

　次に，感情との関係にも触れておきたい。対象への感覚的な感情を手がかりとしてそれを受容するか，拒否するかの判断や意思決定を行うのが感情ヒュー

リスティックスと呼ばれる（Finucane, Alhakami, Slovic & Johnson, 2000）。現実は，対象がもたらすリスクと便益は正に相関するものの，心理的側面では負の相関を示しやすい。具体的には，便益が高い対象はリスクが低く，リスクが高い対象は便益が低いと判断されやすい（Alkahami & Slovic, 1994）。この理由について，フィヌケーンら（Finucane *et al.*, 2000）は次のように説明している。負の相関を示すのは，その対象を見聞きしたときに抱く感情に沿って，リスクと便益が推定されるからである。感情は対象を見聞きすると素早く喚起されて，肯定的か否定的かの印象を抱く。人は時間的に切迫した状況では精緻で分析的な思考が困難になる。一方，感情への依存が一層強まって，リスク認知と便益認知の逆相関は高まる。

　一般に強い感情が付随している記憶ほど想起しやすい。利用可能性ヒューリスティックスのかなりの部分は感情ヒューリスティックスによって説明することが可能とされる（Slovic, Finucane, Peters & MacGregor, 2004）。たとえば，環境汚染や地震などの危険性は文章だけで示すよりも，写真画像を加えるほうがより強い感情を喚起しリスクへの認知を高める（Xie, Wang, Zhang, Li & Yu, 2011）。

3－2．驚き

　驚きとは，予期できない出来事が突然身に降り注いだときに起こる感情であると考えられている（Izard, 1991; Ekman & Friesen, 1975）。さらに詳しくみれば，近藤（1988）は次のように説明している。「驚きは価値判断という認識作用的な側面では，"対象を驚くべきもの"と見なすのであり，反応態勢という実践的側面では，"驚き惑う"という態度をとる。驚きの価値判断は対象に思いがけないものを発見しているのであり，その反応態勢においてこれを凝視し，あるいはショックを受けてびっくりしているのである。驚きは新奇で強烈な，無視不可能なものをその対象に見て取り，人をそれへと強く引きつけ，凝視を強制する。」

　それでは，どんな対象なのだろうか。デカルト（Descartes）の情念論によると，人が驚くのは対象を次のように捉えて価値判断をするときである（近藤, 1988）。「対象との出合いが不意をつきそれが新しいと判断されること，そ

の対象が珍奇で注目に値するものとして印象づけられること，突然思いがけなく出現することなどである。」

　驚きは予期せぬ出来事と，予想と反したときの出来事が原因で起こる（Ekman & Friesen, 1975）。認知的発達の分野では，驚きは予期しないというよりは誤って予期された出来事として定義されている（Charlesworth, 1969）。驚きとは新しさの感じや意外さの感じにともなう感情であるが，新しさ，意外さなどは，一般には，ある規範からの逸脱に起因している（楠, 1992）。驚きは簡単には決定できない問題含みの状況で，行動に関する予測と実際の結果とが異なるミスマッチから生じる（馬場, 1998）。行動することによって予期されたものと実際に目にし経験したものとの間に差が生まれ，その差に対して驚くのである。

　反応から見た状態についていえば，驚きは行動を中断したり，その対象に注目し確認する反応であり，次の思考や行動に移るための準備段階である（Reisenzein, 2000）。つまり，すぐには行動に結びつかず，どうすればよいのか迷うときの反応であり，次に何をすべきかに向けて，意識を掻き立てられた状態である（森下, 2000）。そして，自分のとるべき態度が決まると，次の行動への準備として興奮，あるいは覚醒の水準を高める（森下, 2000）。

　驚きは，山根（2005）によると，聴覚刺激，触覚刺激，視覚刺激など感覚相，情報強度や意味による反応などで分類される。さらに，予期や突発性の有無，驚き感情の有無などでも区別される。感覚相は感覚が伝える驚きの表情やイメージであり，情報強度は驚きの程度や状態をいう。意味による反応は意味づけられたことによる驚きである。ポジティブ，あるいはネガティブな意味を持つものとして意識の中に保持された限りにおいて驚くのである。予期については予期できるか，できないかで分ける。予期できないと驚きが起きる。突発性は非線形的な現れをいう。たとえば，音の鳴り出しは視覚的出現に比べると非線形的である。そのため，音のほうが驚きやすい。驚き感情は感情的に驚いているかどうかで区別する。また，空間性として間近での体験かどうか，心理的距離が近いかどうかでも分類できる。

　ところで，驚きの感情について，次のように捉えられている。驚きの瞬間は通常の思考過程が一瞬止まったかのようになり，驚きに連関した思考があまり

見られない。そのことから，驚きは持続性を持たない感情と考えられたり（Ekman & Friesen, 1975），中立的な感情であると指摘される（Reisenzein, 2000）。一方，驚きは，悲しみ，怒り，恐れなど否定的な感情を引き起こすというよりも快感情として想起されると主張されている（Izard, 1991）。これは，過去の経験を思い出す回想法によって調査をした結果に基づいたもので，回想評定では驚きと快感情の関連が見出されている。

なお，予想に反したときに経験する意外感はすでに解釈された意味に対する反応である。驚きが終わっても意外感は持続する。意味的意外感の一種である感心は，既知の情報の枠に反する情報を得た時の反応である。感心には感動という別感情の要素のほうが強いため「快」をもたらす。この場合の「快」は予想外の情報の獲得によって認知的枠組みが更新されたという達成感的な快感である（山根, 2005）。

次に，驚きの機能についてみてみよう。認知的枠組みに影響を及ぼす観点から言えば，プルチック（Plutchik, 1980）は，「驚きとは新しい刺激や見慣れない状況に対して素早く情報処理できるように，人々の思考状態を整えるための一時的な感情（情動）である」と指摘している。戸梶（2004）も，大学生を対象にした自らの調査結果から，「驚きをともなった感動体験では，そこで処理された事実に基づいて個人に新たな認知的側面が加わったり，既存の認知的枠組みが再構成されたりすることがある」と説明している。不協和状態に陥っても，ポジティブな驚きのような場合は，新しい考え方，価値観の逸脱を受け入れて既存の認知的枠組みを再構成する可能性が考えられる（戸梶, 2004）。不協和状態とは，自己の認知要素間に矛盾がある場合に起きる不快な緊張状態をいう。

認知的枠組みを変えるには，組織に余裕や冗長性が存在しなければならないが（Morgan, 1986），驚きは次への思考や行動に移るための準備段階であり，思考状態を整える働きがある。つまり，ポジティブな驚きによってある種の余裕，冗長性が生み出される可能性はある。衰退して危機に陥った組織のように認知的枠組みが依然硬直したままの組織慣性の下では，驚きは認知された状態と望ましい状態との間に溝を作り出して，現在の行動を揺さぶる働きを持つ（吉田, 2004）と考える研究者もいる。

106　第 1 部　理論的背景編

表 3-5　驚きと各変数の相関係数

	面白い	好き	興味行動	読書行動
驚き	0.372 (p < 0.05)	−0.059 (n.s.)	−0.226 (p < 0.1)	−0.176 (p < 0.1)

注：（ ）内は統計的に有意となった水準を示す。n.s. は表記なし。
出所：丹羽（1988）p.805 をもとに作成。

　なお，喜び感情や驚き感情には絵や図などの視覚的表現要素が加わると，感情が増幅されて伝達するという感情伝達促進効果が存在する（竹原・佐藤，2004）。さらに，興味深さとの関係について触れておこう。興味の概念は達成行動の 1 つとして取り上げられており，興味は目新しさ，驚き，好奇心，不調和などの変数によって生じると考えられている（Berlyne, 1966）。表 3-5 に面白いと驚きの相関係数を示しているが，驚きの量が大きくなるにつれて，面白いという感情・気分が大きくなることが分かる（丹羽, 1988）。これら以外にも，驚きと好奇心の関係では，認識の不一致に対する驚きが好奇心を喚起することが報告されている（James, 1890）。

3−3.　快感情

　ここまで，概念の対極化，ヒューリスティックス，驚きについて，先行研究をレビューしてきた。ヒューリスティックスの中でも感情ヒューリスティックスは，対象への感情を手がかりとしてそれを受容するか，拒否するかの判断や意思決定を行う。一般に強い感情が付随している記憶ほど想起しやすい。

　驚きとは，予期できない出来事が突然身に降り注いだ時に起こる感情である。驚きと意外感は関係するが，意外感の 1 つである感心は「快」をもたらす。概念の対極化と組み合わせれば，驚きの快感情を増幅させることもできる。

　ヒューリスティックスや驚きは，感情と関係が深いことが分かったところで，組織の認知的枠組みを変えるという観点から，もう少し快感情に言及してみたい。

　1 つ目は，人は目標を達成するために 2 種類の行動方略をとると考える制御焦点理論（regulatory focus theory）を取り上げる。異なる 2 種類の方式（mode）とは，「快」に接近する促進焦点（promotion focus）と「不快」を避

ける予防焦点（prevention focus）である（Higgins, 1997, 1998）。ヒギンズ（Higgins）の主張は次のように要約できる。

「促進焦点では，目標を理想として認識し，できる限り高い成果を達成することを目指す。肯定的結果が得られると，それを「快」と捉えて積極的に追求する。成功のフィードバックを受けると喜びの感情が生じ，さらなる肯定的結果を得ようとする。」

「予防焦点では，目標を義務として認識し，自らが負う最低限の責任を果たそうとする。否定的結果が起きるのを避ける。失敗のフィードバックを受けると不安の感情が生じ，これ以上「不快」を繰り返すまいとする。」

促進焦点と予防焦点の違いは行動に見られる。ここに，試験で「優」の修得を目指している2人の学生がいる。1人の学生は「優」を修得するという目標が達成感に関わるものと捉えている。もう1人は義務感に関わると考えている。前者は促進焦点を引き起こし，指定された参照物以外の資料も読むなど接近型の手段をとる傾向がある。後者は予防焦点を引き起こし，指定されたすべての資料を読み終えることに気を配るなど回避型の手段をとる傾向がある（Pham & Higgins, 2005）。このようにとる行動が異なる。

快感情の2つ目は，ポジティブ気分である。感情が自分の置かれた状況の情報を与えてくれるという考え方がある。シュワルツ（Schwarz, 1990）によると，ネガティブな気分は，現在の状況が危険であることを意味する信号でもある。そのため，人は状況を詳細に分析し，自分の行為がどのような結果をもたらすのかを見通そうとする。そして，あえてリスクを冒すようなことは避ける。ポジティブな気分は，現在の状況が安全・安心であることを意味しており，安全・安心であるがために，リスクをともなう判断をしたり，普段と異なる新たな手段や可能性を探索する。

ポジティブな気分だけに注目すると，アイセン（Isen）の一連の研究において，ポジティブな気分誘導によって被験者の認知的な柔軟性を高め，創造的思考を促進することが指摘されている。ポジティブな気分のもとでは，柔軟な思考が促進される。それは創造的であるだけでなく広い見通しを持っており，問題や文脈の細部にまで鋭敏である（Isen, 2000a）。創造的で鋭敏な反応には認知的柔軟性や，アイデアをまとめる能力が関係している（Isen, 2000b）。

108　第 1 部　理論的背景編

表 3-6　ポジティブな気分の動機づけ

	動機づけの内容
状態維持	ポジティブな気分の状態を維持したい
内発的動機づけ	興味が引かれる課題をやってみたい
予期的動機づけ	努力が報酬に結びつくと考え，課題に熱心に取り組んでそれを達成したい
多様性追求	さまざまな選択肢を試し多様性を追求したい

出所：Isen (1999) の記述をもとに作成。

　ポジティブな気分はどんな課題に対してでもそれへの取り組みを促進するわけではないが，ある種の動機づけを高める可能性はある (Isen, 1999)。表 3-6 に示したように，具体的には 4 つの動機づけである。1 つ目は，ポジティブな気分に誘導された人は，その状態を維持しようとする動機が強まる。2 つ目は，自分の関心を引くような課題に対して内発的動機づけが強まる。3 つ目は，自分の努力が課題遂行を促進することを予期し，その遂行が報酬と結びつくことを予想して，熱心に課題に取り組む。4 つ目は，さまざまな選択肢を試し多様性を追求したいという動機が強まる。

3-4.　本節の要約

　本節の冒頭で述べたように，「リーダーが示す手本について，察知した逸脱をどのような形で表現すればメンバーを囲い込んで彼らの心理的余裕を生み出せるのだろうか」について検討した。先行研究等を踏まえて得られた参考点を以下に要約する。

　関心を引きつける手法の 1 つに概念の対極化がある。これは，ある属性の持つ言明をそれと対極にある属性を持つ言明に変えるというものである。ある属性を持った言明が広く受け入れられている場合に，敢えてその反対の属性を持つ言明を主張すると関心を強く引きつけることができる。

　感情との関係で見れば，対象への感情を手がかりとして判断を行う感情ヒューリスティックスでは，便益が高い対象はリスクが低いと判断されやすい。つまり，現実とは異なって逆相関で捉えられる。強い感情が付随している記憶ほど想起されやすい。また，予期できない出来事が突然身に降り注いだときに起こる感情が驚きであるが，これは逸脱に起因した新しさ，意外さにとも

なう感情である。驚きは快感情として想起され，ある種の余裕，冗長性を生み出す。そして，驚きをともなった感動体験は既存の認知的枠組みに影響を与える。

快感情については，制御焦点理論において人の「快」に接近する方式を説明した促進焦点がある。目標を理想として認識し，できる限り高い成果を達成することを目指す。肯定的結果が得られると，それを「快」と捉えて積極的に追求する。この他にも，感情が自分の置かれた状況に関する情報を与えてくれるという考え方がある。ポジティブな気分は，現在の状況が安全・安心であることを意味しており，安全・安心であるがために，リスクをともなう判断をしたり，普段と異なる新たな手段や可能性を探索する。

以上を踏まえると，危機に陥って生存不安を抱える衰退組織では，快感情を抱くような状況を作ることが重要な一歩になる。具体的には，察知した逸脱を意味づけた手本に，予期しない快感情を引き起こすような驚きの要素を付随させる。さらに，概念の対極化を用いて予測と結果の差を大きくする。このように，手本の内容がポジティブな驚きを与えることができれば，ある種の余裕，冗長性を生んでそれがメンバーの認知的枠組みに影響を与える可能性はある。新たな学習を意識させるのである。驚きが大きいと，興奮度合いや覚醒度合いが高くなり，好奇心を旺盛にする。驚きが，「探求」活動に必要な組織スラックを補う役割を果たすものと考える。

第4節　外的環境へ働きかける段階—学習不安の低減

4-1. 知識の移転

4-2. 知識の吸収

4-3. 不安をやわらげる学習環境

4-4. 本節の要約

本章の第1節で表した自己再生へ舵を切るプロセスにおける外的環境へ働きかける段階は，「活用」を意識しながら「探求」を促進することがマイルス

110 第1部 理論的背景編

トーン（里程標）である。その鍵は学習不安の低減にあると考えて，本節では，「メンバーが「探求」活動に取り組みやすい学習環境はどのように整えられるべきだろうか」について考えてみたい。

4-1. 知識の移転

知識の構成要素

人は，膨大な量の構造化された知識をもっている。構造化された知識は，特定の領域に関する特殊な知識であると考えられている宣言的知識と手続き的知識，さらに他の領域に一般化できる方略的知識の3つのタイプに区別される（Chi, 1981）。方略とは手立てを指す。

認知心理学では知識を宣言的知識（declarative knowledge）と手続き的知識（procedural knowledge）に分けている（Anderson, 1983）。宣言的知識は事物の存在自体，その性質，そして事物間の関係を記述した知識を指し，言語によって記述できる事実に関する知識をいう。手続き的知識は事物を利用した何らかの処理の手順を記述した知識を指し，やり方，技能など言語で表現することが難しい知識も含む（山田, 2005）。経験則が代表例の1つである。

また，人の認知活動をメタレベルで捉えると，メタ認知的知識とメタ認知的活動に分かれる。メタレベルとは高次のレベルを指す。メタ認知的知識は認知についての知識である。高次の知識として，活動の方略に関する方略的知識，タスク（task, 課題）の難易度に関するタスク知識，自分の強みや弱みに関する自己知識に分類できる（Pintrich, 2002）。メタ認知的活動は認知のプロセスや状態をモニタリングしたりコントロールする活動である（Flavell, 1978）。モニタリングは，出来事に対する気づき，評価などである。コントロールは目標を設定したり計画を修正する活動である。メタレベルの認知的活動は，自分自身や周りの環境に関するメタ認知的知識によって影響を受けると考えられる（Nelson & Narens, 1994）。

経営学では知識を技術知識と市場知識に分ける考え方がある（Kogut & Zander, 1992）。技術知識は科学的仕組みとしての技術を実現するための知識である（Zander & Kogut, 1995）。市場知識は技術知識を応用して事業化するための知識をいう（Teece, 2007）。市場知識は製品やサービスの成果を高め，

技術知識の商業化を可能にする機能を持っている（Lichtenthaler, 2009）。技術知識と市場知識は補完的な関係にあり，適切に組み合わさることによって効果を発揮する（Lane, Koka & Pathak, 2006）。たとえば，画期的な製品や新規事業を目的としたプロジェクトでは，技術と市場の統合が重要とされる（Iansiti, 1998）。

　これらの他にも，知的活動における知識について，出川（2000）は次の4つに分類している。1つ目は基本知である。人の最も基本的な態度や考え方に大きな影響を持つ知識である。信念，価値観などが含まれる。基本知の内容は変容しにくい点が特徴である。2つ目は活動知である。人の活動をつかさどる知識で，すでに述べた手続き的知識に相当する。言語表現が不可能なものも多い。たとえば，高度な技術を身につけた職人や達人だけが認知できる特殊な感覚などを含む。3つ目は目的知である。人の活動を喚起する契機・起点となっている知識である。4つ目が一般知である。上述した基本知，活動知，目的知に含まれない知識であり，これまでにない新たな知識なども含む。一般知は手がかりが欠如すると記憶の検索に失敗しやすい。

　図3-6をもとにして知的活動のプロセスを説明しよう。何らかの知識が目的として認識されると，その時点における目的知となる。この目的知が起点となって知的活動が行われる。活動を通じて，新たな知識が一般知として獲得される。一般知は，構造化が進んだり，利用頻度が高まると，その一部が基本知や活動知に変化し，知識が成熟化する。基本知や活動知に変容しにくい知識であるが，一般知の構造化や利用頻度がそれらに影響を及ぼす。知識の構造化とは，他のさまざまな知識との因果関係が理解され広く深く関連することをいう。

図3-6　知識と知的活動

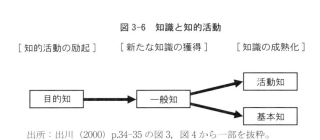

出所：出川（2000）p.34-35 の図3，図4から一部を抜粋。

知識の移転

　知識移転に関しては，イノベーションの普及，技術移転が学術研究分野の大きな潮流とされる。知識移転について，スズランスキー（Szulanski, 2000）は，「組織が複雑，かつ，ときには不確実な一連のルーティンを，新しい環境の中で再生産するプロセスである」と定義している。ルーティンは組織の行動パターンであり，再生産とは生産されたものを使って，新たな生産が次々に行われていく過程をいう。

　フーバー（Huber, 1991）が組織学習プロセスにおいて示した知識獲得の中の代理学習（vicarious learning）や移植学習（grafting）が，この知識移転に相当する。代理学習は他者の成功したルーティンや成果を観察し知識を得る学習であり，移植学習は自分にない知識を持つ他者を取り込むことにより知識を得る学習である。つまり，知識移転は組織学習の一形態であるといえよう。

　分化（differentiation）は，本来は単一，あるいは同一であったものが，複雑化したり，異質化したりして細かく分かれていく様子を表わす。組織で言えば，ローレンスとローシュ（Lawrence & Lorsch, 1967）が指摘したように，自らの扱う環境の不確実性の違いとタスクの属性の違いによって，組織の各部門間でその態度や行動パターンに差異が生まれることが当てはまる。また，知識移転で言えば，既存知識の転用として捉える見方がある。レビンサル（Levinthal, 1998）は，分化を「新しいアプリケーション分野への既存の技術の転用」と定義し，次のように説明している。「新しいアプリケーション分野では，顧客のニーズも，入手可能な資源も異なるため，技術者は既存の技術を活用した上で，さまざまな手直しを加えざるを得ない。こうした手直しの積み重ねは，やがて元の技術を大きく変貌させ，新しい技術体系を確立させることになる。技術の不連続な変化の過程も，もとをただせば既存技術の転用に由来する。」

　既存の知識・技術を従来とは違う新たな対象に移転する。これを端緒にして，転用の形で活用される既存の知識・技術は，新しい文脈に埋め込まれていく。当初の活用の意図に反して新たな文脈のニーズに応じる新しい知識の習得が始まる。そうした結果，組織は新しい知識を獲得する「探求」へと組織学習の焦点を移していく（Zollo & Winter, 2002）。

第3章 再生へ舵を切る学習プロセス　113

　既存技術を新たな対象に転用する技術移転によって学習が起きるのは，転用される技術が実現している水準と，その転用先で求められる水準との間に差があるからである。つまり，不適合のために問題が起き，学習が起きる。学習が起きずに上手く転用できない場合は，商業的な失敗に終わる危険性がある（藤原, 2008）。他への転用プロセスを経た結果として，既存の知識・技術といった情報的経営資源を同時に多重利用ができる。しかし，その移転費用はゼロではない（Goold, Campbell & Alexander, 1994）。

　転用はリスクが比較的低い知識移転とみられているが，「探求」活動を引き出し，イノベーションを生み出す可能性がある。別の市場で活用されている技術を転用する場合について，カティラ（Katila, 2002）は知識年齢と市場に着目して，「自市場の古い知識は新製品数に負の影響があるが，他市場の古い知識を用いれば正の影響がある。技術の転用はイノベーションにつながることがある。」と指摘している。それは，市場を超えて知識を「探求」することが保持する知識の多様性につながるためであり，知識の多様性は問題解決策の検討を可能にする（Katila & Ahuja, 2002；March, 1991）。

　知識の転用を含めた知識移転論における学習概念の1つに，未知の製品・サービスを引き出す学習がある。移転される知識水準が不適合な分野に適用されることによって潜在する製品・サービスを引き出すタイプの学習である。これは，不適合さの引き起こす学習が技術を深掘りすることによって，事前には必ずしも思いもしなかった成果を生み出していくメカニズムを描いた考え方である（藤原, 2008）。技術に対する事前の評価が過大であったことが原因で，過大評価は転用によって生まれる困難や不確実性を覆い隠す。そのため，転用開始時点で実現されている技術水準に見合わないような不適合さが学習を引き起こすのである（藤原, 2008）。ここで言う組織学習は「探求」活動を意味していると考えられる。

　「探求」が転用を含めた知識移転の重要な鍵を握っていることが分かったが，さらに，知識移転の一種である複製を取り上げてみよう。複製は広範囲の知識移転を含むため，単に既存の知識を利用するだけでは不十分で，「探求」活動が必要とされる（Winter & Szulanski, 2001）。第1章の時間的両利きで述べた具体例とは違う角度から説明しよう。ベーデン・フラーとウインター（Baden-

Fuller & Winter, 2005）は複製に関して次のように説明している。複製の手段は原理とテンプレートに分けられる。原理は活動や職務が「なぜ行われるか」という論理や理由を理解させることによって知識の移転を図る。テンプレートは活動や職務を行うプロセスの実例についてマニュアルや観察を通じて知識移転する。原理を理解するには，テンプレートよりも深い水準の事前知識が必要とされる。深く理解すれば，異なった文脈でも適切な対応がとりやすくなる。知識移転を促進する符号化について言えば，原理は論理を文章や例示で説明するが，テンプレートは職務の手順をマニュアルに記述し，暗黙知は観察で補う。知識の移転，知識の吸収という点では，テンプレートのほうが原理よりも容易である。しかし，深い水準の事前知識，吸収能力が問われる原理の複製には，探求的な活動が求められる。

4-2. 知識の吸収

　知識の吸収能力に関して，コーエンとレビンサル（Cohen & Levinthal, 1990）は，「吸収能力（absorptive capacity）とは，新たな外部情報の価値を認識し，それを吸収し，商業目的に応用する能力である」と定義した。言い換えれば，組織が新技術を開発したりイノベーションを起こすために新しい知識を認知し，自身に同化させ，製品・サービスとして提供する能力のことである。組織は吸収能力によって新たな情報を取り込み，保有する能力と組み合わせて知識を構築する作業を繰り返している。吸収能力は，組織の知識創造の能力にとって重要であり，関連する事前知識のストックの関数でもある（Cohen & Levinthal, 1990）。

　ザーラとジョージ（Zahra & George, 2002）は，吸収能力を4段階の活動に分けて説明している。それぞれは，獲得，同化，転化，活用である。獲得は外部の新しい知識・情報を認識して入手する活動，同化は入手した知識・情報を分析し，理解する活動，転化は同化した知識・情報を既存の知識・情報と結合させる活動，活用は転化された知識を実際に利用する活動を指している。この区分に従えば，獲得，同化は吸収のための前提条件となる準備段階に相当し，転化，活用が機能しないと吸収の過程は完結しない。転化，活用の重要性が注目されるところである。

学習の観点から捉えた場合，図3-7に示したように，吸収能力の過程は，① 探求的学習を通じて組織外部の新しい知識の潜在価値に気づき理解する，② 変革的学習を通じて新しい知識の価値を理解・吸収する，③ すでに理解・吸収した知識の活用的学習を通じて新しい知識と商業的成果を創り出すという3段階からなる（Lane et al., 2006）。

次に，吸収能力に影響を及ぼす点についてみてみよう。関連知識への依存，知識の多様性，個人の吸収能力に依存という3点が指摘されている（Cohen & Levinthal, 1990）。

1つ目は，吸収能力はそれまでに蓄積してきた関連知識に依存する点である。組織が外部の知識をどれだけ利用できるかどうかは，その新たな知識に関連して持っている事前の知識（prior related knowledge）に依存する（Cohen & Levinthal, 1990）。事前知識は学習による累積であり，そうした程度が新たな知識の吸収や理解，評価に影響を及ぼす可能性がある。

知識の組み合わせの稀少性が高く，価値があり，模倣が困難で代替が不可能であれば，組織は高い競争優位を得ることになる（Koruna, 2004; 山崎, 2009）。保持する知識と新しい知識の組み合わせ次第では，競争力の源泉ともなる。組織は新しい知識を取り込もうとするとき，すでに保持している関連知識をもとに新しい知識を理解しようとする（Cohen & Levinthal, 1990）。新しい知識と保持する知識との間にオーバーラップ（overlap）がなければ新しい知識を取り込めない一方，重なりすぎる場合は新たな部分を見つけ出して学ぶことが難しい（Lord & Ranft, 2000）。このオーバーラップにより，メンバーは共通の知識を用いながらコミュニケーションを行って，知識を広めることができる。また，新しい知識を獲得できる範囲を広げるだけでなく，イノベーション創出の学習方法や問題解決方法を導き出す可能性はある（Cohen & Levinthal, 1990）。

図3-7 吸収能力の過程

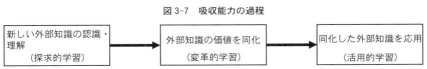

出所：Lane et al.（2006）p.856の図4から抜粋。

116　第1部　理論的背景編

　組織内の多くのメンバーによって保持される知識が，外部から提供される有効な知識と大きく異なっているときは，新しい知識を見つけて組織のメンバーに伝える役割を担うゲートキーパーや境界連結者による知識吸収活動が必要になる。なお，コグットとザンダー（Kogut & Zander, 1992）は，組織の保持する事前知識と外部から獲得した知識を結合させる機能を知識結合能力（combination capability）と呼んで，この能力が新たな知識の創造やイノベーションを促進すると指摘している。

　2つ目は，多様な知識が重要な役割を果たす点である。必要とされる知識が先行き不透明な場合は，組織の保持する知識が多様であるほど，新たな領域の知識と関連し合う可能性が高い。まず，「探求」活動との関係で多様性が指摘されている。組織が「探求」活動を行うには，ある程度の知識の多様性が存在すること，または，知識の多様性が許容される環境が整っていてその多様性が継続されることが重要である（March, 1991）。知識の転用とも関連が強い。それは，市場を超えて知識を「探求」することが保持する知識の多様性につながるからである（Katila & Ahuja, 2002; March, 1991）。

　3つ目は，組織の吸収能力は個人の吸収能力に依存する点である。まず，個人の事前知識が関連する新しい知識の学習を促進する。組織の吸収能力は個々のメンバーの吸収能力に依存するのだが，メンバー間の知識の違いや多様性は必要である。高橋（2007）は，次のように解釈している。メンバー間の知識の重なりが部分的であり，知識が重なった部分と重ならない部分によって補完されることが理想的な構造である。完全に重なってしまうと知識の多様性がなくなり，多様な外部の情報に適応できない。

4-3. 不安をやわらげる学習環境

　すでに見てきたように，転用は既存の技術知識を利用する「活用」の側面と，新しい文脈に馴染んでそこでの知識を習得する「探求」の側面の両方を持っている。また，知識の吸収能力に関してその過程は，「探求」だけでなく「活用」が重要になっている。知識の移転側から見ても，知識の吸収側から見ても，「探求」と「活用」という両方の学習が必要なことが示唆される。

　再生で求められる組織の学習の方向について，知識の活用を意識しながら移

転の過程と吸収の過程を考えてみる必要があろう。コグットとザンダー（Kogut & Zander, 1992）にならって知識を技術と市場に切り分けて考えると理解しやすい。図3-8のように，知識を技術と市場の2つから捉えて，既存の技術知識をできるだけ利用する方向（「活用」）を示すことにより組織のメンバーの学習不安を低減し安心感や納得感を与える。一方，技術知識の利用先となる新たなアプリケーション，あるいは新たなカテゴリーについての市場知識は習得，吸収（「探求」）しなければならない。つまり，新たな成長市場の知識の「探求」と既存の技術知識の「活用」による転用として解釈すれば，アンゾフ（Ansoff, 1965）が示した成長ベクトルの「市場開発」にほぼ相当する（図3-9を参照）。スキルやノウハウなどの既存の技術を「活用」する部分が多い転用ほど，メンバーの「探求」に対する抵抗感をやわらげることができる。しかも，知識の吸収能力は保持している関連知識に依存するため，既存の知識を多く活用できる転用は効果的である。

次に，組織のメンバーと市場，つまり外的環境との関係づくりの点から考えてみたい。未知のものに対しては，ただ，知識の獲得を強いるのではなく，それらにアクセスしやすい状況を作り，学習への抵抗をやわらげる配慮が欠かせない。両者の間には，直接的か，間接的かを問わず，何らかの接触する場，働きかける仕組みが用意されなければならない。

伊丹（2005）は，「場は人々が参加し意識・無意識に相互を観察し，コミュ

図3-8 技術知識の「活用」と市場知識の「探求」

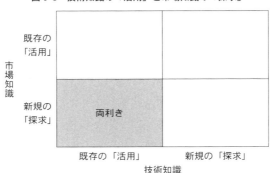

出所：筆者作成。

118　第1部　理論的背景編

図 3-9　成長ベクトル

	既存技術	新規技術
既存市場		
新規市場	市場開発	

出所：Ansoff（1965），邦訳 p.137 の図を加筆修正。

ニケーションを行い，相互に理解し働きかけ合い，共通の体験をする状況の枠組みである」と定義している。また，情報の解釈・創造プロセスの観点では，情報的相互作用の入れ物が場であり，情報的相互作用によって人々の間の共通理解を増し，また，情報蓄積を深める。さらに心理的共振を起こす。心理的共振とは心理的な周波数の共有である。

　概略は次のようなメカニズムである。情報的相互作用は外部からのシグナルによって始まる。そして，「個人の理解」⇒「共通理解」⇒「全体理解」が繰り返されて最終的に全体理解として秩序化される。そうしたプロセスで相互刺激が起き，心理的共振というエネルギーが生まれる。学習の点から見れば，人は情報的相互作用を行えば自然に学習する。共通理解さらには全体理解が生じると，お互いの学習の成果を共有しやすくなる。よって，情報蓄積が深まっていくことになる。

　場のもたらす作用に関連づけて他の文献を渉猟してみると，古くは，マズロー（Maslow, 1954）は，人々の対面接触や共体験をかなり意識している。そして，それに影響を受けた見方や考え方を取り入れている。また，コミュニケーションの場面に適した対人距離を分類したホール（Hall, 1976）は，「特定の話題について関心のある人々が集まることによって，コミュニケーションのチャネルが形成される。そこで，活発なやり取りが行われると場には文脈が蓄積されて，コミュニケーションが濃密化する。」と指摘している。

　なお，場の生成プロセスは，萌芽が生まれる段階とその後に場が成立してく

る段階の2段階に分かれる。それぞれの段階には、働きかけ意図をもって作られる経営による「場の設定」と自律的に起こる現場の人々による「場の創発」がある（伊丹, 2005）。再生においてこうした場が用意されれば、転用をいっそう促進することになる。

　知識の転用に付随する問題の1つは、「探求」に関わる一連の学習コストであろう。再生では、早期に商業的成果を出し、回復に転じなければならない事情があるが、継続して成果を上げることが意図されるべきである。転用を推進できるかどうかは、組織のメンバーが市場に接触して学習する場に参加するなど彼らの動機づけやコミットメントが大きな鍵を握る。そのため、危機に直面して減退した開拓者精神を刺激し、高揚させる必要がある。

　転用先や既存知識のバイアスにも留意しなければならない。第1章1節で取り上げた製品プラットフォームを例にとると、下位に当たるローエンドの派生製品へ転用する場合は過剰仕様などプラットフォーム本来の価値が発揮できない可能性がある（Krishnan & Gupta, 2001）。また、既存の知識に縛られると、不適切な経験を転用することになる（Finkelstein & Haleblian, 2002）。慣れ親しんだ知識や技術を利用した成果は過大に評価される傾向があるためである（Henderson & Clark, 1990）。

　ヘッドバーグ（Hedberg, 1981）は危機感や不安感が募るほど組織の学習棄却が促進されると指摘したが、再生では時代遅れになった知識や組織を誤った方向へ導く知識はできるだけ捨て去ることも必要である。

4−4. 本節の要約

　本節の冒頭で述べたように、「メンバーが「探求」活動に取り組みやすい学習環境はどのように整えられるべきだろうか」について検討した。先行研究等を踏まえて得られた参考点を以下に要約する。

　知識を技術知識と市場知識に分ける考え方がある。技術知識は科学的仕組みとしての技術を実現するための知識、市場知識は技術知識を応用して事業化するための知識をいう。知識移転に関して、既存の技術を従来とは違う新たな市場に対して移転する転用の考え方がある。転用では、既存の技術が新しい文脈に埋め込まれていくと、当初の意図に反して新たな文脈のニーズに応じる新し

い知識が習得され始める。そうした結果，組織は新しい知識を獲得する「探求」活動へと組織学習の焦点を移す。また，知識の吸収では，吸収能力は保持している関連知識に依存する。

　学習に対する不安感からみれば，既存の知識を活用する転用は不安をやわらげる。また，知識の吸収を考えると，既存の知識を多く活用できるような転用の場合は効果的である。技術知識と市場知識の分類に沿えば，衰退して危機に陥った組織に必要なのは，既存の技術を「活用」して新たな成長市場の知識を「探求」する学習環境である。成長市場という点は本研究が示してきた衰退段階から成長段階へ遷移する自己再生の定義とも整合する。

　市場知識の「探求」では，市場や顧客の反応に接触して学習できる仕組みや制度を整える必要がある。市場の焦点を定めてそれに既存の技術を適応させるような仕組みである。

第5節　メンバーの学習に及ぼす影響—周囲との関係

5−1．周囲から受ける影響と心理
5−2．本節の要約

　本章の第1節で表した自己再生へ舵を切るプロセスにおいて，メンバーは認知や行動の刺激を受ける。本節ではメンバーと関わるリーダーだけでなく範囲を広げて外的環境との関係にも注目して，「新たな知識を獲得する学習はどのように動機づけられるのだろうか」について考えてみたい。

5−1．周囲から受ける影響と心理

　逸脱の増幅段階で驚きの要素を付随させた手本について触れたが，ポジティブな驚きと認知的枠組みの関係を整理しておこう。

　驚きは，予期できない出来事が突然身に降り注いだ時に起こる感情である。驚きと意外感は関係するが，意外感の1つである感心は「快」をもたらす。ある属性の持つ言明をそれと対極にある属性を持つ言明に変える概念の対極化と

組み合わせれば，快感情を増幅させることもできる。

戸梶（2004）は，驚きをともなった感動体験をすると，そこで処理された事実に基づいて個人に新たな認知的側面が加わったり，既存の認知的枠組みが再構成されることがあると説明している。驚きが認知的枠組みに影響を及ぼす点に関連して，プルチック（Plutchik, 1980）は，驚きとは人々の思考状態を整えるための一時的な感情であると指摘している。驚きは次への思考や行動に移るための準備段階，つまり，ある種の余裕，冗長性を生み出すことから認知的枠組みに影響を与えると考えられる。また，不協和状態に陥っても快感情をもたらす驚きの場合は，新しい考え方，価値観の逸脱を受け入れて既存の認知的枠組みを再構成する可能性がある（戸梶, 2004）。再生でいえば，メンバーは，リーダーの示した驚きの要素を付随させた手本に認知上の影響を受けるとみられる。

外的環境へ働きかける段階では，市場や顧客の反応に接触する仕組みについて述べた。学習は一時的なものではなく長続きする変化であることから（Schunk, 2000），場を作るだけでなく，維持して学習に活かしていかなければならない。そこで，人々との相互作用やその関係性の維持・発展について返報性という視点から検討してみる。

返報性の考え方は，相互作用のパターンを形成する1つの要因と考えられている。グールドナー（Gouldner, 1960）が主張した返報性の原理は，あらゆる組織において普遍的に存在する。返報性は，援助を提供してくれた人に対して援助を返す，そして，助けてくれた人は傷つけてはならない，という2つの普遍的形式を持つ社会規範である。自分が他者から受けたものと同種のものを他者に返すし，自分が他者にしたことと同種のものを他者に期待する。返報性の規範を守ることは，二者間の親密化や関係強化において重要な役割を果たす（Cialdini, 1988）。援助に対する心理的負債感の存在が返報性の原理の前提になる（北折, 2000）。

とりわけ，好意に対して返報的に行動する傾向がある。好意の返報性は，自らに好意的な態度を示してくれる相手に好意を抱くようになることをいう（Berscheid & Walster, 1969）。二者間の親密な関係を維持・発展させるには，互いに相手に対するコミットメントを高め，そのことを相手に伝える必要があ

る。自らが関心を持ってコミットしていることを伝えるには，相手に好意的な態度を抱いているという自己呈示（self-presentation）を行い（谷口，2012），相手への好意を表わさなければならない。自己呈示とは，相手にある印象を与えようとして自分のある側面を呈示することをいう。「親しみを持っている」という態度の呈示が親密な関係の質を高めると考えられる。再生でいえば，メンバーは，外的環境である市場や顧客との好意的なやり取りを通じて行動上の影響を受けるとみられる。

　本研究は自己再生へ向けて舵を切るプロセスに注目している。言い換えれば，再生の結末ではなく端緒を切り開くための行動ができるかどうかという予期が問題になる。そこで，自己効力感と学習の関係を確認する。

　人は何か行動を起こすとき，目標だけでなく，その行動を上手く遂行できそうかという見通しが必要である。上手くできそうだと思わなければ行動を起こさない。結果を得るための行動を上手く行えるという予期が効力期待である。効力期待を持っている確信，つまり，結果を生み出すために必要な行動がどの程度効果的に行えるかという個々人の認知は自己効力感（sense of self-efficacy）と呼ばれ，自己効力感の程度が動機づけを規定して，その後の遂行行動の最も重要な予測値となる（Bandura, 1977）。自己効力感は一定の結果に導く行動を自らが上手くやれるかどうかという期待であり，その期待を抱いていることを自覚したときに生じる一種の自信である（図3-10を参照）。

　バンデューラ（Bandura, 1977）は自己効力感の源泉を4つ挙げている。1つは，成功は自己効力感の確信を築くが，失敗は効力感を低下させる。2つ目は，自分に似た他者が継続的な努力で成功するのを知ると，自分の可能性についての確信を強める。3つ目は，自己効力感を持った行動が認められ励まされ

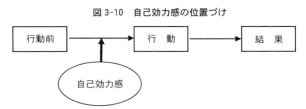

図 3-10　自己効力感の位置づけ

出所：竹綱・鎌原・沢崎（1988）p.173 の図1を加筆修正。

れば，さらに努力をして成功の機会を高める。4つ目は，不安などは自己効力感を阻害する。この場合は，ポジティブな情動（または感情）として解釈し直して自己効力感を高める。自己効力感は快感情と関連が強いと考えられる。学習との関係でみれば，自己効力感の形成は学習意欲の低下を防ぐこと（Bandura, 1977），自己効力感は達成行動を理解するための重要な認知であり，学習スキルを予測できること（Schunk, 1982）が示唆されている。したがって，学習の観点からは快感情に留意して自己効力感の形成に努めなければならない。

　自己が有能で自己決定的であるという感情や心理状態を経験したいという欲求は，人々にチャレンジを追求する行動を動機づけ，また，チャレンジを征服する行動を動機づけると主張した内発的動機づけ理論がある（Deci, 1975）。それを受けて，桜井（1997）は，有能感，自己決定感，他者受容感が自己効力感を促進すると指摘している。有能感とは自分はできるという自信を持っている感覚，自己決定感とは自分のことは自分で決めるという感覚，他者受容感は自分が周りの人たちから受容されている，周りからサポート（支援）されているという安心感を指す。他者から受け入れられているという受容感は自尊感情を促進するとの報告もある（Leary, Tambor, Terdal & Downs, 1995）。自己効力感の促進メカニズムは次のように説明されている。対人関係の要素である他者受容感が基底にあって，それが先に形成されてその後，有能感と自己決定感を下支えしていく。そうした過程で自己効力感が高まって，学習意欲を刺激する。

　なお，学習意欲は次のように理解される。学習意欲は特定の状況での動機づけの概念として考えれば，それは外界からの刺激に対して状況を評価・意味づけた結果であり，価値と期待に関する評価である。つまり，大きく分けると，その課題を「やりたいかどうか」を判断する価値の側面と，「できるかどうか」を判断する期待の側面の2つの側面から解釈が行われる（奈須, 1995；Wigfield & Eccles, 2000）。そして，評価によって作られた課題の価値と期待の情報をもとにして目標設定がなされる。ここでは意図が形成され，行動の方向性と強さが決められる（Winne, 2001）。これが動力となって，学習行動が引き起こされたり，抑制されたりする。学習意欲や動機づけでは，価値，期待，目標設定の

124　第1部　理論的背景編

3つの判断が鍵を握っているとみられる。

　再生において，リーダーの示す驚きの要素を付随させた手本，外的環境である市場や顧客の好意的な反応という快感情がメンバーの安心感である他者受容感に影響を及ぼし，行動を上手く行えるという期待の側面から学習意欲を促進する可能性は考えられる。

5－2.　本節の要約

　本節の冒頭で述べたように，「新たな知識を獲得する学習はどのように動機づけられるのだろうか」について検討した。再生を考える上で得られた参考点を以下に要約する。

　メンバーは，リーダーの示す驚きの要素を付随させた手本によって認知的に刺激を受ける。それは次の論理に基づいている。驚きをともなった感動を体験すると，そこで処理された事実に基づいて個人に新たな認知的側面が追加されて，既存の認知的枠組みが再構成されるためである。また，不快な緊張状態に陥っても，快感情をもたらす驚きを経験すると，新しい考え方，価値観の逸脱を受け入れて既存の認知的枠組みを再構成するためである。

　また，メンバーは顧客の好意的な反応によって行動的に刺激を受ける。人は好意に対して返報的に行動する。二者間の親密な関係を持続させようと，互いに相手に対するコミットメントを高め，好意的な態度を抱いているという自己呈示によってそのことを相手に伝え合う。こうして顧客との相互作用が形成される。

　リーダーや顧客からもたらされる快感情がメンバーの他者受容感に影響を及ぼす。他者受容感は自分が周りの人たちから受容されているという安心感である。結果を生み出すための行動がどの程度効果的に行えるかという認知である自己効力感の基底には，対人関係の要素である他者受容感があって，安心感が先に形成されることにより自己効力感は次第に高まっていくと考えられている。行動を上手く行えるという期待が高まれば学習意欲が刺激され促進される。

第 2 部

実証研究編

第4章
理論的フレームワーク

　はじめに，本研究の目的を再確認しておくことにしよう。衰退して危機に陥った組織が自己再生を図るには新しい知識の「探求」と既存知識の「活用」を併用する両利きの学習を行う組織へ転じる必要がある。その舵を切るプロセスにおいてリーダーの行動とメンバーの学習という相互の関係がどのように影響し合うのか，組織を変容させていく両者の相互作用のパターンを経時的に見出すことが目的である。

　再生は初期の縮小段階とそれ以降の回復段階に大別され，前者では「活用」，後者では「探求」の学習が行われる（Pandit, 2000）。本研究は本格的回復へ舵を切っていく回復初期段階を対象にしている（第3章1節を参照）。回復初期の学習では「探求」が鍵となる。階層性を考慮すれば，「探求」活動は広域から局所へと絞り込まれていく（柴田他, 2017）。その後，「活用」をともないながら本格的回復へ向かう。短い突発期間の「探求」という断続平衡モデルの考え方に基づくと，学習は次第に「活用」へ切り替わっていく。この関係は図4-1に示している。一般的に，縮小段階ではリストラクチャリングによる合理化が行われるが，慢性的な危機に陥った中小規模の衰退組織では縮小段階を認識しにくい場合もある。このため，図には衰退または縮小と併記している。

図4-1　自己再生へ舵を切る段階と学習の関係

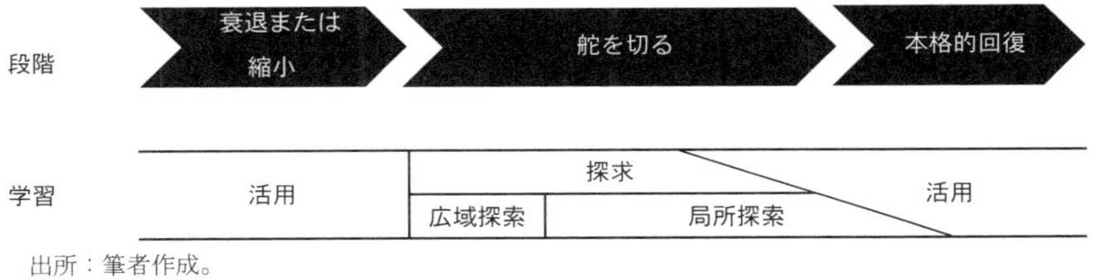

出所：筆者作成。

128　第2部　実証研究編

　次に，研究課題を以下に提起する。第1節では，課題を分析するための枠組みを提示する。第2節以降では，この課題に対して明らかにすべき4つの見解を示す。

　【課題提起】

　リーダーはどんな思考特性を持ち，メンバーに対してどのようにして関心を引きつけ，どんな学習環境を整えるのか。このとき，メンバーは認知上，行動上どのような変化を見せるのか。

第1節　実証分析の枠組み

　自己再生へ舵を切るプロセスは，「探求」と「活用」の両利きの学習生成プロセスでもある。これまでの議論から次のような参考点が得られた。再生は成長する市場領域を「探求」し既存技術を「活用」する学習であると考えられ（第3章4節を参照），既存技術の新しい応用分野を発見しそこに転用するアプリケーション・イノベーションとして捉えることができる（第2章1節を参照）。また，両立の難しさに対して，「活用」活動の中に「探求」活動へ向かわせるきっかけとなる要素を組み入れることによって，「探求」と「活用」のバランスがとりやすくなる（March, 2006）。

　分析の枠組みとして，基本構成は第3章1節で表したプロセスに従いつつ，その後の議論や上記の参考点などを加味した学習プロセスを図4-2に示す。全体は，逸脱の認識から始まり外的環境へ働きかけていくプロセスである。これは，リーダーが広域探索により先行的に新しい市場領域を「探求」する流れを作り出して，メンバーはそれに反応しながら局所探索する構図である。

　最初は逸脱の察知である。リーダーは衰退した組織が外的環境から逸脱して食い違っていることに驚く。リフレクションによって新たな成長市場を開拓するロジックを見出す。次に，リーダーが食い違いをもとにアジェンダを象徴的に意味づけして驚きを付随させた手本を示して，メンバーの認知的枠組みを刺激する。組織スラックの不足を感情面から補おうとする。そして，既存技術を新しい成長市場へ移転して転用を図る。既存技術を「活用」することにより学

第4章　理論的フレームワーク　129

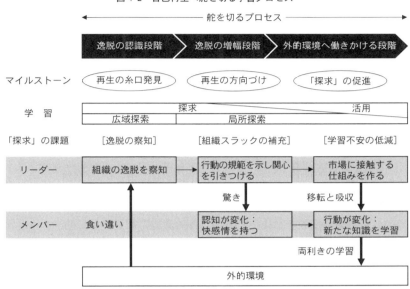

図 4-2　自己再生へ舵を切る学習プロセス

出所：筆者作成。

習不安をやわらげる。また，市場の反応に接触する仕組みを設けて新たな知識の「探求」を刺激する。

　組織学習の観点からみれば，衰退した組織において技術改善など既存知識の学習である「活用」だけではなく市場開拓など新たな知識を学習する「探求」に取り組む両利きの学習が実現される。

　整理すると，自己再生へ舵を切る段階の学習プロセスは次のように描かれる。逸脱の認識から始まり外的環境へ働きかけていくプロセスである。最初に，リーダーが衰退した組織の逸脱に気づくことが発端になる。その後，手本の提示や市場の反応に接触する仕組みを通してメンバーの不安をやわらげつつ，外的環境を意識させる。やがて，組織は既存技術の新しい市場領域への転用に取り組み始めるが，このとき，「探求」と「活用」の両利きの学習が起きる。

第2節　リーダーの行動に関する見解

　自己再生へ舵を切る学習プロセスの各段階におけるリーダーの行動に関する見解を提示する。

2−1．逸脱の認識段階
　マイルストーンは再生の糸口を発見することである。その鍵は逸脱の察知にあると考えて，第3章2節では，「組織の逸脱を察知するリーダーは，どんな思考特性を持つべきだろうか」について検討した。

　衰退した組織の逸脱を察知するには，外的環境と同質の認知的枠組みを持っていること，たとえ内部者であっても外的環境と同様の見方ができることが必要である。要は，多様な見方のモノサシを持っているかどうかである。また，逸脱に驚けば，リフレクションの効果によって再生のアジェンダを見出す可能性はある。ただし，多様な思考や行動は組織の抵抗を受けやすい。リーダーは，組織内のコミュニケーション，合意形成に配慮しながら，察知した逸脱に対する信頼を早期に得なければならない。

　学習の点から見れば再生の糸口を広域探索することになる。保持する知識が多様であるほど，「探求」活動が行われやすく（March, 1991），新しい知識の吸収が促進される（Cohen & Levinthal, 1990）。他者からの反作用によって逸脱が作り出されるように（Becker, 1963），認知的枠組みの点からリーダーを他者と見立てることが重要である。

　再生を担うリーダーは，組織の外部者であるか内部者であるかは必ずしも問題ではないが，組織の中では異質である。第2章3節でも触れたように，疑うことは逸脱と結びついている（Weick, 1979）。多様な考え方によって疑問を深めて逸脱に気づくと，再生のアイデアやアジェンダの着想が生まれやすい。

　より詳しくいえば，多様な考え方ができるリーダーは市場から逸脱した食い違いに驚き，それをきっかけにリフレクションを通じて行う振り返りや試行によって新たな市場領域を開拓するロジックを見出す可能性はある。メンバーの

変化に対する抵抗にも，多様な思考によってそれをやわらげ，柔軟に対処することができる。

以上の理論的基盤を踏まえて，次のような見解を提示する。

【理論的見解1】

リーダーは多様な考え方ができる。それにより逸脱に気づける。再生のアイデアも湧きやすい。リーダーは組織の外部者であるか，内部者であるかは問われない。

2－2．逸脱の増幅段階

増幅段階のマイルストーンは再生の方向を指し示すことである。その鍵は逸脱をもとに関心を引きつけて組織スラックの不足を補うことにあると考えて，第3章3節では，「リーダーが示す手本について，察知した逸脱をどのような形で表現すればメンバーを囲い込んで彼らの心理的余裕を生み出せるのだろうか」について検討した。

危機に陥って生存不安を抱えた衰退組織では，快感情を抱くような状況を作ることが重要な一歩になる。具体的には，察知した逸脱を意味づけた手本（役割モデリング）に，予期しない快感情を引き起こすような驚きの要素を付随させる。さらに，概念の対極化を用いて予測と結果の差を大きくする。このように，手本の内容がポジティブな驚きを与えることができれば，それがメンバーの認知的枠組みに影響を与える可能性がある。新たな学習を意識させるのである。驚きが大きいと，興奮度合いや覚醒度合いが高くなり，好奇心を旺盛にする（James, 1890）。

行動の規範となる手本そのものは変革型リーダーに必要な行動の1つである（Bass & Steidlmeier, 1999）。逸脱を発端にして再生のアジェンダを象徴的に意味づけた手本，これを示して，メンバーに市場からの逸脱を気づかせなければならない。しかし，逸脱を意味づけただけの手本では抵抗を受ける。そのため，手本に驚きや対極的な要素を付随させるのである。

また，メンバーの関心や興味を引くという点から見れば，局所探索に囲い込むことになる。関心や興味は特定の対象に知的好奇心が向けられ，注意力を集中し続ける心理状態を指すが（Hidi, 1990; Hidi & Renninger, 2006），それは学

132　第2部　実証研究編

習の内発的な動機づけとして重要な役割を果たす。

　ところで，驚きは，逸脱に起因した新しさ，意外さにともなう感情である。驚きは快感情として想起され，ある種の余裕，冗長性を生み出す。驚きをともなった感動体験は既存の認知的枠組みに影響を与える。驚きは次の思考や行動に移るための準備段階であるが（Reisenzein, 2000），快感情を引き起こす驚きは「探求」を行おうとする準備段階と考えられる。「探求」には組織スラックを必要とするが，驚きによって感情的な余裕が生み出される。

　なお，メンバーの置かれた状況に関して理論的に補足しておこう。第2章3節で取り上げたが，不安が人の認知活動を妨害する（Eysenck, 1979）。そのため，不安やストレスで動揺しているメンバーに手本を示す場合は，先に不安を操作しなければならない。彼らが置かれた状況を少しでもポジティブに感じさせ，感情をやわらげる必要がある。そこで，驚きの快感情に注目している。これは，感情が自分の置かれた状況の情報を与えてくれるというシュワルツ（Schwarz, 1990）の考え方に基づく。ポジティブな気分は，現在の状況が安全・安心であることを意味しており，安全・安心であるがために，リスクをともなう判断をしたり，普段と異なる新たな知識や手段を「探求」する可能性がある。

　以上の理論的基盤を踏まえて，次のような見解を提示する。

【理論的見解2】

　リーダーは逸脱を手本の中に対極的に表現してメンバーを驚かせる。関心を引きつけて囲い込むとともに，心理的な余裕を引き出して「探求」に向けて準備させる。

2-3.　外的環境へ働きかける段階

　働きかける段階のマイルストーンは「活用」を意識しながら「探求」活動を促進することである。手本を行動に移す鍵は学習不安の低減にあると考えて，第3章4節では，「メンバーが「探求」活動に取り組みやすい学習環境はどのように整えられるべきだろうか」について検討した。

　学習に対する不安感からみれば，既存の知識を活用する転用は不安をやわらげる。また，知識の吸収を考えると，既存の知識を多く活用できるような転用

の場合は効果的である。さらに，技術知識と市場知識に分けた場合に，衰退した組織に必要なのは，既存の技術を「活用」して新たな成長市場の知識を「探求」する学習環境である。成長市場という点は本研究が示してきた衰退段階から成長段階へ遷移する自己再生の定義とも整合する。

　市場知識の「探求」では，市場や顧客の反応に接触して，組織が保有する技術を市場の要求に結びつけなければならない。また，「探求」は活動に要する期間や費用が見通しにくくリスクが高いために，衰退した組織には学習コストが負担となる。したがって，組織が無理なく継続的に市場に接触して学習できる仕組みや制度を整える必要がある。市場の焦点を定めてそれに既存技術を適応させるような仕組みである。

　平常時とは違って危機に陥った衰退組織は，不安と無力感が入り交じった心理状態で，新たな知識を獲得する「探求」活動には及び腰である。対象への感情を手がかりとして判断が行われる感情ヒューリスティックスが働くと，リスクと便益の関係は逆相関で捉えられやすい（Alkahami & Slovic, 1994）。学習において衰退組織のメンバーにリスクが低く便益が大きいと感じさせるには，既存知識の「活用」活動を中心に据える必要がある。「活用」はすでに経験のある領域で知識を深掘りしていくには効率的である（March, 1991）。「活用」は「探求」に比べて不確実性に対するリスクが低い（Levinthal & March, 1993）。

　一方で，衰退組織は，「活用」に頼ってきたために市場と乖離している。自己再生を図るには新しい知識の獲得が鍵を握っている。そこで，知識を市場と技術に分けると，新たな市場要求の「探求」と既存の技術の「活用」の組み合わせができる。市場要求には，たとえば，新しいアプリケーション（用途）の開発が挙げられる。既存の技術をできるだけ利用するが，市場が求める知識は習得して充足させなければならない。つまり，既存の技術を新たな市場に転用する知識移転，知識吸収である。局所探索を行う点から考えても，知識を切り分けることによって「探求」活動の対象が絞り込まれて，やるべきことが明確になる。

　知識の転用は，新しい市場の文脈に馴染んでそこでの知識を習得，吸収する「探求」の側面と，既存の技術を利用する「活用」の側面の両方を持っている。

134　第 2 部　実証研究編

図 4-3　市場領域間の知識の転用プロセス

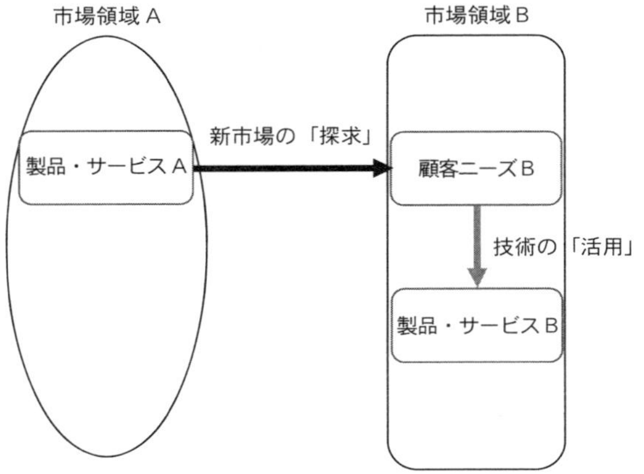

出所：筆者作成。

　市場領域間の知識の転用プロセスを図 4-3 に示す。既存の知識（製品・サービス A）を別の市場領域（市場領域 B）に移転する。やがて，新しい文脈に馴染んでそのニーズに応える知識として吸収する（製品・サービス B）。つまり，新たな市場（市場領域 B）を「探求」した結果に基づいて技術を「活用」することになり，時間的な両利きの学習が行われる。これは，知識を市場と技術に分けて，既存の技術を新たな市場領域の枠組みに適用するものである。市場領域 A，市場領域 B における行為の主体が同一の場合は，知識の移転と吸収は比較的操作が行われやすい。

　市場知識と技術知識の切り分けは，市場や技術を混在させたままで「活用」活動に偏向していた従来の学習から

　　　　　　　新たな市場領域の「探求」活動　⇒　既存技術の「活用」活動

という対象を絞り込んだ学習へ転換させる。顧客の反応の確認など市場に接触する仕組みが用意されるならば，「探求」が生起し先導役となって「活用」を引き出す転用への取り組みがより一層促進される。

　以上の理論的基盤を踏まえて，次のような見解を提示する。

【理論的見解 3】

　知識を市場と技術に分ける。既存技術を「活用」してメンバーの学習不安を

第 4 章 理論的フレームワーク 135

やわらげる。他方で，新たな市場の反応に接触する仕組みを用意してそこでの「探求」を促進する。こうして，新たな領域に対する既存技術の転用が推進される。

第3節 メンバーの学習に関する見解

　メンバーは，他者から刺激を受けながら認知や行動を変化させる可能性はある。リーダーだけでなく範囲を広げて外的環境との関係にも注目して，第3章5節では，「新たな知識を獲得する学習はどのように動機づけられるのだろうか」について検討した。

　リーダーや顧客からもたらされる快感情がメンバーの他者受容感に影響を及ぼす。他者受容感は自分が周りの人たちから受容されているという安心感である（桜井, 1997）。結果を生み出すための行動がどの程度効果的に行えるかという認知である自己効力感の基底には，対人関係の要素である他者受容感があって，安心感が先に形成されることにより自己効力感は次第に高まっていくと考えられている。行動を上手く行えるという期待が高まれば学習意欲が刺激され促進される。

　リーダーから逸脱をもとにして再生のアジェンダを象徴的に意味づけた手本，しかも驚きの要素，対極的な概念を付随させた手本が示されて，それがもたらす快感情が安心感を醸成する。驚きをともなった感動体験をすると，そこで処理された事実に基づいて個人に新たな認知的側面が加わったり，既存の認知的枠組みが再構成されることがある（戸梶, 2004）。

　顧客からは反応が返される。好意的な反応の場合は，もたらされる快感情が安心感を醸成する。人は，好意に対して返報的に行動する傾向がある。両者の親密な関係を持続させるには，互いに相手に対するコミットメントを高め，そのことを相手に伝える必要がある。そのために，相手に好意的な態度を抱いているという自己呈示を行う（谷口, 2012）。

　第3章3節でみたようにポジティブ気分は安心を意味するが（Schwarz, 1990），メンバーはリーダーや組織外部の顧客から快感情を受けることによっ

136　第 2 部　実証研究編

図 4-4　メンバーの学習意欲

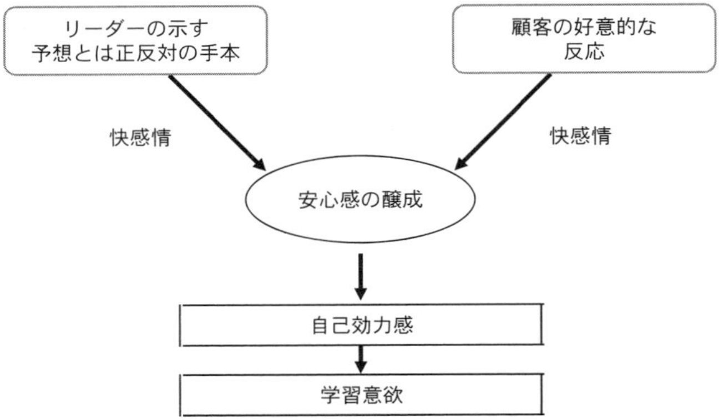

```
┌─────────────────┐        ┌─────────────────┐
│  リーダーの示す   │        │  顧客の好意的な   │
│ 予想とは正反対の手本│        │     反応        │
└─────────────────┘        └─────────────────┘
        │                            │
      快感情                        快感情
        ↓                            ↓
           ╭─────────────────╮
           │   安心感の醸成    │
           ╰─────────────────╯
                   │
                   ↓
        ┌─────────────────────┐
        │      自己効力感       │
        └─────────────────────┘
        ┌─────────────────────┐
        │      学習意欲         │
        └─────────────────────┘
```

出所：筆者作成。

て安心感を醸成する。図 4-4 で示すように，安心感が自己効力感や学習意欲を高めると考えられる。

　以上の理論的基盤を踏まえて，次のような見解を提示する。

【理論的見解 4】

　メンバーはリーダーの示す手本をみて驚き，関心を持つ。また，顧客の好意に返報行動をとる。組織内外の関係を通じてもたらされる快感情がメンバーの安心感を醸成する。そのことが自己効力感を高めて，新しい知識の学習，すなわち，「探求」活動を促す。

第 5 章
研究の方法

第 1 節　事例研究

　第 4 章の理論的見解の明確化に当たっては，事例研究の方法を採る。事例研究法は，比較的長い時間の幅の変化を把握する場合やプロセスを説明する場合に適している点が特徴である。また，行動や事象における諸要因のダイナミズムを質的，構造的に捉えたり，仮説を発見し課題を明確化する場合に有効とされる（高瀬, 1975；武藤, 1999）。

　本研究で事例研究法を採用する理由は以下による。イン（Yin, 1994）の言うように，「どのような」，あるいは「どのように」という制限のないオープン・エンドな課題提起に対して答える見解の場合は，対象に密着して経時的な視点から検証する必要があるためである。また，リーダーとメンバーの間の影響関係を把握するには，相互のやり取りのプロセスを時系列で追跡しなければならない。

1－1.　事例選択の基準

　事例の選択に当たっては，研究目的に沿った分析の枠組みから外れずに観察できる事例を選ばなければならない（Eisenhardt, 1989）。本研究では再生へ舵を切る学習プロセス，特に，両利きの学習に注目している。なお，再生は「他人の資本や再生支援などの専門機関，専門家集団に頼らずに組織自らの手で既存の経営資源の再構成を行うこと，そして，組織のライフサイクルを危機に陥った衰退段階から成長段階へ遷移させる組織学習プロセスである」と定義している。これに合致するだけでなく，再生の過程で雇用リストラクチャリングによる人員削減を一切行っていないこと，再生前は危機それも慢性的な状態に

138　第2部　実証研究編

陥っていた小規模かつスラックが欠如した組織であったこと，そのような状態から利用者数や生産量が底を打って上昇に向かい始めたこと，これらの条件を満たしていることが選択の基準である。なお，帰納的な分析が行え結果の説明力を高められるように，単独事例ではなく複数事例のファクト・データを収集する。

1-2.　対象の事例と分析期間

　純粋な民間組織というよりも半官半民，あるいは地域の社会的使命を担った組織における事例を取り上げる。こうした組織のほうが，自己再生の困難性は大きいと考えられるからである。具体的には，東京都が筆頭株主の「はとバス（東京都）」，地場産業の「今治タオル工業組合（愛媛県）」，鶴岡市へ移管する前の「加茂水族館（山形県）」の3つの事例である（表5-1を参照）。

　倒産寸前の危機を回避し，利用客と日々接する乗務員を中心にサービス品質の向上に取り組んだ事例（はとバス），生産が縮小する中で，産地のブランドを立ち上げようとその意義を組合員と共有していった事例（今治タオル），入館者が減り続ける状況の下で，新たな展示対象の発見とその飼育技術の開発，向上に取り組んだ事例（加茂水族館）を描く。

　分析する時期は，利用者数，生産量などで捉えた指標が底を形成した前後の数年間を対象にする。

表 5-1　事例調査の対象

	はとバス	今治タオル工業組合	加茂水族館
所在地	東京都	愛媛県	山形県
組織形態	株式会社 （東京都が筆頭株主）	産地組合	株式会社 （現在は鶴岡市立）
事業内容	観光バス，ホテル	タオルの製造・販売	水族館
再生の判断指標	利用客数	生産量	入館者数
指標のピーク	1964 年	1991 年	1968 年
指標の底	2001 年	2009 年	1997 年
リーダーの登場	1998 年	2007 年	1997 年
分析期間	1998 年～2002 年	2006 年～2008 年	1996 年～2001 年

1－3. データの収集

　主として一次データをもとに分析を行うため，半構造化のインタビュー調査を実施する。ただし，インタビューにおいては認知バイアスが生じる。それを補うために，組織内のアーカイバル・データを参考にする。加えて，公刊された資料を利用する。公刊資料もステークホルダーに配慮した部分があり，多少のバイアスはかかっている。しかし，各時点における状況の振り返りという意味ではある一定の質が担保されているため，セカンド・ベストな方法と考えられている（Barr, Stimpert & Huff, 1992）。具体的には，新聞・雑誌記事，業界紙誌，監督官庁への報告書等である。

　インタビュー調査は，関係者に対して以下の日程で行った。はとバスは，1998年から4年間社長を務めた宮端清次氏に対し半構造化インタビューを2回実施（2017年2月3日14：00〜16：40，2018年1月19日14：00〜16：00），2017年にはとバス広報室長であった永野正則氏に当時の社内の状況についてインタビューを行った（2017年4月7日10：00〜11：30）。

　今治タオル工業組合は，2006年から2009年まで組合理事長を務めた藤高豊文氏（2017年3月2日16：30〜18：00，2019年3月25日11：00〜12：00），同時期に今治タオルメッセ実行委員長を務めた近藤聖司氏（インタビュー時は組合理事長，2017年3月2日13：00〜14：30）にそれぞれ半構造化インタビューを実施した。総合プロデューサーを務めた佐藤可士和氏に事例の記述内容を確認し（2019年6月28日11：00〜11：30），その後，電子メールにてインタビューを行った（2019年7月22日）。また，組合の専務理事木村忠司氏にテレビ報道の内容等についてインタビューを行った（2017年3月2日13：00〜14：30，2018年3月1日13：00〜15：00）。

　加茂水族館は，1967年から2015年まで館長を務めた村上龍男氏に対し半構造化インタビューを2回実施（2016年9月20日13：30〜15：30，2018年3月9日11：00〜12：30），さらに電子メールにてインタビューを2回行った（2016年10月14日，2017年4月30日）。現館長の奥泉和也氏に対し半構造化インタビューを実施した（2018年3月9日13：00〜14：30）。

　事例調査の結果は，リーダーのキャリア，再生へ舵を切るプロセスを逸脱の認識段階，逸脱の増幅段階，外的環境へ働きかける段階の3段階に分けてリー

140　第2部　実証研究編

ダーとメンバーのやり取りの状況について記述している。リーダーのキャリア
とは，再生を先導する際に深く関係すると見られる経験や経歴を指している。
逸脱の認識は，組織が見落としてきた逸脱，しかも，再生の本質を突くような
逸脱を察知する段階を意味している。逸脱の増幅は，関心を引きつけメンバー
の認知的枠組みに影響を及ぼす段階を指す。外的環境への働きかけはメンバー
の学習パターンに影響を及ぼす段階を指している。各段階では，第4章1節の
図4-2で示した学習（探求）上の課題にも対応させて記述している。

　事例の記述は主としてインタビュー調査のデータ，アーカイバル・データを
もとにしながら，公刊資料により補強している。とりわけ，当時の関係者が著
した図書，再生へ舵を切っている最中に報道された関係者に対するインタ
ビュー記事を積極的に活用した。

　事例研究が指摘されてきた研究方法としてのあいまいさをできるだけ抑える
ために，次の基準に従って系統性を確保するように努めている。

① 当事者の語りや反応，洞察をテクストとして利用する。そして，a.意図
　をもった行為主体，b.相互依存関係，c.予期しなかった結果の3つの側
　面からプロセスを記述する「行為システムの環境記述様式」（沼上, 2000）
　を意識する。

　　　a.は何らかの意図や目標をもって，ある程度一貫した行為を遂行する主
　　体，b.は行為の相互依存や主体間の相互依存，c.は行為主体の予期しな
　　かった結果を指している。

② 上記の3つの側面の1つ目は，リーダーは3つの段階（逸脱の認知，逸
　脱の増幅，外的環境へ働きかける）において，どのようなプロセスを辿っ
　て行動したのかを描く。2つ目は，リーダーの行動とメンバーの学習態度
　の相互の影響関係を見えるようにする。3つ目は，リーダーやメンバーが
　驚く状況について，背景的意味を含めて記述する。

　なお，使用した公刊資料は，各事例の末尾に一括して掲げている。

第5章　研究の方法　　141

第2節　再生事例の概要

2−1. はとバスの自己再生

　はとバスは 1948 年に設立された。株主は東京都，ジェイティービー（JTB），営団地下鉄[1]，いすゞ自動車で，東京都は筆頭株主である（約 37％の株式を保有）。定期観光，貸切バス，主催旅行（募集型の企画旅行）からなる観光バス事業を主力にしてホテル事業，不動産賃貸なども行っている。1994 年に初めて赤字に転落し，その後も赤字，無配が続く。1998 年に切迫した危機的状況の中で東京都庁から宮端清次氏が新社長に就任した。就任早々，「1 年後の黒字回復，達成できなければ辞任する」と宣言した。

　当時，銀行から融資がストップすればすぐ倒産という緊急事態にあった。真っ先に，全社員の賃金カットを実施した。グループ内で赤字を出していた事業の廃止・縮小の実行と並行して，メインの観光バス事業においても，赤字路線の廃止やコースの見直しなど，メスを入れた。一方で，サービス品質の向上を推進した。

　結果的には，就任初年度から黒字を達成した。宮端氏が在任した 4 年間で累積欠損金を一掃して借金を半分にし，積立金が蓄えられるようになった。復配も果たした。しかし，観光バス事業だけを見れば，黒字回復が達成されたわけではなく，貸切バスの赤字解消はその後の社長に引き継がれた。ただ，図 5-1 が示すように，利用客数（定期観光）は底を打ち増加に転じた。はとバスの事例は宮端氏が社長を務めた 4 年間を対象にしている。

2−2. 今治タオル工業組合の自己再生

　今治タオルの生産量は 1991 年をピークにして，その後減少に転じた。中国等からの低価格輸入品による影響を大きく受けたためである。今治タオルの製造業者は今治タオル工業組合（愛媛県）に加入しているが，組合員企業は減る

1　営団地下鉄は帝都高速度交通営団を指すが，2004 年に民営化されて廃止・解散し，新たに発足した東京地下鉄株式会社に引き継がれた。

142　第 2 部　実証研究編

図 5-1　定期観光利用客数の推移（1990 年度～2009 年度）

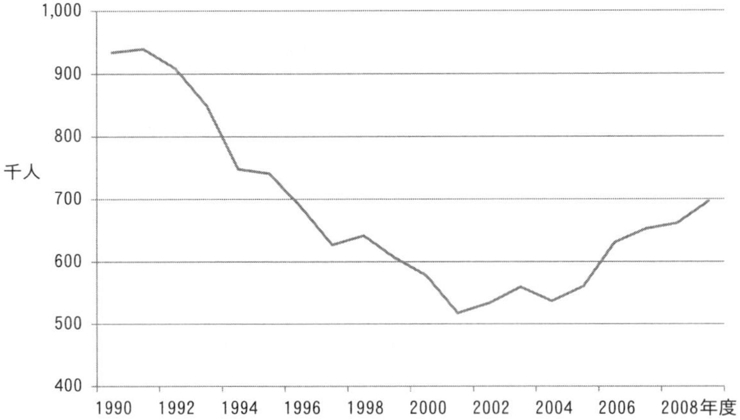

千人

出所：はとバス資料。

一方であった（2006 年，145 社）。2004 年に産地の活性化をめざし，新産地ビジョンをとりまとめ，2006 年に経済産業省の JAPAN ブランド育成支援事業に採択される。こうして，今治タオルプロジェクトはスタートした。

　初年度（2006 年度）に，今治の優れた品質を保証するシンボルとなるロゴマークを制定した。佐藤可士和氏によるデザインである。2 年目に入って，白いタオルを前面に押し出すプロモーションを展開した。白いタオルに懐疑的な組合員企業が少なくなかった。しかし，東京のデパートに売り場を設置してからは，マスコミに取り上げられる機会が増えた。テレビに放映されると問い合わせが組合事務所へ殺到した。展示会では，白いタオルの出品企業，出品点数が一気に増加した。

　とうとう，今治のタオル生産量は 2009 年を底に反転する。2008 年 9 月のリーマン・ショックに端を発した世界金融危機と重なったために反転時期が少し後にずれ込んだがその後徐々に上向いていった（図 5-2 を参照）。

　今治タオルの事例は，タオルプロジェクトが始まった 2006 年からの 3 年間を中心に，当時の今治タオル工業組合の取り組みについて記述している。

図 5-2　今治タオル生産量 (2002 年度～2016 年度)

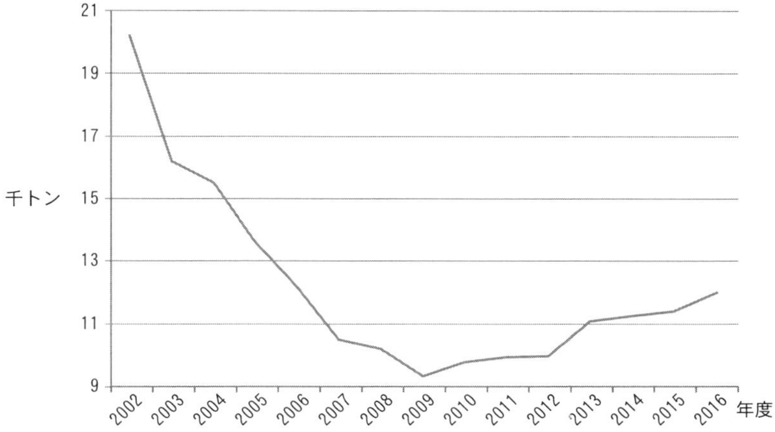

出所：今治タオル工業組合資料。

2−3.　加茂水族館の自己再生

　加茂水族館（山形県鶴岡市）は，地方にあって小規模，老朽化して資金もなく，研究体制も十分でない，悪条件が重なる危機的状況にあった。しかし，飼育の難しいクラゲの展示によって入館者数の回復を成し遂げた。調査の対象時期は，開館以来初めて入館者数が年間 10 万人を割った 1996 年頃から鶴岡市に移管するまでの 6 年間，つまり，民間会社の経営時代に焦点を当てる。

　図 5−3 に示したように，老朽化とともに入館者が減り続けて 1996 年にはついに年間 10 万人を割った。ピーク時の半分以下に落ち込み，閉館の危機に直面した。ところが，1997 年にクラゲの魅力を見出し，試験的にクラゲの展示を始めたところ評判を呼び，翌年から入館者数は増加に転じた。さらに，飼育に力を入れ，2000 年 3 月に展示数を増やして専用の展示室「クラネタリウム」を設けた。同年，クラゲの展示種類数が日本一，2005 年に世界一となった。2008 年，日本動物園水族館協会より最高の栄誉である古賀賞を受賞，2014 年 6 月にリニューアル・オープンしている。なお，2002 年に鶴岡市へ移管後，市からの補助金・委託料などは一切受けていない。水族館の収益のみで運営費を賄う独立性を堅持している。1967 年から長く館長を務めてきたのが村上龍男氏（現・名誉館長）である（2015 年 3 月に館長を退任）。

144　第2部　実証研究編

図 5-3　加茂水族館入館者数（1989年度〜2005年度）

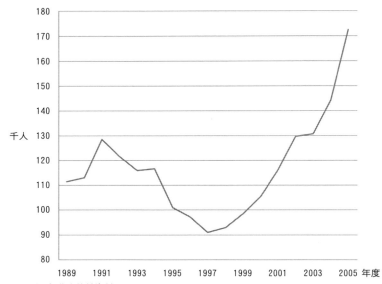

出所：加茂水族館資料。

第6章

再生事例の記述

第1節　はとバスの事例

1−1．自己再生の前段階

社長を引き受ける

　観光バス事業，ホテル事業，不動産賃貸を行ってきたはとバスの1998年6月期の連結決算は，売上高130億円，利益マイナス8億円，4年連続して赤字であった。借入は70億円にまで膨らみ，年に7回の借り換え（返すたびに借りる）をする自転車操業が余儀なくされて台所は火の車，融資が止まると即倒産という危機的状況にあった。

　1998年7月，宮端清次氏は，「社長になってはとバスを再建してほしい，ただし，都として融資はできない」と東京都のトップから打診された。宮端氏は，「勘弁してほしい，なぜなのか。」とためらうが，35年間も東京都庁で働いてきた手前，引き受けざるを得なかった。

　　「私のミッションは，はとバスを倒産させるな，という一点であった。」
　　（宮端氏）

　就任3カ月前に社長の内示を受けた宮端氏はすぐに動いた。新役員予定者8人で，出血を止める緊急対策を検討した。当時はバブル経済がはじけた不況の真っただ中で多くの企業が倒産していたが，そのほとんどは再建初年度で失敗していた。1997年には山一證券が自主廃業，北海道拓殖銀行が経営破綻するなど，絶対につぶれないと思われていた銀行，証券，保険などで破綻が相次ぎ，それまでの価値観が大きく揺らいだ。同業者の中にも，観光バス事業から

146 第2部 実証研究編

撤退するところが出てきた。

> 「経営再建はスタートダッシュが肝心。会社が潰れたら元も子もない。」
> （宮端氏）

　赤字が続く海外旅行事業からの撤退，定期昇給のストップ，乗務員の手当てをハンドル時間に変更，役職定年の実施，過去2年間連続して赤字の路線は廃止など緊急対策を作った。しかし，効果が出てくるのは半年〜1年後であった。他にも，浜松町にある営業本部を平和島の本社へ移すことを考えた。浜松町のビルの家賃は年間5,500万円。平和島に本社がありながら，これだけの家賃を払ってまで営業を特別扱いする理由はなかった。しかし，すぐにという訳にはいかない。

　これでは困るので，即効性のある対策を求めた。雇用リストラは考えなかったが，社員1割，役員2割，社長3割の賃金カットを打ち出すことにした。人件費率を50％以下に抑えるため，年間にして約5億円の削減を見込んだ。8月に，東京都庁出身の当時の社長に臨時取締役会を開いてもらい，就任前であるが9月からすぐに実施できるようにした。労働組合に倒産させないための賃金カットであることを説明すると，運転士出身の組合委員長は「その通りだ」と同意してくれた。98年9月の株主総会では，新社長として次のように決意表明した。

> 「初年度に黒字にできなかったら，辞任いたします。」（宮端氏）

　10月に就任し6月決算なので実質9か月の初年度であるが，自ら退路を断った。

　一方，融資を受けていた都市銀行の窓口は民間企業を担当する営業部であった。東京都庁を担当するのは公務部である。北海道拓殖銀行の経営破綻の例を見るまでもなく，営業部だと不良債権処理が優先されて融資を止められるかも知れない。そこで，「はとバスは公的企業であり絶対倒産させない，賃金カットも行った。」という理屈を説明して，窓口を公務部に変えてもらった。宮端

氏は社長に就任する前から，賃金カットを決断し，銀行から融資の継続を取り
つけようと奔走した。

社長就任後の1か月間

　宮端氏は就任してすぐに，社員に向けて「全社員の意識改革，徹底した合理
化，サービスの向上」を掲げた再建の基本方針を説明した。「賃金カットをす
るけれども雇用リストラはしない」，「ただし，改革について来れない人は自分
から辞めてくれ」と通告した。

　バス事業の定期観光の利用客数はピーク時の123万人／年から徐々にその数
を減らし60万人／年を割る状況であった。長い間，一路線一事業者という認
可規制に守られてきたことが，顧客視点で考える姿勢を欠いてきた。ずっとあ
ぐらをかいてきた付けが厳しい数字となって表れていた。2002年からは規制
が緩和され自由競争となることが見込まれていた。社員は，まじめなのだが，
赤字でも平気で，東京都やジェイティービー（JTB）の大株主が何とかしてく
れる，会社を潰すことはないと高をくくっていた。そこへ，いきなりの賃金
カットであった。「これは一体何事か」とびっくり仰天した。

　また，意識改革の目指す方向を具体的に示すために，名刺や封筒に
「？，！，！！」という記号を表示した。最初に問題意識を持ち，次に改革・
改善，最後に達成感を表した。名刺交換の際に話題を提供しやすいと考えたア
イデアであった。しかし，社員の間には浸透せず，総好かんを食って，2年で
止めた。

　就任早々に大株主へ挨拶まわりをしたときに，ある大株主から，「はとバス
の経営方針は何ですか」と問われた。宮端氏は答えに窮した。早速，新役員と
1週間かけて経営方針を作った。お客さま第一主義，現場重点主義，収益確保
至上主義の3つである。現場の社員には，お客さま第一主義の徹底を促した。
収益確保至上主義は売上至上から脱却し利益を重視することを指した。

　就任した10月いっぱいは，各職場に出向いて，合理化策への協力依頼とと
もに，サービスの向上を訴えた。合理化については，「会社を潰さないために
賃金カットをするし，経費削減の合理化を行う。協力してほしい。」と頭を下
げた。そうした中，運転士の班長会の席で，1人だけ，面と向かって痛烈に抗

148　第2部　実証研究編

議したベテラン運転士がいた。

> 「我々は会社の方針通り，指示通りに一生懸命働いてきた。4年間も赤字
> のまま，放っておいて，二進も三進もいかなくなったからと言って，一方
> 的に賃金カットを押しつけてくるとは何事か。一体，経営者としての責任
> はどうなっているのか。納得がいかない。」（ベテラン運転士）

　責任を厳しく指摘された宮端氏は，前の晩まで熟睡していたが，その夜から
眠れなくなった。責任の二文字が一刻も脳裏から離れなかった。700人の社員
はもちろん，その背後には1,500人の家族の生活がかかっている。社員とその
家族が安心して生活できるようにしていくのが経営者の責任で，赤字だからと
辞めて済むものではないことを初めて自覚した。
　また，サービス向上では，お客さま第一主義について，次のように説明した。

> 「今までは，'はとバス'あってのお客さまだと勘違いしていた。だから赤
> 字に陥る。今日からは，お客さまあっての'はとバス'です。お客さまか
> ら，'はとバス'なら乗ろう，'はとバス'しか乗らない，と信頼と支持を
> 得ましょう。サービスを評価するのはお客さまです。」（宮端氏）

　しかし，横を向いたり，下を向いたり，聞いていない社員が多かった。分か
らない人に挙手を求めると2割くらいが手を挙げる。実際はこの2〜3倍の人
が納得していないと感じたので，思わず次の言葉を言って見得を切った。

> 「よく分からなければ，休みの日に自腹で乗ってみてください。私は休日
> に月3回乗ります。幹部社員は月1回は乗って欲しい。」（宮端氏）

　その後，幹部も社員も乗っている気配がなかった。生え抜きの役員に愚痴を
こぼすと，社員の本音を話してくれた。

> 「定年まで働きたい社員と，天下りで来て短期間で退職金をもらって辞め

る社長は，正反対の関係です。子育ての社員，ローンを抱えた社員には賃金カットはきついし，みんな自腹で乗るような余裕はありません。」（生え抜きの役員）

赤字なら辞めるという新社長の姿勢は，観光の仕事をしたくて会社に入ってきて定年まで働きたいと思う社員とは意識がまるで違っていた。不信の目で見られ，腰掛けと見透かされていた。顧客から信頼や支持を得ることを社員に訴えても，説得力に欠けるのは当然のことであった。

宮端氏は３日間考えた。そして，社員の意識を変えていくには，「社長が変わった，本気だ」と態度，行動で示すしかないと思い立つ。

1－2．リーダーのキャリア

宮端氏は東京都庁に入庁後，新人研修として４年間，都バスの営業所で配車係などを経験した。現場では，渋滞でバスが時刻通りに来ないと利用客から文句を言われ，代わりのバスを用立てようとすると運転士から不平を言われる毎日であった。24時間勤務の日もあったが，このとき，現場の運転士や車掌，みんなと一緒に風呂に入り，一緒にご飯を食べることの大切さを教えられた。都バスの現場がどのように動いているのかを知った新人の時の経験はトラウマとなって鮮烈に覚えている。

交通局自動車部時代は，安全運転した運転士の表彰だけでなく，それを支える家族にも感謝状を贈るような制度に変えた。交通局長時代，バスに乗り込んで挨拶した経験を持つ。このときの乗客の反応は「運賃でも上げるのか」と冷ややかであった。

1－3．逸脱の認識段階
社長が変わる

11月に，まず，社長室を開放し大部屋に移る。次に，社長専用車を廃止し共用車にした。この２つは社員に一目瞭然であった。第３に，お帰り箱を設け，社長への不平不満を投書してもらい，返答することにした。第４に，社長表彰制度を設け，副賞は１万円とした。

150　第2部　実証研究編

　第5に，組織図を逆三角形に変えた。一番上にお客さま，次に第一線の乗務員，続いて営業社員，事務社員，役員，一番下は社長である。お客さま第一主義を組織図でも明確にした。部下を末端と言ったり，パートナーを業者と呼ぶことは禁句にした。それまでの慣習で呼んでいたのであるが，根底にある考え方を変えることを求めた。第6に，出発するバスの車内で社長としてお客さまに挨拶することにした。これは翌年の3月まで続けた。

　社長室の開放では，役員室の大部屋に自分のデスクを移動した。顔が見えるし電話で話していることもおおよそ分かる。自然と情報が共有でき，意思決定も早くなる。社員には社長室を開放するので自由に使用できることを伝えた。社長専用車の廃止は，社長も社員と同じ土俵に立ち，一緒に汗を流すという気持ちを示すために，専用から共用にした。社長として用事があるときは使うが，空いているときは役員も幹部社員も，自由に使えるようにした。こうして，宮端氏は往復3時間以上の電車通勤に切り替えた。それまでとは違った行動をとることで，本気度を社員に分かってもらおうと考えた行動である。

　お帰り箱は，社長に直訴する機会を作るための目安箱であった。現場の乗務員の不満を聞くためでもあった。投函された文書はすべて宮端氏が目を通し，記名の意見には必ず返事を書き，匿名には掲示板に貼り出して回答した。たとえば，乗務員らがお客さまから聞いた声や観光コースなどの問題点を投函するならば，社長がどう受け止め，どう役立てようとしているのかを直接知ることができた。

　逆三角形の組織図は，お客さま第一主義と整合させるために，お客さまと日々接している現場の社員を一番上にして，お客さまがさらにその上に位置するようにピラミッド型を逆さにした。現場にいるガイドや添乗員は，社長や役員に代わって，毎日お客さまから叱られている。お客さまに対する意識が社内で一番高いはずである。現場の社員は，会社から自分が扱われている以上には，お客さまを扱わない。そのように考えれば，現場の社員は内なるお客さまとして先端に位置づけるべきで，社長は末端でよい。こうした意識を会社内に浸透させようとした。

　また，宮端氏は，社員の名前を覚え，きみではなく，名前で呼ぶことを心掛けた。社長から名前で呼ばれて嫌な気持になる社員はおそらくいない。自分が

図 6-1　逆三角形の組織図

出所：Manning & Curtis（2002）の図を加筆修正。

一人の人間として扱われていることを自覚できる。問題は，社員の半分以上を占める乗務員はバスの車両が職場で，会社のオフィスにほとんどいないことである。現場に出向いてバスに乗り込めば乗務員に会えると考え，宮端氏自身が現場に出た。土日祝日には朝の7時に浜松町のターミナルに行き，1台，1台バスに乗り込んでお客さまに挨拶し，主催旅行（募集型の企画旅行）のバスを見送った。9時からは東京駅に移って定期観光のバスを見送った。このとき，乗務員の顔を見てネームプレートの名前を呼ぶことを繰り返して，ガイド200名，運転士170名の顔と名前を覚えた。

サービスの質を意識

11月に宮端氏がバスガイドの班長会に出て，サービス向上を呼び掛けていたときに，ベテランのガイドが発言した。

> 「社長が来てからバスの車内でお客さまに出すお茶の葉の質が落ちました。私たちは常連のお客さまから味が落ちたと苦情を言われ，肩身の狭い思いをしています。」（ベテランのガイド）

主催旅行に限り，高速道路を走行する間に緑茶を出していた。バス事業本部長に事実関係を確認すると，

> 「社長が経費の削減を求めるので，お茶の葉も安いものに変えました。」

152　第2部　実証研究編

（バス事業本部長）

　宮端氏は驚きのあまり腰を抜かしそうになった。お茶の葉の質を落とすことによって削減される経費は年間15〜20万円。すぐに指示をして，以前よりも上等なお茶を取り寄せ，仕入れた安いお茶は社員食堂で使うようにした。

　本社や間接部門は，可能な限り経費を削減してもよいが，お客さまサービスの質は，どんなに苦しい状況にあっても落としてはならない。宮端氏は，こんな大事なことも伝えずに，経費削減を要請していた自分が恥ずかしく，申し訳なく思った。それまでは経費の削減ばかりで，サービスの質のことを忘れていた。再建では徹底した合理化が必要であるが，一方で，サービスの質を上げなければならない。これを教訓にして，サービス方針を作り，すぐに実施した。

1−4.　逸脱の増幅段階
3つの品質向上

　サービス方針は3つの品質の向上を目指したものであった。1つ目は，定期観光と主催旅行の約300の路線・コースを総点検した。利用料金はそのままで，利益を削りその分で食事の品質を上げた。同時に，値段に見合わないと判断した50の路線・コースを廃止した。数の絞り込みを行って，安かろう悪かろうの安売り競争からの脱却を目指した。たとえば，大赤字が続いていた「ぐるり東京」路線を即座に廃止した。3年前に専用車両5台を投入し起死回生を図った新路線であったので異論が出たが，お客さまを無視して窓ガラスにまでペインティングをしたバスは方針に合わなかった。

　次に，新型車両10台をリースで調達した。買えば1台4,700万円であるが，お客さまが乗るバスこそがサービスの原点であると考えた。車体の色もレモンイエローに変えた。翌年以降も毎年10台を調達した。その後，お客さまにはとバスのイメージを尋ねてみると，「レモンイエローのバス」という回答が一番多く，車両そのものが大きな魅力になった。

　新型車両は，お客さまに対して快適性を向上させるだけでなく，運転士のモチベーション向上にも寄与した。運転士1〜2名に1台のバスを担当させているが，運転士はバスの運転だけでなく，車両点検や洗車も行う。「自分の車」

という意識を持つことが，運転への責任につながり，安全の確保につながる。そのため，新車を割り当てられる時が一番の喜びである。そこで，新車は，安全運転に努めて，勤務状況，バスガイドの評価などに秀でた模範的な運転士に優先的に割り当てるようにした。

3つ目は，サービス向上のためにCS（顧客満足）の勉強機会を設けた。12月から翌年3月まで，社員全員がCS研修を受講した。アルバイトを含めて800名を，20人ずつ40日間に分けた。「CSとは何か，CSを実践するとどうなるのか」が研修のテーマである。研修費用に1,000万円をかけた。それまでの研修は，職種ごとの研修であったが，CS研修は運転士，ガイドと分けずに行った。そのため，社員の横のつながりができ，その後の部署間の連携や共同作業がやりやすくなった。

ところで，CS研修を行うかどうかについては社内で議論があった。経理担当役員や他の役員は，「倒産寸前の会社にそんなお金はない」，「黒字になってから研修を考えるべきだ」，「CSはみんな知っているのではないか」と実施に反対した。役職が上の人ほどCS意識が低い割に，自分ではCSができている気になっている人が多いのも事実である。宮端氏もCSは本で読んで知っていた。また，東京都交通局時代も力を入れてきた。そのため，知っているつもりになっていたが，本質的には何も分かっていなかった。

写真 6-1　はとバスの車両
写真提供：はとバス．

「はとバスは，CSを実行していないから赤字になっている訳で，これを変えない限り黒字にならないと考えた。」（宮端氏）

　最終的には，社長が責任を負うことで社内を説得し，CS研修を強行した。なお，翌年からはCS研修を受けるのは新入社員のみとした。

社長の行動に対する反応

　11月，宮端氏が浜松町と東京駅の現場に行って，バスに乗り込もうとすると，「あなたは誰ですか，断りもなく勝手に乗車できません。」などとガイドから詰問された。マイクを持って挨拶すると，お客さまも乗務員も「きょとん」としてとまどった。乗務員にけげんな顔をされる散々のスタートであったが，それでも何度も繰り返した。

　運転士には，「必ず発車前に，お客さまに挨拶をしてくれ」ということを言い渡した。それまでは，ガイドだけが挨拶をしていたが，バスが走り始める前に，それを運転士にもやらせようとした。宮端氏が，出発するバス150台に乗り込んで挨拶する意図は，お客さまに言うよりも，横にいる運転士に見せるためであった。お客さまへの挨拶は，当時はどこのバス会社もやっていなかった。運転士たちは，「我々は運転のプロである。挨拶はガイド，添乗員の仕事だ。」と反発した。

　3カ月経ったあたりから，ガイドのほうから先に挨拶をしてきて，バスを見送るときは，「社長！今日も1日頑張ってきます」と笑顔で言われるように変わっていった。

　お客さまへの挨拶に反発していた運転士もようやく挨拶してくれるようになったが，説得するのに半年がかかった。すると，お客さまからアンケートはがきで，

　　「運転手さんが挨拶をするというのは，初めてで驚いた。」
　　「安全運転で1日行きますというのがすごくうれしい。」（アンケートはがき）

など，お褒めの言葉をもらえた。運転士たちは，自分たちがやっていることが，喜ばれ感謝されていることを肌で感じ取った。

お帰り箱の投書は，最初は個人攻撃をする不平不満の内容が多かった。半年経ったころから，

「担当したツアーは内容を盛り込みすぎて，お客さまは疲れているみたいだ。観光ポイントは絞ったほうがよいのではないか。」（乗務員の投書）

会社をよくするための提案が出始めて建設的な意見に変わってきた。宮端氏から直筆の返事をもらった社員の中には，返事を折りたたみ，お守り代わりにしたガイドもいた。

また，就任半年後のある日，すれ違った会社の廊下で，1人の運転士が話しかけてきた。

「社長，心配しないでも大丈夫，俺たちが立て直すから。」（運転士）

運転士からすすんで声をかけてもらえるような関係に変わった。

社長就任初年度の決算は 1999 年 6 月である。社員は賃金カットに耐え，一丸となって取り組んだ結果，3 億 6,300 万円の経常利益が出た。直ちに，ささやかではあるが，社員全員にボーナスを出した。8 月には，社員の家族に感謝の手紙を添えて 1 万円の商品券を贈った。

その時の様子をある運転士は次のように語っている。

「アルバイトも契約社員も乗務員もそして役員も，全員 1 万円だった。1万円という金額ではなく，すべての社員を平等に扱ってくれたことが嬉しくて，皆で頑張ろうという気持ちになった。」（運転士）

現場で働く乗務員は，自分の仕事に誇りを持ちながらも，社内ではこれまでの悪しき慣習により末端と呼ばれて，内勤で働く社員との格差を感じてきた。だからこそ，余計に感激が大きかった。

1−5. 外的環境へ働きかける段階

社長就任2年目の1999年12月から，前年度のCS研修の後を受けて，全社員サービス研修を実施した。「たかが，はとバス」から「されど，はとバス」になるためにどうすればよいか，「さすが，はとバス」とうならせるためには何をするべきか，「サービスは日本一」と言われるためにはどうすればよいかを研修テーマに掲げた。毎回，さまざまな職種の社員を織り交ぜた7〜8人ずつの4グループで討議し，問題点と対応策を出し合うものであった。

3月まで4か月間かけて全社員に実施した研修で160件の提案が生まれた。その中で高く評価された提案の1つが，「お客さまの目の位置，つまりアイポイントを上げてはどうか」というガイドからのアイデアである。眺望が良くなる上に，他社のバスの乗客を見下ろすことができ，お客さまが優越感を味わえると考えた。バスは政令で車高3.8メートルと決められている。また，座席の高さを必要以上に高くするのは，安全確保の点から難しい。可能性としては床を上げる方法しかなかったが，頭上の空間を考えると限度があった。最終的に，床を5センチ上げることで費用は1台当たり200万円余分にかかったが，毎年調達する10台のバスは床上げ方式の車両にした。

もう1つは，「踏み台を常備しておき乗降時に出し入れする」という運転士からのアイデアであった。お客さまが乗り降りする際，バスの乗降口に踏み台を置けば，楽に足が運べ，危険も少なくなると考えた。端のほうを踏んでもぐらつかない重く頑丈な踏み台にする必要があった。「重くても我々運転士がトランクから出し入れする」，「私たちも，いらっしゃいませ，いってらっしゃいませ，と声をかける」という言葉に配備を決めた。鉄製の頑丈な踏み台は1個50万円したが，150台のバスすべてに常備した。その後，この踏み台は他社の観光バスの乗客からも羨望の眼差しで見られ，はとバスのサービスの高さを示す1つの象徴となった。

出された提案については，担当部署が「実施する」「検討する」「できない」の判断をする。実施できない場合でも，提案者にその理由をきちんと回答するようにし，日々の業務に対するモチベーションに配慮した。

全社員サービス研修はその後も毎年1回行われた。たとえば，そこで出された「のんびり，ゆったり」という旅の提案をもとにして車両の充実が図られ，

定期観光に「はとまるくん」2台，主催旅行に「ピアニシモ」2台を導入した。「はとまるくん」は天井までガラス張りにした特別車両，「ピアニシモ」は女性の1人客を意識して1人掛けと2人掛けに分けた新幹線のグリーン車並みの特別車両であり，お客さまを惹きつけた[2]。

1台8,000万円する特別車両「はとまるくん」を担当することになった運転士は，うれしさのあまり，出発前の挨拶で「はとまるくん」の説明を長々と話した。

> 「このバスは世界で2台しかない特別車両で，（中略）という性能を持っていて8,000万円もするんです。」（「はとまるくん」担当運転士）

通常の運転士の挨拶は10秒足らずで終わるのだが，彼は1分以上も「自分の車」の自慢話をしたのである。このように新車両の導入は，運転士のモチベーションを大いに高めた。

また，お客さまの生の声を聞こうと，アンケートはがきをバスのドア付近に置いた。回答欄は全部自由記述にして，「旅行，サービスについてお考えをお聞かせください」というだけのアンケートである。ハガキの下部には社長の確認印の枠を設けた。書かれた不満や苦情は社長も目を通すことをお客さまに分かるようにした。

2000年にお客さまサービス推進部を設けた。サービス推進部長，社長，役員室がまずアンケートはがきを読んで，全社員に回覧する。たとえば，バスの出発前に行う運転士の挨拶。「運転手さんが挨拶するのを初めて見た」，「感動した」，「安心した」というはがきが多数寄せられた。運転士は自分たちのやったことの反応が見えれば，それが自信につながる。回答の中には「2度と乗らない」といった厳しい声もあった。お詫びが必要なはがきには，宮端氏自らが手紙を書いた。

1か月分が集まるとはがきは厚い束になる。それをもとに，社長を座長とした会議を開き，問題点はその場で解決するはがきチェック会議を制度化した。

2　完全オーダーメイドの特別車両「はとまるくん」は，2001年にグッドデザイン賞（公益財団法人日本デザイン振興会主催）を受賞した。

158　第2部　実証研究編

毎月1回，社長，専務と各部署の責任者が集まって，1つひとつの苦情について検討し，その対策について話し合った。会議は全社的課題として位置づけ，社長以下幹部社員の意識改革の場，情報の共有化を図る場になった。

お客さまサービス推進部がアンケートはがきから分析した問題点，改善点，提案をすべて一覧表に起こし，いつまでにやるのか，やらないのか，どう対応するのか，どの部署が担当するのか，結果はどうかを記し，誰もが見られる場所に貼り出した。改善すべき問題がガラス張りにされ可視化された。

アンケートはがきチェック会議やサービス研修などを通じて，CSが徐々に社内に浸透していった。社長就任4年目の2002年には，旅行新聞社主催の「プロが選ぶ優良観光バス30選」で第1位に選ばれた。それまで10位内には入っていたが下位に低迷していた。

1−6.　成長へ向かって

バスガイドはサービスの顔である。ガイドの研修は，階層別に分けた研修，全員対象のマナー研修を合わせて年間12〜13回実施されている。また，ガイドに対する感謝の言葉がどれだけあるかが把握できるアンケートはがきは，彼女らのCS意識を向上させている。たとえば，お客さまを退屈させないように説明や語りを工夫する。利用客から指摘の多い食事に対して，バスが昼食場所に近づくと連絡を入れるなど温かい食事が提供できるように気配りを行う。

安全こそ最大のサービスである。事故の芽を事前に摘むために，運転士にヒヤリハット体験を出し合ってもらうことにした。ヒヤリハットとは，運転中にヒヤリとしたりハッとした体験を指す。自分の未熟さをさらけ出すことになるので，最初は嫌がっていた運転士であったが，待ち続けると最終的に600件の事例が集まった。2002年3月，ヒヤリハット体験の冊子が完成し，それを教科書にして運転士の勉強会がスタートした。自分たちが作った資料を教科書に使うためか，思った以上に参加者が集まった。その後，事故は格段に減少した。事故と言っても死亡事故は1件も起きていない。

ところで，運転士やガイドの乗務員の控え室は本社の2階の片隅の，日当たりの悪い場所にあった。彼らは勤務時間の大半はバスの中で，オフィスに留まるのは一時的なので，暗くて狭い場所でもかまわないと考えられていたのだろ

う。組織図では乗務員が一番上で先端と位置付けても，実情は違っていた。

　宮端氏は就任から1年半後，平和島になけなしの資金で別棟の新社屋を建て，1階に運転士の控え室，2階にガイドの控え室を設けた。ロッカーは新調し，仮眠室も備えた。これまでよりも，明るくて広い控え室になった。ようやく，乗務員第一を目に見える形にすることができた。

　また，宮端氏はお客さまのニーズを知ろうと思ったら，お客さまの生の声を聞くのが一番，聞くためにははとバスに乗るのが一番の近道だと考えた。そのため，休日に自分でお金を払って，よくお客としてバスに乗った。就任早々，社員に啖呵を切ったこともあり，社長在任中，毎月はとバスに乗り続けた。自らはとバスに乗ることによって，不満や苦情は宝の山であること，それらをサービス向上に生かすことの大切さを学んだ。

　　「今までライバルは同業他社だと説明していた。2年経って，真のライバルはお客さまであることに気づいた。サービス業の原点は経営者自らがお客になることだと実感した。」（宮端氏）

　彼はお客さまの声を聞くだけでなく，お客さまと接する現場を大事にし，自ら行動することで，そこから学ぶ姿勢を貫いた。現場の班会のような小さな会議でも可能な限り顔を出した。班会といっても，ガイドだけでも20班以上ある。運転士にも，整備士にも班会がある。ありとあらゆる会議に出て，社長に対して言いたいことを聞く。また，バスに夫人と2人で乗れば，社員はお客さまとして接する。リピーターになるにつれて，だんだんと親近感が生まれ，現場の乗務員たちと仲良くなっていった。

　　「現場の人にとっては，一番印象に残っている社長ではないか。」（石川祐成氏）[3]

　宮端氏は，就任初年度に前年度8億円の赤字を3.6億円の経常黒字に回復さ

3　石川氏は，宮端氏の改革の過程で現場のマネジャーを務め，間近で仕事を見てきた。

160　第2部　実証研究編

せた。その後も毎年黒字を続け20億円以上あった累損金を4年で一掃した。また，積立金を計上し，借入金は半分にして，8年ぶりの復配を果たした。なお，就任3年後に，昇給も実施した。これらはホテル事業や不動産賃貸を含めた会社としての数字である。バス事業では定期観光利用者は2002年度から上昇に転じ始めた。しかし，価格競争が激化していた貸切バスは業績の足を引っ張ったままであった。宮端氏は2002年9月に4年間務めた社長を退任した。

　記述は北（2017）の内容をもとにして追加，修正を行っている。

はとバス事例調査の参考資料
Manning, G., & Curtis, K. (2002), *The Art of Leadership*, McGraw-Hill.
宮端清次（2003）「企業経営から得た教訓」『都政研究』36（2），4-9。
長谷川恵子（2003）「この業界の人事に学ぶ」『人事マネジメント』13（3），152-156。
宮端清次（2006）「お客様の喜びも悲しみも感動も自分のものとする」『自動車販売』44（1），18-25。
宮端清次（2008）「お茶一杯から始まったはとバスの経営改革」『公営企業』40（9），2-33。
宮端清次（2009）「ケース・スタディ「意識改革」」『都政研究』42（10），4-9。
宮端清次（2009）「はとバス再建から得た教訓」『ベストパートナー』浜銀総合研究所21（2），15-19。
宮端清次（2010）『はとバスをV字回復させた社長の習慣』祥伝社。
中野晴行（2010）『「はとバス」60年』祥伝社。
宮端清次（2012）「はとバスを潰してなるものか！と社員と共に汗と涙を流した日々」『理念と経営』77，56-61。
栗木　契・水越康介・吉田満梨（2012）『マーケティング・リフレーミング』有斐閣。
宮端清次（2014）「お茶一杯から始まったはとバスの経営改革」『りそな一れ』りそな総合研究所，12（1），34-36。
宮端清次（2014）「逆境に打ち勝つ：どん底からの復活ストーリー」『戦略経営者』29（12），14-24。
北　真収（2017）「新たな経営者が成す業績回復への布石」『岡山大学経済学会雑誌』49（1），1-21。

東洋経済オンライン（2008年9月2日）「はとバスの奇跡　愚直なサービスで業績急回復！」。

インタビュー調査
　1998年から4年間社長を務めた宮端清次氏に対し2017年2月3日14：00～16：40，2018年1月19日14：00～16：00にインタビューを実施。
　はとバス広報室長永野正則氏に対し2017年4月7日10：00～11：30にインタビューを実施。
　なお，記述内容についてはとバス広報課本田寛奈氏に確認をいただいた（2019年8月27日）。

第2節　今治タオルの事例

2−1.　自己再生の前段階

今治タオルプロジェクト

　今治市（愛媛県）はタオルの生産量は日本一で，世界の名だたるブランドのタオルもここで作られてきた。デパートの店頭に並ぶ高級タオルはほとんど今治製だが，OEM（original equipment manufacturer：相手先ブランド名生産）なので製造企業や今治の名前は一切出ない。消費者はデザイナーズ・キャラクター・ブランドに目を奪われるが，今治で作っていることはまったく知らない。つまり，今治タオルというブランドはなかった。

　今治タオル製造業者で作る今治タオル工業組合（2016年までは四国タオル工業組合，以下組合と略す）の加入企業はピーク時500社以上あった。しかし，2006年頃には，実質，145社にまで減少した。家内工業的なところも含めているので，企業間に格差があった。

　2006年5月に組合理事長に就任した藤高豊文氏は，いつかは産地今治そのものがなくなるのではないかという危機感から，「今治ブランドを作ろう，問屋に言われたものを作るのではなく，今治自身が売っていくタオルを作ろう」と発想を切り替える必要性を感じていた。しかし，組合で理事会を招集しても出席率は悪く，産地を活性化させるための意見を求めても反応がない。組合員企業には日本一のタオル産地であることへの自覚と誇りが欠けていた。

　ところが，就任直後の6月，偶然にも，経済産業省が主催するJAPANブランド育成支援事業に組合が中心になって作成した提案が採択された。組合では藤高氏らが2004年に「自ら作ったものを自ら売る」という新産地ビジョンを取りまとめており，2005年からその具現化に向けて組織づくりを進めていたところであった。そうしたことが，育成支援事業の趣旨と合致し，採択に結びついたのであった。

　JAPANブランド育成支援事業とは，地域の伝統的な技術や素材などを生かして世界に通用する新しい日本ブランドを確立しようというものであった。経

162　第2部　実証研究編

済産業省・中小企業庁が2004年度からスタートさせ，地域の商工会議所や商工会を通じてプロジェクトを助成した。デザイナーなど専門家の協力を得ながらブランドコンセプトを固める戦略策定を支援し，次いで，ブランド確立をサポートした。中小企業の海外市場進出も含めた。最長4年間，1事業年度3,000万円規模のプロジェクトに対して3分の2の金額を補助した。

　組合は採択後すぐに，日本一のタオル産地である今治を前面に打ち出し，低下した市場シェアを奪回するための「今治タオルプロジェクト」を立ち上げた。3年間にわたって承認された補助制度を活用して世界に通用する産地ブランドにしようと自立化を目指した[4]。

　今治タオルプロジェクトは，シンボルとなるロゴマークの導入，新商品開発，展示会，産地づくり，メディアプロモーションの5つの事業を推進した。中でも，今治タオルの品質を保証するロゴマークの制定とその導入は事業の核となった。初年度（2006年度）は，吸水性などの試験法を含む独自の品質基準に適合した商品に付与するシンボルであるロゴマークを制定した。また，デザイナーの指導を受けながら新たなデザインや色のタオルを作る新商品開発をスタートさせた（13社が参加）。1995年から産地イメージアップのために取り組んできた「ふわり」ブランドタオルの開発も継続された。

　なお，2006年から地域団体商標制度がスタートしたことから，組合は今治タオルを産地ブランドの正式名称とするために商標登録を申請した。しかし，「今治タオルの名前でタオルを売った実績がない」という理由で却下される。2003年から東京・銀座みゆき通りに3年間の期間限定ながらアンテナショップを設けて実績を積んできた経緯があったのでまったく納得のいかない結果であった。その後，粘り強く再度申請し直して，2007年にようやく地域団体商標登録を完了，組合が商標権を得た。

白いタオルとロゴマークの制定

　ロゴマークの制定に当たっては，今治タオルプロジェクトのコーディネーターを依頼された富山達章氏がグラフィック・デザイン界の時代の寵児である

4　3年間の助成でスタートしたが，その後，成果が認められて2009年度まで1年間延長が決まる。

佐藤可士和氏を訪ね，クリエイティブ・ディレクターへの就任を要請した。しかし，佐藤氏は，「いくら効果的な戦略を考えたとしても，それを実行できないのではないか」と不安を抱き，「この仕事を引き受けるのは無理かな」と感じた。理由の１つは，予算規模はあまりにも小さすぎたこと，２つ目は依頼主はオーナー企業でなく組合が主体であり，社長が組織を動かすような体制ではないことであった。また，今治の地名はともかく，場所は知らないしタオルにも関心がなかった。これまで行政にかかわる仕事を請けなかったし，地域ブランドに対する取り組みも経験がなかった。佐藤氏は，色よい返事が出来ずにいた。

　帰り際，富山氏が「このタオルを一度，使ってみてください」と，今治の白いタオルを置いて帰った。佐藤氏は，何気なくその白いタオルを使ってみたところ，それまで抱いていた気持ちは一瞬で覆った。

　　「驚きというより感動だった。柔らかくて，風合いが素晴らしく心地いい。
　　使っていても，体を拭くという感覚じゃない。肌に当てるだけで，タオル
　　が水気をどんどん吸い取ってくれる。真っ白な色にもクリーンな感じがあ
　　る。」（佐藤氏）

　佐藤氏は，下ろしたてのタオルは水を吸わないという印象を持っていたが，今までにない使い心地，吸水性を知って大変気に入った。これは人に勧められる商品であると感じた。サンプルの白いタオルが，運よく佐藤氏の心の琴線に触れる風合い，肌触りを持っていたのだった。

　ところで，吸水性と柔らかさに関して次のように説明されることが多い。綿の繊維の白い綿毛は，綿花の種子から伸びた表皮細胞の１つである。表面は天然の油脂分，蝋質，ペクチンが覆っており，水をはじく。このように綿繊維は水をほとんど吸わないので晒し（精錬漂白）工程で，油脂などを取り除く。また，綿繊維は天然の中空構造と撚りという綿の持つ特徴があるので，タオルは毛細管現象で水を吸い，繊維同士がしっかり絡み合って綿糸の引っ張り強度を高める。また，柔らかさを出すには，繊維１本，１本が動きやすいことが必要である。繊維表面の滑りが悪いとタオルの肌触りはごわごわした感じになる。

柔らかくするには，油脂分や蝋質などが重要になる。

　肌触りがよくて，水分もよく吸収するという両方に優れたタオルを作るのは簡単なことではない。今治の伏流水は軟水のために，晒しの工程で綿糸や生地の白度や発色を引き出すことができる。さらに，綿糸の油分と蝋質を適度に残す丁寧な加工による柔らかさと吸水性の両方の絶妙なバランスを目指して，糸選びや織りの方法などが追求されている。

　クリエイティブ・ディレクターを引き受けた佐藤氏はロゴマークの作成にとりかかった。一方，組合は最初に，今治タオルブランドの定義として次の4つの条件を満たすことを明文化した。① 組合員企業が製造，② 今治で製織・染色，③ 景品表示法による原産国表示が日本製，④ 組合が独自に定める品質基準に基づく検査に合格。品質検査は，タオル特性，染色堅牢度，物性，乳幼児基準よりも厳しいレベルの化学物質の含有量を指す有機物質の4特性について，細分化した合計12の項目により試験する。

　今治タオルは，吸水性，脱毛率，染色堅牢度，物性などに優れている。一番重視しているのは吸水性である。「タオルは買ったままでは水を吸わない」と言われる。それは，タオルを織るときに織り易くするために糸に油剤とか糊剤をつける。だから，織り上げたままのタオルは水を吸わない。大抵は，洗い加工によって糊や油を洗い落している。

　今治タオルのロゴマークを付けるには，即座に水を吸い始めるタオルであることが求められる。それは，ビーカーに張った常温水の上に1センチ角にしたタオルのチップを浮かべて，それが5秒以内に沈み始めればOKという基準のためである。品質基準の中の吸水性試験の5秒ルールは，濡れた肌に直接触れたときの使い心地を重視した，今治ならではの厳格な合格基準であった。日本タオル検査協会が定めた60秒の基準よりもはるかに厳しい。しかも，未洗濯と3回洗濯の2回の検査に両方とも合格しなくてはならない。

　このように定められた試験方法で合格基準に達したタオルのみが，今治タオルのロゴマークとネームタグを付けることができる。佐藤氏によってデザインされたロゴマークは，タオルの加工に適した豊かな自然環境をモチーフにしている。赤は太陽と地域の活力，青は海と染めに適した軟水，白はタオルの品質，そして今治の「i」を表現した。

図6-2 今治タオルのロゴマーク

提供：今治タオル工業組合。

　なお，2013年から，ロゴマークのネームタグ裏面には4桁の組合に登録されている企業番号が記され，トレーサビリティを可能にし，ブランドへの信用を担保している。今治タオルのロゴマークや商標を使用できるのは，独自の基準をクリアし製織と染晒工程を今治で行った商品のみである。

　2007年2月，今治タオルプロジェクト展を東京・南青山のスパイラルホールで開催したが，その初日，ロゴマークのプレス発表を行った。メディア関係約40社と関係機関・団体が出席した。そこには，デザイナーとのコラボにより開発したタオルや関連用品の新商品が並べられた。

　このとき，佐藤氏は「今治タオルはどこで買えるのですか」と何人かに尋ねられた。当時，東京には売り場がなかった。しかし，質問を受けるたびに1つの手応えを感じた。

2-2. リーダーのキャリア

　佐藤可士和氏は，広告代理店の博報堂を経て独立。SMAPのアートワークやキリンビール極生の商品開発，TSUTAYA TOKYO ROPPONGIのコミュニケーション展開などをはじめ，幅広く手掛けていた。

　仕事観として，ブランディングは付加ではなく本質を引き出す作業であると捉えており，「自分の仕事はロゴマークだけを作るグラフィック・デザイナー的な仕事ではない。グラフィックデザイナーという作家的側面と，アート・

166　第2部　実証研究編

ディレクターやクリエイティブ・ディレクターというプロジェクト全体をディレクションする仕事の両方をやっている。」と考えている。グラフィック・デザインを社会にどう伝えていけばよいのかという点を重要視している。

これまで，産地の仕事にかかわった経験はなかった。

2−3.　逸脱の認識段階
産地の要となる白いタオル

次の段階は，今治タオルを象徴する商品を開発し，プロモーションを行うことであった。佐藤氏がプロジェクトの要として考えた商品が白いタオルであった。特に，吸水性は，今治が独自に設けた品質基準の1つである。最初に洗濯する必要がなく，下ろしたてでもよく水を吸い，さらっとした使用感である。洗うごとに綿が膨らんでボリューム感が出て，綿本来の柔らかな風合いを引き出してくれる。吸水性に対して，それまでは組合員企業でも意識はバラバラであった。厳しい価格競争にさらされて，コスト削減のために水を吸わないタオルを作ってしまったところもあった。糸に付けられた油剤や糊剤を洗い落とす工程を省いたのである[5]。しかし，佐藤氏は自分自身が感動してクリエイティブ・ディレクターを引き受ける要因になった吸水性に着目し，白いタオルで訴求しようとした。

今治タオルのもう1つの特徴はジャカード織りである。タテ糸とパイル糸を独立してコントロールすることができる織りの技術である。しかし，佐藤氏は，それは横に置いておき，今治タオルは吸水性と使い心地を主張するべきだ，品質を語る際の最大の長所を消費者に分かりやすく伝えることが重要だと考えた。

白いタオルによって吸水性や安全性，風合いに優れた機能を強調したい。吸水性を際立たせるために，織りの特徴は表に出さないほうがよい。余計なものを一切省くことで本質的な良さを伝えられる。

白色に関して，佐藤氏の専門であるグラフィックの仕事で言えば，同じ白い紙であっても，色，厚さ，手触りなど，驚くほどの違いがあるという。身近な

5　柔軟剤で加工されたタオルも水を吸わないことが多い。

例では，初対面で交換した白い紙の名刺を見比べても，一様でなく違いがあることが分かる。白いタオルであっても，原料の綿花の種類，糸の撚り方，晒しの技術，織りの方法など各要素の組み合わせ次第で，多様な見た目，肌触りが無限に実現できる。たとえば，ヨコ糸，タテ糸，柔らかさや吸水性，保温性，通気性を生むためにループ状に織り込まれるもう１つのタテ糸であるパイル（輪奈）糸の組み合わせ方を変えると，違うタオルになる。

　佐藤氏は，色や柄を織る技術に頼らなくても，今治タオルは消費者の支持が得られると確信していた。また，これからの時代は安心，安全，高品質が求められる。それを伝えるには白しかないと考えた。そのため，「白いタオルで最高の品質のものを作ってきてください。」と組合員企業にお願いした。

組合員企業の抵抗

　佐藤氏が「白いタオルで勝負しよう」と言ったところ，組合員企業の多くは，「えーっ」という反応であった。組合内には白いタオルに対して抵抗があった。

> 「我々の感覚からすると，白いタオルというのは年賀や開店祝いで大量にただで配られる安物の代表格。そんなのっぺらぼうのタオルなんか，誰も買うわけがないというのが，当時の我々の常識だった。」（藤高氏）

> 「白いタオルといえば，銀行が顧客に配る販売促進用品のようなものだ。」
> 「白いタオルは汚れが目立つし，売れ筋にはならない。」（組合員企業）

　組合員企業には，白いタオルは安っぽいという固定観念があり，高品質とは対極にあるとみられた。

> 「展示会のブースを白いタオルで埋めると佐藤さんに言われたとき，最初は抵抗を感じた。いろんなデザインのタオルを発表するのが展示会じゃないのか。」（田中産業・田中良史氏）

「面白いところに目を付けたと思ったが，本当に白色だけなのか，白色でどこまで表現できるのか，白の次の手はあるのだろうかと不安と疑問を持った。」（コンテックス・近藤聖司氏）

「白いタオルなんて，どこが作っても一緒じゃないか」。「今治の特徴はジャカード織りであり，色や柄を強く打ち出すべきではないのか」。今治はバーバリーやセリーヌといった有名ブランドのタオルをOEMで請け負ってきた。複雑で繊細な柄を表現できる技術が今治タオルの特徴であり，そこを強く打ち出したいというのが多くの組合員企業の意見であった。

組合員企業は，色数を増やしながら，カラフルで複雑な模様を織ることを追求しており，高性能織機を保有することは差別化を図る必要条件であった。その性能を競ってさまざまな色や柄のタオルを開発している企業にとって白いタオルは予想に反していた。

組合員企業の中には，いち早く産地の危機を察知し，商品開発力や営業力を強化して独自に打開策を進めているところもあった。そんな企業は白いタオルに関心がなかった。

また，品質に適合した商品にロゴマークのネームタグを付けるには組合から商標使用料として1枚につき5円（織りネームの場合）で購入する必要があった。1円単位のコスト競争の中でタオルを作っている企業には5円は大きな出費であった。自社ブランドを持つ組合員企業はネームタグを必要としなかった。このように，多くの組合員企業がロゴマークを付けた白いタオルに消極的な反応を示した。

2−4. 逸脱の増幅段階
白いタオルの説明

佐藤氏は，白いタオルに対して組合員企業の合意が取れているものだと思っていた。ところが，プロジェクトが2年目に入る2007年4月，組合の中がまとまっていないことを初めて知らされる。

「組合員企業の全員が白いタオルに賛同している訳ではない。強硬な反対

派がいるということではないが，懐疑的な組合員企業がいる。全体を統括してもらえないだろうか。」（藤高氏）

　結局，佐藤氏はそれまでのクリエイティブ・ディレクターから全体を統括する総合プロデューサーとして組合員企業の意識改革を推進することを了承する。ただ，引き受ける条件として組合が東京に売り場を設けることを要求した。
　白いタオルに乗り気でない企業に対して，佐藤氏は次のように説明した。

　　「たとえば，食品の場合，おいしさを測る一番の基準は水です。水の品質を伝えるときに，いきなりコーヒーを淹れて出しますか。コーヒーや紅茶にして出すと，味が強いから伝わりにくくなる。」
　　「炊き立てご飯のおいしさを伝えるのに，カレーをかける必要がありますか。」
　　「タオルも同じです。いきなり濃い色や派手な絵柄を使うと，強すぎてかえって品質が分かりにくい。ベースとなる品質を伝えようとするのに，色や柄はいらない。」
　　「今治タオルの素晴らしさを，余計な要素を加えずに伝えるには，白しかないのです。」（以上，佐藤氏）

　品質に自信があるからこそ真っ白で勝負できるのだと普通に感じたことをそのまま話した。すると，「ああ，そうなのか」と理解する企業も現れ始めた。

まとまりをみせ始める
　2007 年 6 月，佐藤氏から東京での売り場を求められていた藤高氏は，出品していたインテリアライフスタイル 2007（東京ビッグサイト）の展示会場で，デパート伊勢丹のバイヤーに白いタオルのバリエーションを見せた。実は，藤高氏は OEM の仕事を通じて伊勢丹とは接点があった。意外なことに，そのバイヤーは「面白い，うちでも販売しましょう。」，売り場を設けようと言ってくれた。ただし，「佐藤可士和オリジナルデザインの今治タオルを作って，当社だけで販売したい。7 月末までに最終サンプルが欲しい。」この要求が満たさ

170　第2部　実証研究編

れるのであれば今治タオルの売り場を設置してもよいという条件付きであった。自社だけが扱える佐藤氏の作品が欲しかった訳である。

　伊勢丹の条件に合わせるには，2週間でデザインし，2週間で試作をして最終サンプルを作るというタオル業界ではあり得ないきわめてタイトなスケジュールであった。佐藤氏は，まさか自分がタオルのデザインをすることになるとは思ってもいなかった。しかし，これを承諾し，8種類のオリジナルのデザインを手掛けることになった。タオルに関しては素人であるため，テキスタイル（染織）のパターンにはないようなグラフィカルなビジュアルでデザインを考えた。

　　「シンプルでモダン，これまでにないデザインパターンで，生活の中に溶
　　け込みながらアクセントになるようなデザインを目指した。」（佐藤氏）

　このデザインは今治の企業が持つ技術をもってしても非常にハードルの高いものであった。また，1つのデザインは手を挙げた1社に製作を任せるのではなく，複数社で競い合うコンペ方式を採った。「厳しい日程，しかも難しいデザイン」という難題を突きつけられた組合であったが，売り場が確保できるのは画期的なこと，佐藤氏のデザインに全面的に応えてよい作品にしていこうという空気がみなぎった。

　9月のオープン時には，佐藤氏のデザインしたオリジナルタオルを組合員企業4社で販売用の完成品に仕上げて納品した。他にもプロジェクトの新商品開発事業で手掛けた4社の商品が売り場に並べられた。その直後には，名誉タオルソムリエがコーディネートしたハイグレードな白いタオル（11社が製作）も発表した。名誉タオルソムリエとは，さまざまな分野で活躍する著名人による今治タオルの応援団である。

　こうして，ついに，今治タオルが消費者と接触する場が東京都心のデパートで確保できることになった。ファッションフラッグ店舗として発信力がある伊勢丹新宿店に産地の販売コーナーが常設されたことは，同社として食品以外では初めてのことであった。そんな話題性もあったので，マスメディアが記事として取り上げる格好の材料になった。

また，独自のイベントとして今治タオルメッセを企画した。東京で行うべきだとの意見は多かった。しかし，同年10月，第1回今治タオルメッセを東京ではなく今治で開催した。

> 「組合員全員に下駄を履かせるために，今治でやらなければ駄目だ。」（藤高氏）

組合は1社でも多くの組合員企業に参加してもらうために，地元開催はどうしても譲れなかった。また，産地ブランドは地元からの発信が絶対に欠かせないと考えた。その結果，継続的に開発している「ふわり」ブランドの新作発表を含めて26社がオリジナルのタオルを出品した。

各社ごとのブースと並んで，「白いバスタオル」をテーマにしたコーナーには，ワッフル菓子のような凹凸をつけた「モウキューブ」や，綿菓子のような「モコモコタオル」など織り方や素材に各社が独自性を打ち出した12社20種類の商品が並べられた。バラエティに富んだ白いタオルで，柔らかさ，厚さ，肌触り，風合い，どれ1つとして同じものはなかった。色については，まぶしいほどの白，生成りっぽい白など，白色にも主張があった。

> 「各社各様の白いタオルが並ぶとそれは圧巻。圧倒された。」（組合員企業）

一方で，近藤聖司氏（その後，2013年〜2017年に組合理事長を務める）は乗り気ではなかった。近藤氏の会社（コンテックス）は，今治の多くはOEMへ移行したときに，オリジナルブランドの商品を積極的に開発し，独自の販路を全国に築いた。今治でも自力で産地の危機を乗り切るだけの体力を持った企業である。

近藤氏は，藤高氏の再三の要請によって今治タオルメッセの実行委員長を引き受けるが，展示会に出品しなかった。しかし，白いタオルが一堂に会した光景を初めて目にした時の印象をこう語っている。

> 「展示会場に並んだ白いタオルを見たときに，びっくりした。白だけで，

写真 6-2　白いタオル
写真提供：今治タオル工業組合。

ここまで強いインパクトのあるメッセージが伝えられるとは。一目見て，うちもここに商品を置きたいと思った。自社で作る白しか知らないから，バリエーションの拡がりが想像できなかった。」(近藤氏)

タオルメッセを機に，白いタオルの出品を表明する企業が徐々に増えていった。

2-5. 外的環境へ働きかける段階

　伊勢丹の常設売り場の白いタオルのラインナップには，1万円のプレミアムなバスタオルもあった。2008年1月23日放送のNHK『クローズアップ現代』の「地域再生のヒントを探せ─地場産業復活の条件─」と題した番組で，今治タオルが取り上げられた。番組は，今治を象徴する白いタオルが並べられたデパートの売り場の中で，1万円の高級タオルに注目した。冒頭から，「1枚1万円の白いタオルが売れています。吸水性，肌触りに優れているためです。」と紹介した。そして，吸水性試験の5秒ルールなどが目に見える形で解説された。

　放送後，この1万円のタオルについて「東京以外ではどこで買えるのか」という問い合わせが組合事務所に殺到した。数日間，電話が鳴り止まなかった。

組合員企業は反響の大きさに驚くとともに,

　「今まで一番高いものでも5,000円だったのに, 1万円の白でも売れる。」
（藤高氏）

という意識に変わった。これをきっかけに, 白いタオルが組合員企業に一気に受け入れられていった。

2008年（3年目）は今治タオルブランドのさらなる定着を推し進め, 白いタオルの出品企業, 出品点数が拡大した。

2008年3月, 伊勢丹新宿店のタオル売り場のリニューアルによって今治タオルコーナーを拡張, 同時に, 佐藤氏のデザインによる今治タオル第2弾の新作発表を行った。6月のインテリアライフスタイル2008（東京ビッグサイト）では, 佐藤氏の「白いタオルで埋めよう」という号令のもとに, ハイグレードな白いタオルシリーズを発表した。22社による72点の白いタオルが出品され好評を博した。

9月, 伊勢丹新宿店で第3弾となる佐藤氏デザインの新作発表を行った。10月, 今治で開催した第2回目の今治タオルメッセ2008は, 組合員の全員参加を合言葉に45社による534点（白いタオルに限定すれば23社100点）が出品される。会場内では, 白いタオルの展示や, 継続的に取り組んできた「ふわり」ブランドのデザイン公募作品が紹介された。出品企業, 出品点数が増えて, 白いタオルが組合内に定着していく（表6-1を参照）。

OEMが仕事の中心となり, 問屋依存体質となったことで, 産地である今治は消費者から忘れられていた。裏を返せば, 産地の企業は消費者を見ていなかった。白いタオルに対する固定観念は, タオルを作る側の思い込みから出てきたものであった。

組合では, 市場と接触することの重要性を意識して, 商品と消費者をつなぐ売り場の販売員の育成を目的に, タオルソムリエ資格認定制度を創設した。資格試験は2007年9月に今治, 東京, 大阪を会場にしてスタートした。資格の取得者の多くが販売に携わる人々であり, 彼らが販売促進活動をリードする役割を期待された。組合は取得者を対象に定期的に研修会を行いながら, 用途や

174　第2部　実証研究編

表6-1　主な展示会等の組合員企業の出品状況

	展示会等	場所	出品企業数	出品点数
2007年2月	今治タオルプロジェクト展	東京・南青山	7（7）	n.a.
6月	インテリアライフスタイル2007	東京ビッグサイト	7（7）	n.a.
9月	伊勢丹新宿店今治タオルコーナー	東京・新宿	19（15）	n.a.
10月	第1回今治タオルメッセ2007	テクスポート今治	26（12）	（20）
2008年6月	インテリアライフスタイル2008	東京ビッグサイト	（22）	89（72）
10月	第2回今治タオルメッセ2008	テクスポート今治	45（23）	534（100）

注1：数字は延べ数を示す（n.a.は不明）。
注2：（　）内は白いタオルについて内数で示す。
出所：今治タオル工業組合資料。

TPOに見合った消費者の感覚的なニーズの動向を共有している。また，ソムリエ同士が情報交流できるコミュニティサイト「タオルソムリエ倶楽部」を設けている。同時に，名誉タオルソムリエを認定した。さまざまな分野で活躍する著名人に今治タオルの応援団になってもらうのが趣旨である。

　　「今治の中で閉じていたことが，外に向かって開かれたと思う。」（佐藤氏）

　以前から組合員企業の技術者で構成する技能士研究会が企業間の垣根を超えて作られて，産地の技術向上のために研修や情報交換を行ってきた。2008年，優れた技術者を称え技術の継承と技術者の育成を目指して，タオルマイスター制度を発足させた。

　マスメディアに関しては，2007年から雑誌に取り上げられ，他にも，朝日新聞日曜版の特集「国産の人気，復活の兆し」（2008年7月20日掲載）やテレビ朝日の報道ステーション「"日本元気宣言"存亡の危機から奇跡の復活！タオル産地・今治の挑戦」（2009年7月2日放送）で取り上げられた。こうした特集も今治タオルの認知を高めた。

　今治タオルの認知度の変化は表6-2に示しているが，今治タオルを知っている人（今治・泉州ともに知っていた回答，今治は知っていたが泉州は知らなかった回答の合計値）は17.5％（2004年）から30.1％（2008年），51.5％（2012年）へ上昇したことが確認できる。

表 6-2　今治タオルの認知度の変化

	2004 年	2008 年	2012 年
今治・泉州とも知っていた	8.5%	11.5%	19.5%
今治は知っていたが，泉州は知らなかった	9.0%	18.5%	32.0%
記憶が何となくある	19.1%	20.1%	19.5%
泉州は知っていたが，今治は知らなかった	5.1%	4.9%	2.5%
まったく知らなかった	58.3%	44.9%	26.5%

注：調査時期は 9 月～10 月，サンプルサイズは 2004 年 n=20,565，2008 年 n=
　　12,053，2012 年は不明。
出所：四国経済産業局，今治タオル工業組合資料より作成。

　組合が払い出ししたロゴマークのネームタグは，2006 年度はわずか 6,200 枚
であったが，2007 年度 119 万枚，2008 年度 248 万枚，2009 年度 740 万枚と増
え続けた。

　プロジェクトにおける組合の取り組みが刺激となり，組合員企業自身の新商
品が増えたことも重要な点である。2012 年，産地内で大手とみなされる企業 6
社について調査した研究結果があるが，そのうちの 4 社は製品に占める自社ブ
ランド比率を増加させ OEM 比率を減らしている（塚本，2013）。少しずつだ
が，コスト競争から商品開発での競争へと変わってきている。

　　「組合員の経営状況は，プロジェクトの開始前に比べて，黒字を出せる企
　　業が増えてきた。」（藤高氏）

2-6.　成長へ向かって

　JAPAN ブランド育成支援を受けて以降 3 年間の主な出来事は表 6-3 にまと
めている。ロゴマークのネームタグの指定副資材の収益によって財源を確保で
きた組合は，その後，海外展示会，看板広告，アンテナショップ，産地の人材
育成などに積極的に取り組んだ。2012 年には，東京・南青山に念願の直営店
を設けることができた。現在，今治タオル本店，今治国際ホテル店，松山エア
ポートストアとあわせて 4 つのアンテナショップを展開中である。白いタオル
は，現在でも定番商品としてロングセラーを続けているが，南青山店の店頭の
半数は白いタオルであり，それほどに白は今治の象徴として支持されている。

176　第2部　実証研究編

表 6-3　今治タオルプロジェクトの主な出来事

		主な出来事
2006 年	6 月	JAPAN ブランド育成支援事業に採択される
		佐藤可士和氏にクリエイティブディレクターを依頼
	9 月	佐藤氏が今治を視察
2007 年	2 月	今治タオルプロジェクト展（東京・南青山）を開催
	4 月	佐藤氏に総合プロデューサーを依頼
	6 月	インテリアライフスタイル 2007 に出展
	7 月	今治タオルを商標登録
	9 月	伊勢丹新宿店に今治タオルコーナーを常設
		第 1 回タオルソムリエ資格試験を実施
	10 月	第 1 回今治タオルメッセ 2007 を開催
2008 年	1 月	NHK テレビ『クローズアップ現代』で取り上げられる
	6 月	インテリアライフスタイル 2008 に出展
	10 月	第 2 回今治タオルメッセ 2008 を開催
		第 1 回タオルマイスター叙任式を実施

出所：今治タオル工業組合資料より作成。

　今治は，日本の他の産地に比べて，国産品（made in Japan）に執着したことが，高品質のタオルを打ち出せた重要な要因の1つである。以前は，ギフト用が多く，消費者は自分で使うタオルを買っていなかった。貰い物なので，不満や苦情を言うことはなかった。また，今治は OEM のために企業名が出ないことも，消費者に耳を傾ける姿勢から遠ざけてきた。しかし，産地ブランドを作り，自社の名前が出るとなると真剣になる。また，ウェブショップなどで個人用の購入が増えると，なおさらである。

　　「ギフト用から個人用へと市場が広がり，企業間の価格競争は減ってきた。
　　よい形のライバル関係に変わりつつある。」（近藤氏）

　プロジェクトのパイロット商品になった白いタオルは，今治で作られる標準的なタオルであった。佐藤氏を感動させた白いタオルを製造した吉井タオル吉井智己氏は，次のように話している。

「産地全体のプロモーションだから，今治の平均的なタオル屋が，まじめに作れば必ずできるレベルの商品を意図的に作ったのです。」（吉井氏）

　組合は吸水性に関して独自の厳格な5秒ルールを定めたが，組合員であればどの企業も超えられる基準である。

「組合のやるべき仕事は産地今治の上に大きな傘をさしかけることです。その傘が遠くから見えればみんながその傘に注目する。すると，その下にいる企業が見えてくる。」（藤高氏）

　今治タオルのブランドは約100社が共有する産地ブランドで1企業のブランドではない。そのため，組合では2010年にブランドマニュアルを作成し，認定方法やロゴマークの使用ルールを分かりやすく解説し，企業間でブランドの価値を理解し合うよう努めている。しかし，商品品質，販売先，価格設定などの考え方が各社ごとに違い，産地ブランドとしての足並みを揃えることの難しさも実感している。

今治タオル事例調査の参考資料
佐藤可士和（2004）「ブランドの本質をデザインする」『日経ブランディング』2004-12, 68-71。
藤高豊文（2006）「巻頭言　今治タオルの現状と今後」『繊維機械学会誌』59 (11), 597-600。
藤高豊文（2008）「今治タオルのブランディング」『繊維機械学会誌』61 (8), 573-576。
佐藤可士和（2008）「インタビュー　表層を追わず本質を形にする」『Associe』2008年6月17日号, 56-59。
四国タオル工業組合（2008）『タオルソムリエニュース』vol.1, 2008年9月。
村上克美（2009）「今治タオルのグローバル化と自立化：世界一産地の復活は可能か」『松山大学論集』21 (2), 1-39。
みずほ総合研究所（2009）「今治とタオルを結びつけることから始動した「ブランド化プロジェクト」」『Fole』(76), 10-13。
平尾浩一郎・藤高豊文（2010）「インタビュー　見て・使って・五感で楽しめる今治タオル」『自動車技術会中部支部報』(66), 14-18。
全国地方銀行協会（2012）「今治タオルのブランド再建に向けた取り組み」『地銀協月報』(620), 22-35。
今治市立図書館（2013）『タオルびと　藤高豊文氏編①②③④』4月号, 5月号, 6月号, 7月号。
塚本僚平（2013）「地場産業の産地維持とブランド化：愛媛県今治タオル産地を事例として」『経済地理学年報』（経済地理学会）59 (3), 291-309。
佐藤可士和・四国タオル工業組合（2014）『今治タオル奇跡の復活　起死回生のブランド戦略』朝日

178　第2部　実証研究編

新聞出版。

四国タオル工業組合（2015）『今治タオル　120周年記念』世界文化社。

塚本僚平（2015）「今治タオルのブランド化と産地維持」『商経論叢』56（2），35-52。

いよぎん地域経済研究センター（2015）「「今治タオルプロジェクト」産地復活の軌跡を振り返る」『地銀協月報』（663），14-27。

西川良子（2016）「今治タオルプロジェクトに見る地域ブランディングの成功要因」『梅花女子大学文化表現学部紀要』12，77-92。

朝日新聞（2007年9月12日地方版）「佐藤可士和さんデザインも　今治タオルが攻勢」。

朝日新聞（2007年10月21日地方版）「タオルメッセ，盛況　21日まで新商品披露」。

NHKクローズアップ現代（2008年1月23日）「地域再生のヒントを探せ―地場産業復活の条件―」。

朝日新聞（2008年7月20日）「be on Sunday 吸水・柔軟　二兎を追うタオル／国産の人気，復活の兆し」。

今治タオル工業組合提供資料。

インタビュー調査

　2006年から2009年まで今治タオル工業組合理事長を務めた藤高豊文氏に対し2017年3月2日16：30〜18：00，2019年3月25日11：00〜12：00，調査時に組合理事長であった近藤聖司氏に対し2017年3月2日13：00〜14：30にインタビューを実施。

　総合プロデューサーを務めた佐藤可士和氏に対し2019年6月28日11：00〜11：30に事例の記述内容を確認。また，電子メールにてインタビューを行った（2019年7月22日）。

　組合の専務理事木村忠司氏に対し2017年3月2日13：00〜14：30，2018年3月1日13：00〜15：00にインタビューを実施。

　なお，木村氏には記述内容について確認をいただいた（2019年4月1日）。

第3節　加茂水族館の事例

3-1.　自己再生の前段階

前史と業界概況

　加茂水族館は，1930年に地元有志により設立された「山形県水族館」を前身とし，1964年に鶴岡市立として現在地に開館した小さな水族館である。床面積が1,200㎡ほどしかなく，日本動物園水族館協会に加盟している水族館の中で最も規模が小さくこれといった特徴のない展示内容であった。

　1967年，民間に払い下げられ名称を庄内浜加茂水族館に変更するが，4年後に親会社が入れ替わる。2002年に，再び鶴岡市に買い戻されて市営となる。2006年から鶴岡市開発公社が指定管理者になっている。民間に移管されてか

ら 2015 年まで長期にわたって館長を務めてきたのが村上龍男氏（現・名誉館長）である。

1968 年に入館者数が最高の 21 万 7 千人を記録する。しかし，1970 年後半以降は低迷し，1990 年代に入ってからは年間 10 万人程度で推移した。

ところで，日本の水族館は，他の公共施設と同様，人口減少を背景として入館者を増やすことが難しい状況になってきた。公立によるものが多く，経営的には実質赤字，補助金・委託料などを受けて何とか成り立っているのが現状である。何かをやろうとしても，組織上，水族館とは関係のない人の判断を仰ぐ必要があったり，意思決定のスピード感に欠ける。また，水族館長は以前に比べて現場出身者が減って，自治体派遣の事務職が増えている。魚類や生物のことをよく知らないので安易に他の人気館のもの真似に走ろうとする。その結果，地域における存在意義を欠くところも少なくない。人口が減少する地方にあって，身の丈以上の多額の建設費を投じた大型の水族館もあるが，その分だけ維持費がかさみ，投資の回収は容易でない。

閉館寸前の危機的状況

1970 年代，80 年代の民間時代の加茂水族館は経営の苦しかった親会社の大切な金づるであり，収益は親会社の借金の返済に充てられた。村上氏は水族館長としての経営の自由度が奪われてきたと感じていた。2002 年に鶴岡市によって買い戻されるのであるが，その 10 年以上前から，建物の老朽化の進行と親会社の水族館に対する消極的な姿勢を案じて，市と移管に向けた交渉を重ねていた。

1990 年以降は，バブル経済の崩壊や新潟，秋田など隣県に開館した大型水族館の影響を受けて入館者が減り続けた。村上氏は客足を呼び戻す手をすべて打った。他の水族館を真似て，アシカショーを開始し，当時話題のコツメカワウソなどを展示するが，何をやってもお客は増えなかった。1993 年にわずかな予算と借金を元手にして当時人気のあったラッコを導入するが期待が外れる。他の水族館では入館者が倍増したにもかかわらず，かえって借金だけを抱えた。マスコミからはラッコの神通力が効かない水族館と揶揄された。この頃は流行の展示物を追って他館の真似ばかり繰り返していた。

180　第2部　実証研究編

　　「よその水族館がやったことの後追いばかりで，真似でしかなかった。う
　　ちは金もなく，規模も小さく，内容も個性もない水族館だった。」（村上
　　氏）

　1995年，各水族館を覆面調査する一環で来訪した鳥羽水族館副館長が，「ど
こといって取るところがない，なくてもいい水族館。こんな所にもラッコがい
た。」と寸評した。入館者がわずか15分ほどで見終えて出てくるほどであっ
た。
　職員の給与は据え置かれたまま，耐震診断で危険な状態と判定されても施設
の改修や補修はできない状況が続いた。1996年には，入館者数が開館以来初
めて10万人を割った。ピーク時の半分以下に落ち込み，閉館寸前にまで追い
込まれた。築30年の古い建物なので入館者の減少はそのせいであろうとも考
えた。閉館の危機が迫って苦境に追い込まれた。

　　「正直この時は，修繕も新しい工事もできる予算がない，と万策尽きて希
　　望を失い，経営を諦めていました。」（村上氏）

　老朽化し雨漏りのする小さな水族館に人は集まらず，「いよいよ来るものが
来た」と職員みんなが覚悟した。こんな状況にあっても，村上氏は次の2つの
ことは心掛けるようにした。1つは，わずか8人の少人数の組織なので，全部
かゼロか，全員がまとまることを重視した。もう1つは，毎月初めに，朝礼を
通じて前月の経営状況を赤字であっても全員に報告し，現状を理解してもらう
ように努めた。
　幻に終わったものの，1996年～97年に鶴岡市の水族館建設計画が持ち上が
る。村上氏はわらをもつかむ思いで，その検討会に参加した。「何かこれとい
う目玉」を中心に据えた水族館を建てれば，遠くからも多くのお客さまが足を
運んでくれると考えた。しかし，その目玉が出せずじまいで，自信の持てない
提案になってしまった。結局，この計画は山形県の支援が得られず，胡散霧消
してしまう。

3－2.　リーダーのキャリアと置かれた状況
村上龍男氏
　魚釣りが好きで大学で川魚の生態を研究した村上氏は，東京の商事会社が所有する事業部門の1つの水族館を1967年から長年にわたって任されてきた。だが，水族館の収益は商事会社の新事業や負債の処理に充てられた。そのため，入館者が減ってくると，商事会社が増客のために展示物に口出しすることが多くなった。しかし，老朽化した設備の修繕・更新を行おうとはしなかった。村上氏による水族館経営の裁量権が失われていった。それでも，入館者の減少を食い止める方策を考え続ける一方で，水族館の公共性に鑑みて，鶴岡市へ移管できるかどうか，その可能性を探った。

奥泉和也氏
　小さい頃から魚釣りが大好きだった。また，実家が養豚をしており，牛も飼っていた。そうした環境の中で育った。1983年に，魚釣りができるというので，加茂水族館に就職した。クラゲに出会うまでは，アシカ，ラッコ，魚類の飼育や展示を担当していた。アシカショーの開演中は入館者の反応を間近で感じていた。

3－3.　逸脱の認識段階
　何もしないと入館者が減ってしまう。当時，流行っていたのはサンゴであった。1997年4月に，わずかな資金でサンゴを仕入れて，「生きたサンゴと珊瑚礁の魚展」の特別展示を行った。この程度で入館者が増える訳ではなかったが，「でも，何とかしなければ」という思いであった。村上氏は特別展はこれが最後だと感じていた。
　展示をして約1か月後，職員の奥泉和也氏（現・館長）はきれいにレイアウトしたサンゴ水槽をのぞいて，一瞬言葉を失った。見たこともない数ミリ（mm）の茶色い生物が集団で泳いでいた。急いで館長の村上氏を連れてきたが，その生物を知らなかった。

　「30匹ほどいましたかね。私もすぐに見に行ったけれど，何者なのかさっ

182　第2部　実証研究編

ぱり分からない。」（村上氏）

　その時，誰ひとり分かるものはいなかった。奥泉氏は「変なのがいる」で済まさなかった。彼は積極的に水族館仲間に電話で状況を説明し相談したところ，「サカサクラゲだろう，アルテミアで育つよ。」ごく普通のことだよと言わんばかりの答えが返ってきた。それを聞いた奥泉氏は小さな水槽に移し替えて魚の餌のアルテミア（昆虫や小エビに似た動物プランクトン）を根気強く与え続けた。

　実は，奥泉氏がまだ在職していなかった過去に1度同じような出会いがあった。親しい水族館からサカサクラゲを譲り受けた。しかし，興味を持って育てることができず，死なせてしまったことがあった。また，サンゴを展示したことのある水族館であればサカサクラゲに出会っているが，加茂水族館はそうした水族館に遅れて同じ経験をしたのであった。

　やがて生物が少し大きくなってきて，やっとクラゲだと分かった。サンゴの根元に付着していたサカサクラゲのポリプ（イソギンチャクのように固着して触手を広げるもの）が変態し稚クラゲが発生したのだった。稚クラゲをクラゲだと分かる職員は誰もいなかった。サカサクラゲは順調に育って傘の直径が4〜5センチ（cm），500円玉くらいになった6月ごろ，「じゃあ，試しに展示してみるか」，期待もせずに展示した。サカサクラゲは泳がないクラゲである。

　「面白い」，「かわいい」，「気持ち悪い」など，入館者の感想はさまざまであった。村上氏が水槽の後ろに回って水をかき回すと，さも泳いだように見えた。驚いたことに子供も大人もその水槽の前で立ち止まって，ワーワー，キャーキャー騒いでいる。さらにかき回すと，また歓声が上がった。それは，サカサクラゲを見つめる入館者の生き生きとした笑顔だった。ほかの展示物よりも3倍程度時間をかけて見入っていた。

　　「クラゲには他の生物にはない特別な魅力があると確信した瞬間であった。」（奥泉氏）

サカサクラゲは意外な評価を受けることになる。入館者は魚類の水槽で見せ

る反応とは違い歓声を上げて大喜びした。これまでにない反応だった。

　もっと多くのクラゲを展示して入館者に喜んでもらおう。「今の時期なら水族館前の海で泳いでいるだろう。どんなクラゲでも構わない。」職員総出で捕まえて展示した。クラゲの名前や飼育法など何も分からないまま，とにかく魚の水槽を空にして，捕まえてきたクラゲを次々と泳がした。

　ミズクラゲやアカクラゲなどを展示すると，サカサクラゲとは違ってゆらゆらと優雅に浮遊するので，その姿に入館者はさらに大喜びした。歓声を上げながら食い入るようにのぞき込んだ。半透明で柔らかく，存在感の薄い体，どこに向かって泳いでいるのか，ゆっくりとしてはっきりしない動きのクラゲ。幻想的な美しさや癒しを感じさせた。入館者の喜ぶ表情は，これまでの展示物を見るものとは明らかに違っていた。

　　「クラゲが水族館の展示物として十分に魅力があるということを，このとき初めて知ったんです。種類が違えば魅力が違い，感動が新たになります。」（村上氏）

3−4. 逸脱の増幅段階

　その後，9月にサカサクラゲが大繁殖したので，ペットボトルに入れて販売を試みた。また，地元紙の山形新聞に「学校にあげます」と記事を出して，幼稚園，小中学校，高校の30校に配り，飼育してもらった。

　偶然にも，最初に出会ったサカサクラゲは飼育や繁殖が容易で，しかも泳がないので水槽は魚類用のもので間に合った。そのため，みんなは勘違いしてクラゲの飼育は簡単だと思い込んでしまった。後で分かってくるのだが，サカサクラゲは2年近くも長生きするし，光さえ届けば餌なしでも3か月は生きる。魚類用の水槽で代用でき，勝手にどんどん繁殖する。

　ところが，採集してきたサカサクラゲ以外のクラゲは2週間も持たずに死んでしまう。短いもので数日の命である。なぜなのか理由は分からない。幸いにも，そのたびに前にある海から採集して来るのであるが，いくら採集しても間に合わない。

　そのころ，すでに江ノ島水族館（現・新江ノ島水族館）では世界に先駆け

184　第2部　実証研究編

て，繁殖させながら多種類のクラゲを切れ目なく展示する方法を確立していた。欧米の水族館も江ノ島に学びに来ていた。随分前になるが，村上氏は江ノ島水族館で見たクラゲの展示に感動を覚えた。だが，クラゲは魚類とはまったく違う。何の知識もない自分たちには飼育・展示は相当難しく，小さな水族館の手に負えるものではない。最低半年ぐらいは職員を研修に行かせて，設備資金も十分に用意しないとやれないだろうというのが本音であった。そうは思ったが，「一時的にせよクラゲの飼い方を教えてもらえないか」と頼んでみた。すると，「自分で考えるものだ」と断られた。また，「クラゲの展示は終わった」とも言われた。職員は，「自分たちだけではやれないのではないか」という不安を抱えながらも，サカサクラゲを育ててみた経験から「でも，何とかできるんじゃないか」という一縷の望みを頼りにクラゲの展示に乗り出した。

　サカサクラゲ以外のクラゲは魚類用でなく専用の水槽が必要であった。しかし，台所事情が苦しく，クラゲに賭けるかどうかでさえもはっきりしない加茂水族館には手が出ない値段であった。クラゲは体の90％以上が水で柔らかく脆弱なため，水槽の排水口に吸い込まれると傷ついて死んでしまう。すると，水槽の水を動かしたほうがよいと分かってきた。1997年から98年にかけての冬の間に，奥泉氏は魚類用の水槽を改造できないかと考えた。クラゲが排水口に吸い込まれないように魚類用の水槽を多孔板で仕切り，水槽の背面下部に多孔式の吸水シャワーパイプを取りつけ，大きく太い水流を作る図面を描いてみた。それを地元の企業に格安で試作してもらった。

　冬の海はクラゲの採集は難しく，見栄えのするようなクラゲは現れない。そこで，岩に着生したサカサクラゲのポリプと大中小の大きさに分けたサカサクラゲを展示してみた。年が明けて，1998年に埼玉県のクラゲ販売店から，タコクラゲ，ブルージェリーフィッシュなどの熱帯産のクラゲを仕入れた。3月には，4〜5種を展示することができた。自分たちで企画した展示はこれまで上手くいった試しがないので職員や周囲は冷ややかであった。しかし，予想に反して，春休みに入るとどっと入館者が押し掛けてきた。3月だけで1,000人以上の増客となった。

　「自分たちで何かを行って入館者数が増えたのは今までで初めてだった。

嬉しかった。これは，クラゲにかけるしかないと腹をくくった。」(村上氏)

村上氏は，この方向で間違いないと確信した。借金をしても返す自信が湧き，展示種類の拡大に突き進んだ。4月以降は，アカクラゲ，ビゼンクラゲ（スナイロクラゲ）など目の前の庄内浜で捕れるクラゲを展示した。試作したクラゲ水槽に海で採集したドフラインクラゲを入れたが，シャワーパイプと壁の間に引っかかって上手く泳ぐことはできなかった。その後，傘径10センチのアカクラゲを入れると，引っかからずに3か月も飼育できた。これは職員の大きな自信になった。ビゼンクラゲは2か月飼育できた。この年の入館者は9万4千人，前年よりも2,000人増えた。

「少しずつではあるが，多種のクラゲ展示の可能性が見えてきた。」(奥泉氏)

やがて，冬が来て日本海は大時化。荒れた海を見ながら村上氏と奥泉氏は，夢を語り合った。「ゆくゆくは日本一もやりたい，世界一もやりたい，クラゲ水族館を建てたい。」その時，暖かい海の水族館と仲良くできれば実力以上の展示ができるかもしれないと考えた。

写真6-3　サカサクラゲ
写真提供：加茂水族館。

186　第2部　実証研究編

　そこで，冬の間にクラゲネットワークの仲間を作って来るよう，四国や九州の水族館に奥泉氏を送り出した。研究機関や漁師，ダイバーにもその輪を広げた。まさにこの時から，加茂水族館のクラゲ展示が始まった。村上氏は真っ暗闇の海に月明りを見て希望を抱き，再出発し直そうと決めた。1999年に入って，奥泉氏は新潟県の水族館に研修に行き，ミズクラゲの繁殖法を習得した。

3−5.　外的環境へ働きかける段階
展示種類の拡大

　1999年，展示種類を増やすことを目標に掲げて，魚類用水槽を改良したクラゲ水槽を5基設置した。これで合計8基になった。クラゲ水槽は，奥泉氏が手書きで書いた図面をもとに，仙台の会社が市価よりもずっと安価で作ってくれた。クラゲは採集と購入によって展示すると同時に生物交換により他の水族館からポリプをもらい，ミズクラゲなど数種の繁殖に取り組んだ。クラゲは年間を通じて常に必要なだけ採集できるものではない。繁殖させてつないでいく必要がある。しかし，実体顕微鏡など観察に使う機材はまだ買えなかった。

　繁殖では試行錯誤をしながらも，次第に，卵は点灯して明かりを点ければどれくらいの時間で生まれるのかが分かってきた。その後，ポリプになり，餌を与える。成長したポリプはくびれて，漂い始める。こうした過程がクラゲの種類ごとに違い，教科書は存在しない。1種を解明すると，通年の展示種類が1種増える。そうした着実な一歩が職員の喜びでもあった。

　2000年，日本一の展示種類数をめざしてそれまでの特別展示室を廃止し，14基の水槽からなるクラゲ専用の展示室「クラネタリウム」を設ける。資金は村上氏個人の借り入れであった。名称は小学生からの公募で決めた。この頃から，繁殖の面白さを子供たちに伝えようと，クラゲ学習会を不定期に開催した。

　この年，とうとう，11〜12種類のクラゲを展示し，種類数が日本一多い水族館になった。クラゲに魅せられてからわずか4年目での達成である。まさに手作りの水槽や繁殖法によって，クラゲを1種類ずつ生態解明していった結果である。

　当然，日本一をアピールしたのだが，「あの水族館か，たいしたこと無いだろう」と周囲の目は冷ややかであった。他の水族館からは「本当に日本一か」

と確かめに来るほどであった。

これまでほとんど1人でクラゲにかかわってきた奥泉氏をサポートする人材の補充が懸案であったのだが，国の補正予算の緊急対策事業のおかげで年末に期限付きながら2名を採用することができた。

しかし，クラゲの展示日本一に辿りついても借金を抱えた状況は変わらず，村上氏は，「倒産という文字」から逃れることができなかった。職員が持ってきた提案はできるだけ認めてトライしてもらったが，お金に関してはわずか1万円のものを買うのも躊躇した。必要な機材の購入は殆ど不可能だった。クラゲの餌になるアルテミアでさえ「倹約してくれ」と頼んだ。

2001年，シャワーパイプの代わりに穴をあけたプラスチック板を取りつけるなどさらに改良を施した新水槽を作った。アカクラゲを展示した2m水槽は人気を集めた。また，外部から獲得した研究費で実体顕微鏡が購入できた。同時に，研究に必要な記録装置，冷蔵庫を改造した恒温箱などを揃え，繁殖のためのクラゲ研究室を設置した。念願の顕微鏡を購入して以降，飛躍的に繁殖が上手くいった。

2002年4月に鶴岡市へ移管になる。この年は水槽の水がスムーズに回転するように改良を行い，冷却できるようにした。それによって，長く飼育できるようになり，寿命の短いカブトクラゲも展示できるようになった。また，キタミズクラゲの繁殖に成功したり，世界で初めてヤナギクラゲのポリプの取得に成功した。入館者は，1999年9万9千人，2000年10万6千人，2001年11万7千人，2002年13万1千人と，徐々にではあるが増加していった。

2005年，常設展示20種以上の世界一をめざしてクラネタリウムの展示面積を倍増させる大幅な増築を行い，20基の水槽を設置した。また，鶴岡市クラゲ研究所を館内に設けた。これらの資金はすべて自前の収益で賄った。この年の入館者は17万人に達した。

繁殖に関しては，日本動物園水族館協会から，キタミズクラゲの日本初の繁殖成功によって繁殖賞（2002年），オキクラゲの世界初の累代繁殖成功により最も栄誉ある古賀賞（2008年）を受賞し，クラゲ研究において高く評価されるようになった。また，改良に改良を重ねたオリジナルの水槽は，今では加茂方式と呼ばれるクラゲ飼育用水槽となり，各地の水族館や研究所，大学などで

188 第2部 実証研究編

表6-4 クラゲの展示種類数の推移（加茂水族館）

年度	展示種類数	備　考
1997年度	2	
1998年度	4	アカクラゲを長期に飼育
1999年度	8	ビゼンクラゲを初めて自前で繁殖
2000年度	11～12（日本一）	
2001年度	11～15（日本一）	
2002年度	15～16（日本一）	キタミズクラゲの繁殖成功
2003年度	15～17（日本一）	
2004年度	15～17（日本一）	
2005年度	20（世界一）	

出所：加茂水族館資料。

使われている。

　なお，クラゲの展示種類数の推移を表6-4に示している。

苦労の連続

　最初は，採集したクラゲを展示しても，わずか2週間くらいの命だった。しかし，展示を続けるうちに少しずつ飼い方が分かってきた。クラゲが死ぬ理由も分かってきた。

　魚を飼うような四角い水槽ではクラゲが潰れたり，欠けたりする。クラゲは魚類用の水槽では飼育ができない。クラゲは泳ぐ力が弱くて無限の流れに乗っている。それを水槽の中で再現しなければならないので，水がゆったりと回転する必要がある。クラゲの粘液は濾過槽を詰まらせる。水がよどんで，クラゲが止まる時間が長ければ死んでしまう。酸素を送れば気泡が傘に入り込み，そこから傘に穴が開き致命傷になる。水槽内のわずかな突起が柔らかなクラゲのゼラチン質を痛める。サカサクラゲは底にくっついているだけだから飼うのは簡単だが，ほかのクラゲは泳がせる装置がついた専用の水槽でないと飼えない。しかし，市販のクラゲ用水槽はわずか100リットルのもので50万円～100万円と高かった。とても，クラゲ用の高価な水槽は買えなかった。

　そんな中で，①水槽を八角形にして水流を滑らかにすること，②排水口の穴は1つだとクラゲが穴にくっついてしまうため，多くの小さな穴を開けた板で

仕切ること，これがクラゲ水槽の設計のポイントであることが分かってきた。

　　「水槽が夢の中に出てきた。クラゲの飼育で頭の中が一杯だった証拠だろう。」（奥泉氏）

　給水のシャワーパイプは位置をいろいろと変えて改良した。1999年に，自作により何とかクラゲを飼うための水槽の原型ができた。その後も改良を重ね，水流を低速に抑えながらまんべんなく循環させる加茂式クラゲ水槽を完成させた。
　クラゲの展示に乗り出して2〜3年の間は，予想外のことが次々と起こった。水族館前の海で大量発生したビゼンクラゲを採集し展示したところ，その水槽は朝，電気を点けて40分もすると真っ白に濁る。開館時間を前にして水が濁り，村上氏は「何をやっているんだ」と注意するが，誰も訳が分からなかった。実体顕微鏡のある山形大学の研究室（鶴岡市）に水槽の水を調べてもらって，クラゲの放精放卵であったことを知る。
　展示種類数が日本一になった2000年，猛暑で水温が30度くらいまで上がって，展示していたクラゲがどんどん死んでしまうという事態が起きた。4〜5度水温を下げれば大丈夫なのだが，まだ，水温を下げる装置を買うほどの資金はなかった。応急措置として，登別マリンパークニクス（北海道）に泣きついてクラゲを送ってもらった。また，ある時は，展示の目玉のミズクラゲが飼育できなくなったが，原因が分からない。やがて，他のクラゲを攻撃するヒドロクラゲが繁殖していたと分かり急いで退治した。

　　「すべてが難しく，また，初めての経験で何も分からなかった。」（村上氏）

　村上氏は，職員を茨の道に誘い込んだような後ろめたさを感じて，厄介な生き物に手を出したことを何度も悔やんでいる。サンゴを展示したことのある水族館であればサカサクラゲに出会っており，加茂水族館はそうした水族館に20〜30年遅れて同じ経験をしたのである。サカサクラゲ以外のほかのクラゲは飼育が難しく，日本の水族館の展示も多くて7〜8種類である，それ以上は

190 　第 2 部　実証研究編

ないことの意味も分かってきた。

　　「最初，あのサカサクラゲを見ていた入館者の生き生きとした表情に出会
　　えたことが幾多の苦労を乗り越えさせてくれた。」(村上氏)

クラゲの繁殖

　安定した展示のためには繁殖が欠かせない。クラゲは卵からポリプというイ
ソギンチャクのようなものになり，多くのくびれができ，そこから分かれて泳
ぎ出す。最初は，生物交換により他の水族館からポリプを入手した。その後，
ミズクラゲなど数種の繁殖ができるようになった。しかし，採集により得たク
ラゲから直にポリプを摂取するのは困難をきわめた。こうした繁殖作業では，
小さな卵を見つけるために顕微鏡が必要である。しかし，展示を始めても，顕
微鏡を買うお金さえなかった。奥泉氏は仕方がないので，ポリプの着生を期待
して採集した傘径 20 センチ (cm) 前後のビゼンクラゲを水槽に入れた。水槽
の裏に透明な容器をたくさん並べて水槽の水を貯めた。もし，クラゲの受精卵
が入っていれば，容器の内側にポリプとなって付着するだろうと考えた。顕微
鏡に代わる方法はそんなやり方しかなかった。

　水槽に入れて 1 か月後，ポリプを摂取し水温 15℃ で飼育を始めたが変化が
みられない。次に，25℃ の水温で飼育すると，10 日後にエフィラ（幼生）が
得られた。エフィラは 3 か月後，傘径 8 センチ (cm) に成長した。こうして，
1999 年 10 月に初めて自前で摂取したポリプから，翌年 1 月に稚クラゲを発生
させ，生育することに成功した。自前による悲願の繁殖であった。

　　「上手くいかなくて何度も打ちのめされた。でも，難しいからこそ挑戦の
　　しがいがある。やり方を変え，何度もチャレンジしました。」(奥泉氏)

　　「何とかやり遂げたいという職員の意地に思わず涙が出た。たった 1 種で
　　も繁殖が成功したときは，本当に嬉しかった。」(村上氏)

　北海道の水族館から送ってもらったクラゲの中にキタミズクラゲがあった。

卵を産ませてポリプにしたが，なかなか稚クラゲが発生しない。「失敗したな」と諦めたころに，やっと発生した。このクラゲは他の多くのクラゲと違って，刺激を与えてから稚クラゲが発生するまで半年もかかる種類だった。以降，年に2回の繁殖をつないでいき，継続して展示が可能となった。キタミズクラゲはわずか1週間の命であり，繁殖成功の意義は非常に大きかった。前述の通り，2002年には，その累代繁殖が高く評価されて，日本動物園水族館協会から繁殖賞を受賞した。

　助言者として，クラゲ研究の第一人者であった鹿児島大学柿沼好子名誉教授（故人）を紹介されて，分からないことは電話で問い合わせた。また，繁殖の成功によって，水族館の使命でもある大切な試みが誕生した。それは，繁殖で分かったクラゲの不思議を知ってもらいたいと始めた学習会である。

　　「クラゲの繁殖法は非常に興味深く夢中にさせた。自分たちが楽しいのだ
　　から子供たちに見せたら喜ぶだろうな。」（奥泉氏）

　生きたクラゲの成長段階を子供たちに見せると，小さくても脈打つクラゲを食い入るようにのぞき込んだ。狭い繁殖室の一角で座る場所もなく，10人も入ればぎゅうぎゅうであった。それでも普段見られない生の迫力を見ることができ，大いに盛り上がった。

　2000年頃より不定期で始めたクラゲ学習会は，小学生以上を対象に水族館前の海でクラゲの採集と観察を行い，クラゲを持ち帰って，構造や刺胞（刺針）を観察している。地元の学校の理科の教員も参加した。当初，顕微鏡など観察に使用する設備がなかったので，クラゲのポリプやエフィラをそのまま見せて説明した。2001年にTVカメラ付きの実体顕微鏡などを揃えたクラゲ研究室が完成したので，ポリプなどを拡大して解説するなど本格的な学習会が行えるようになった。

3−6．成長へ向かって
オープンな姿勢
加茂水族館では，クラゲに関する経験や成果はすべて他の水族館にオープン

にしてきた。それは，こちらが何か必要とするときは助けてもらえるからである。与え与えられるという仲間づくりをしてよい協力関係を築いている。

　実は，奥泉氏が苦労の末にビゼンクラゲの繁殖に成功したとき，村上氏はその繁殖方法を宝物にして他の水族館に教えたくないと考えた。しかし，当事者の奥泉氏は秘匿することに強く反対した。結果，開示することを決心した。また，奥泉氏が工夫を重ねて完成させた加茂式クラゲ水槽は特許申請を行わず，方式を開放している。

全国へ発信

　2000年に展示種類が12種となり日本一になった。しかし，水族館の立地は孤立していて鶴岡市街から遠く不便である。また，入館者は増えてきたが，地元からの来館がほぼ一巡したためかそのペースは遅い。水族館の運営は相変わらず苦しく，何か手を打たなければ倒産するしかない状況であった。同年9月に，苦肉の策で「クラゲを食べる会」を企画する。

　秋口になるとこの庄内浜に青い丸いビゼンクラゲが泳いでくる。食用のクラゲである。当地ではクラゲを食べる習慣はなかったが，村上氏は思い切って会を催してみた。「試食はまだですが，お腹をこわさせませんから安心して食べに来てください」と，学校の先生や料理の専門家など50人に招待状を送った。このユーモアが報道関係者の心をつかんで日本中に話題として流れ，その後の入館者増に結びついた。

　食用クラゲを話題にして毎年1回ずつ行ううち，2001年以降，日本近海で大型クラゲのエチゼンクラゲが大量発生し，しばしば漁網を破るなど漁業に被害を及ぼして社会問題になった。そのたびに，エチゼンクラゲの展示だけでなく，刺身にして食べている水族館として取り上げられ，テレビ，新聞の全国的なニュースになって流れた。エチゼンクラゲは3大食用クラゲの1つでもある。

　この頃から，何か面白そうな水族館だと入館者が増え出した。それによって，水族館は倒産を免れ，過去のラッコ代も含めた借金を返すことができた。その後，2006年にレストランを改装し，エチゼンクラゲ定食として提供するが，レストランの売上が5倍になった。利益はすべてクラゲの展示拡大に投入

した。デザートではヒット商品となったクラゲアイスクリーム，お土産ではクラゲ入り饅頭，クラゲ入り羊羹などのメニューが生まれた。

村上氏のユーモアもまた，人々のクラゲに対する関心を引きつけた。

記述は北（2017）の内容をもとにして追加，修正を行っている。

加茂水族館事例調査の参考資料
村上龍男（2004）『海月：クラネタリウム』鶴岡市立加茂水族館。
奥泉和也（2008）「庄内の海からのおくりもの　クラゲ」『Blue Earth』海洋研究開発機構，96，7-8月号，18-19。
奥泉和也（2009）「鶴岡市立加茂水族館のクラゲ展示の取組について」『海洋』41（7），372-381。
奥泉和也（2009）「紹介：鶴岡市立加茂水族館のクラゲ展示」『日本ベントス学会誌』64，52-53。
奥泉和也（2009）「鶴岡市立加茂水族館～クラゲ水族館～（水産研究のフロントから）」『日本水産学会誌』75（2），297。
早川和宏（2010）「早川和宏のベンチャー発掘（134）山形県鶴岡市／鶴岡市立加茂水族館（前編）（後編）」『エルネオス』16（8-9），70-73。
加茂水族館企画編集（2012）『クラゲに取憑かれた水族館15年間の取り組み』加茂水族館。
清水量介（2013）「再生に学ぶ　加茂水族館」『週刊ダイヤモンド』101（16），112-114。
竹本昌史（2013）「地域再生の現場を行く（第162回）庄内のクラゲ水族館が快走　人出ぐんぐん，新館も建設」『経済界』48（2），140-141。
レジャー産業編集部（2013）「鶴岡市立加茂水族館」『月刊レジャー産業資料』46（8），30-32。
村上龍男・下村脩（2014）『クラゲ　世にも美しい浮遊生活』PHP新書。
相川俊英（2014）「地方自治腰砕け通信記　落ちこぼれ水族館がクラゲで世界一に変わるまで」『ダイヤモンドオンライン』第103回，7月22日。
村上龍男（2014）『無法，掟破りと言われた男の一代記：加茂水族館ものがたり』JA印刷山形。
遠藤　功（2015）「すごい現場はこう作る！　クラゲが救った三重苦水族館，奇跡の物語」『東洋経済オンライン』3月28日。
村上龍男・大西知彦（2015）「今を語る（第152回）クラゲの明かりに導かれ「掟破り」で世界一　村上龍男氏」『商工ジャーナル』41（9），62-65。
北　真収（2017）「ターンアラウンドにおける戦略的決定とその実践」『岡山大学経済学会雑誌』48（3），1-18。

北日本新聞（2011年5月23日）「ぶんぶんジュニア　生きものと生きる　加茂水族館副館長・奥泉和也さん」。
朝日新聞（2017年2月18日）「フロントランナー　鶴岡市立加茂水族館　前館長・村上龍男さん，館長・奥泉和也さん　クラゲに賭けてV字回復」。

インタビュー調査
　1967年から2015年まで館長を務めた村上龍男氏に対し2016年9月20日13：30～15：30，2018年3月9日11：00～12：30にインタビューを実施。さらに電子メールにてインタビューを2回行った（2016年10月14日，2017年4月30日）。
　現館長の奥泉和也氏に対し2018年3月9日13：00～14：30にインタビューを実施。

第7章
理論的見解の考察

第1節　事例分析の確認

　3つの事例の記述をもとにして，再生へ舵を切る経緯について注目すべき出来事を時系列で振り返ってみよう。最初に，各事例に登場するリーダーを確認しておく。はとバスは筆頭株主の東京都から社長に就任した宮端清次氏，今治タオルは総合プロデューサーを依頼されたクリエイティブの専門家である佐藤可士和氏，加茂水族館は長年にわたり館長を務めてきた村上龍男氏と職員の奥泉和也氏である。

　はとバスでは，宮端氏は就任と同時に賃金カットなどの合理化策を実行した。しかし，それだけでは縮小均衡を辿って成長が見込めないことを知る。そこで，サービスの向上を打ち出すが，掛け声だけの方針で「何をどうするのか」がまったく見えていなかった。あるとき，従来のお茶よりも安いものに変更したことによって常客から苦情を受けている現状を耳にし，組織の重大な逸脱に気づく。直ちに，経費削減とは正反対の新車両の導入など投資を行った。そして，利用客から回収したアンケートはがきをサービス向上の要に位置づけた。その後，運転士が出発前に利用客に挨拶を始めたり，多くの提案が行われる雰囲気に変わった。就任4年目には，プロが選ぶ優良観光バス（新聞社主催）の第1位に選出された。

　今治タオルでは，クリエイティブ・ディレクターを要請された佐藤氏が初めて今治タオルを使ってその吸水性や使い心地に驚いた。その後，産地の組合内をまとめる総合プロデューサーを引き受けて，白いタオルを産地の象徴として訴求することを提案する。佐藤氏は産地本来の価値が正しく伝えられていないという重大な逸脱に気づいた。しかし，アドバイザーの立ち位置からの主張で

は，組合員企業は「白いタオルは安っぽい」と冷ややかで消極的であった。産地の特徴よりも付加機能による日々の競争を優先した。ところが，展示会で白いタオルが一堂に並んだ光景を目にすると，没個性的どころか多様で個性的であることが一目瞭然となった。次第に白いタオルの出品企業が増えていった。一方，デパート（東京）に専用の売り場が設けられて従来とは違うデザインパターン（グラフィック・デザイン）に対応したタオルも生まれた。また，組合ではタオルソムリエ資格制度を設けて，販売アドバイザーの育成に力を入れた。デパートの売り場がきっかけでテレビ放映された白いタオルが大きな反響を呼び，組合内で白いタオルに対する合意が一気に進んだ。また，今治タオルの認知度は大きく上昇した。

　加茂水族館は，入館者の減少に歯止めをかけられず，他館を真似ていろんなことを試みたが上手くいかなかった。あるとき，偶然にも奥泉氏が奇妙な生き物に気づく。稚クラゲであったが，水族館であればサンゴの展示を通じて当然経験するはずのことを知らなかった。組織として逸脱していた。奥泉氏は他館と同じ経験をしてみたいという好奇心から飼育を続け，展示を試みた。そのとき，入館者が見入る態度や反応が他の展示物と随分違った。一方で，専用水槽が必要なことや飼育の困難さを痛感する。ここで諦めずに，村上氏の力強い支援を受けながら冬場に魚類用の水槽を改造して，翌年春に手作りによるクラゲの展示を行う。すると，周囲の冷ややかな予想に反して入館者が初めて増加する。間髪を容れず，展示種類の拡大に突き進み，水槽の改良と繁殖の試行錯誤を繰り返しながらも，自前で繁殖を成功させる。館内や学習会で見る子供たちの好奇心溢れる表情が職員をさらなる品種の拡大・充実へと駆り立て，4年目に展示種類で日本一を達成した。6年目には，日本動物園水族館協会から繁殖賞を受賞した。

1－1．再生の定義の確認

　本研究では，自己再生について，「他人の資本や再生支援などの専門機関，専門家集団に頼らずに組織自らの手で既存の経営資源の再構成を行って，組織のライフサイクルを危機に陥った衰退段階から成長段階へ遷移させる組織学習」と定義した。取り上げた3つの事例は長い間，利用者数や生産量の減少に

196　第2部　実証研究編

歯止めをかけられず苦境に陥っていたが，第5章の研究の方法で紹介したように，それら指標が底を打って増加に転じ，それぞれ新たなライフサイクル軌道を描き始めた。とりわけ，掲げた目標に対して次のような成果を得ることができた。サービス向上を目指したはとバスはプロが選ぶ優良観光バスで第1位，価値の正しい伝達を目指した今治タオルは認知度の上昇，展示種類の拡大を目指した加茂水族館は種類数日本一や繁殖賞受賞を実現した。どの事例も，新たな成長に向かって突き進んだことが分かる。

1-2.　学習プロセスの確認

　自己再生へ舵を切る学習プロセスは，組織の逸脱を察知する「逸脱の認識段階」，手本を示しメンバーの関心を引きつける「逸脱の増幅段階」，顧客の反応に応じようと「探求」活動に向かわせる「外的環境へ働きかける段階」という3つの段階からなると第4章の理論的フレームワークで提示した。

　利用客に提供するサービスの経費削減を行ってしまったこと（はとバス），産地本来の価値（吸水性，使い心地）が正しく伝えられていないこと（今治タオル），奇妙な生き物は自分たちが知らなかっただけのこと（加茂水族館）。このように，各事例には，外的環境と食い違う出来事が存在し，それが再生へ舵を切る発端になった。

　経費削減とは正反対の新車両の導入などサービス向上の投資を行った（はとバス），象徴として提案した白いタオルは安っぽく没個性と思われていたが，一堂に並ぶと多様で個性的なことが分かった（今治タオル），上手くいかないだろうと思われていた手作りによるクラゲの展示であったが，開館以来初めて入館者が増加した（加茂水族館）。各事例では，外的環境との食い違いを正す手本が差し示されて再生の方向づけが行われた。大方の予想とは正反対の手本であったことから，メンバーにはポジティブで大きな驚きとなった。

　はとバスでは，アンケートはがきがサービス向上の要に位置づけられて，社員から多くの提案が出されるようになった。今治タオルでは，デパート（東京）に専用の売り場を設置するとともに，タオルソムリエの資格制度を設けて情報の伝達・収集を担う販売アドバイザーの育成に力を入れた。また，テレビ放映によって問い合わせが殺到し組合内で白いタオルの支持が一気に進んだ。

加茂水族館では，館内や学習会で見る子供たちの好奇心に溢れた表情が職員を
さらなる品種の拡大・充実へと駆り立て，1種また1種と解明し自前で繁殖で
きる知識を得ていった。このように，顧客の反応がつかめるようになると，組
織は刺激を受けて新しい知識の「探求」を始める。また，向かうべき再生の方
向が次第に共有できるようになる。

　各事例は，概ね，「逸脱の認識段階」，「逸脱の増幅段階」，「外的環境へ働き
かける段階」の学習プロセスを有していることが確認できた。したがって，理
論的見解について議論を深め明確化させるには適切な対象である。

第2節　リーダーの行動

　次に，課題提起に対して示した理論的見解（第4章を参照）が，実際の事例
にどの程度当てはまるのか，齟齬があるのかどうかを含めて考察する。

2-1．リーダーの思考特性と逸脱の認識段階

　衰退した組織に逸脱が見られるのか，組織と外的環境の間の食い違いについ
て，事例記述の中からその存在を確認しておこう。

　はとバスでは，合理化の徹底とサービスの向上という方針が掲げられた。し
かし，バス事業本部長がサービス向上の意味を理解しないまま，合理化だけを
優先して現場に指示を出していた。利用客に提供するお茶の茶葉を安いものに
変更したことが常客の苦情を招いた。社長の宮端氏がガイドの班長会に初めて
出席したときにこのことを知って驚いた。サービスの経費削減という想定外の
逸脱が，本腰でサービス向上に取り組むきっかけになった。宮端氏は，その後
たびたび，雑誌のインタビューなどにおいて，「お茶一杯の大切さ」として
語っているところから事柄の重大さがうかがえる。

　今治タオルでは，色や柄の繊細さを強調するあまり，吸水性や使い心地とい
う地域独自の強みが市場や消費者に対してストレートに伝えられていないこ
と，訴求や伝達方法の拙さが逸脱に相当した。外部の専門家である佐藤氏自身
が白いタオルを使用して驚き感動した体験が，産地の良質な伏流水の恵みを活

198 第2部 実証研究編

かした白色で無地のタオルに取り組むきっかけになった。

　加茂水族館では，長年の経験学習を経る中で，当然知っているべきクラゲとの出会いを見過ごしてきた。クラゲの魅力とともに飼育の困難さについて身をもって知らなかったことが逸脱に当たった。職員の奥泉氏が特別展示のサンゴの水槽をのぞき込んで，奇妙な生き物に気づいたことがクラゲに取り組むきっかけになった。館長の村上氏は試しに展示したクラゲの反響を見逃さず機敏に行動した。

　ところで，「探求」活動は新しい知識の獲得を目的とした学習とイノベーションを意味する（Gupta *et al.*, 2006）。不規則な変化，新しい変化を指し逸脱行動とも呼ばれるゆらぎが，硬直的な均衡に陥る組織状態を避けて，新たな領域での経験，情報を生み出す「探求」活動の発端となる場合がある（工藤，2008）。各事例のリーダーは既存の組織が外的環境から見て逸脱した行動をとっており，見直すべきであると考えた。逸脱の察知は，それぞれ，サービスの向上，伏流水の恵みを受けた独自価値の訴求・伝達方法の改善，クラゲの展示飼育の開発という新しい領域の知識の「探求」へ組織を向かわせる発端となっている。

　表7-1に示したように，はとバスの宮端氏は外部から社長に就任した。今治

表7-1　リーダーによる逸脱の察知

	はとバス	今治タオル	加茂水族館
逸脱の内容	サービス向上よりも合理化が優先されたこと（利用客に提供するサービスの経費削減）	産地の強みである吸水性が上手く伝えられていないこと	水族館として当然経験するべき稚クラゲを見過ごしてきたこと
逸脱察知のきっかけ	サービス現場のガイドからの指摘	リーダー自身の使用体験	特別展示を行っていたサンゴの水槽
リーダーのキャリア	外部者（筆頭株主の東京都の幹部）	外部の専門家（クリエイティブ・ディレクター）	組織内部者
リーダーの特徴	・さまざまなアイデアを実行 ・現場スタッフとのコミュニケーションを意識 ・自らツアー参加を重ねて利用客を観察	・消費者関連の仕事の経験が豊富 ・感性に優れ，物事を深く見る目を持つ	・範囲を広げて思考し迅速に行動（村上氏） ・生き物に対する強い好奇心（奥泉氏）

出所：筆者作成。

タオルにかかわった佐藤氏は外部の専門家（クリエイティブ・ディレクター）である。加茂水族館の村上氏，奥泉氏は組織内部の人である。館長の村上氏は，長年にわたり，公立ではない民間水族館の館長を務めてきたという異色のキャリアを持つ。民間で苦労した経験があったので，奥泉氏を力強く支援できたとみられる。また，奥泉氏はアシカショーを担当するなど入館者と接し，その表情，反応を敏感に観察できる職場にいた。いわば，境界連結者である（Jemison, 1984）。境界連結者は外的環境と同質の認知的枠組みを持つと言われているように，奇妙な生き物に気づいた奥泉氏は，入館者の側から見ることができた。

　外部者，境界連結者は組織内の他のメンバーと比べて異質性がある。異質性を持った人は，1つの現象を複数の枠組みから捉えることができ，多様な知識群が生み出せる（March *et al.*, 1991）。視点が異なれば逸脱に気づきやすい。

　各事例のリーダーの思考特性に注目しよう。はとバスの宮端氏はよそ者と見られる自分自身と社員の距離感を縮めようと，社長室や社用車を廃止するなどさまざまなアイデアを考え出して実行に移した。出発するバスを見送ったり，サービス現場で行われる班長会，班会などに積極的に足を運んだ。これは，東京都交通局（都バス）での新人研修で培った乗務員に配慮する姿勢の表れである。乗務員は境界連結者でもある。今治タオルでの佐藤氏は，消費者関連の仕事の経験が豊富で，感性に富んだ表現やその伝達における専門家として物事を深く見る目，プロジェクトをディレクションするスキルを持っていた。

　宮端氏，佐藤氏は，異質性を持った外部者（アウトサイダー）であることが2人の多様な思考を説明する1つの共通点である。宮端氏は，休日にはとバスに乗って，利用客増加の課題を持ちながら自社のサービスを観察し続けた。外的環境に当たる利用客の会話や態度，行動に注目した。佐藤氏の場合はデザインは付加ではなく本質を引き出す作業だという考えを持っているからこそ，今治タオルの使用体験によりその長所に気づけたといえる。西川（2016）も，「手触りや質感だけを追求した白いタオルは，業界関係者ではない佐藤氏ならではのアイデアである」と指摘している。

　加茂水族館の村上氏はクラゲを目にした入館者の予想外の好意的な反響に接して，水槽の水をかき回したり，直ちに他のクラゲを海で捕まえて展示した

り，クラゲの繁殖を新聞記事に話題提供してその稚クラゲを地元の学校へ配布した。範囲を広げて思考して迅速に行動に移している。奥泉氏は少年時代から生き物に対する好奇心が人一倍旺盛であった。

それぞれの事例には外部者，境界連結者にかかわらず何らかの異質性を持ったリーダーが存在していた。彼らは既存の枠組みや組織内部の事情に囚われることなく疑問を抱き，異なる視点に立って物事が見られる特性を持っていた。そのため，従来のやり方を新しい方法に切り替えたり，戦略を変更するきっかけとなる逸脱が察知できた。また，逸脱に驚いてリフレクションを働かせながら再生につながる因果関係のロジックに気づいたと考えられる。

リーダーの持つ多様な思考特性が逸脱の察知に影響を与えていることがうかがえる。ただし，はとバスの宮端氏はサービスの向上を目標に掲げても，当初は，「何をどうするのか」が見出せなかった。加茂水族館の村上氏はさまざまな増客の打ち手は試みてきたが上手くいかなかった。多様な思考特性は万事において発揮される訳ではなく，ある状況や出来事に遭遇した際に瞬時にアイデアを思いつき行動に移すことができると捉えるべきであろう。

なお，同じ外部者でも，宮端氏は筆頭株主であった組織から突然指名され，ためらいながらも社長を引き受けている。そのため，毎週末にバスに乗って経験したことがない観光サービス事業を知ろうと努めた。一方，専門家である佐藤氏は産地や組合の仕事は断るつもりでいたが，タオルの使用感に感動して依頼を引き受けた。この時点で，今治の持つ長所をどのように広く人々に伝えていくかという課題に対する解決の手がかりをつかんだとみられる。多様な思考を働かせて主体的にリーダーを引き受けるパターン，引き受けた後に多様な思考が発揮できる機会を探索するパターン，2つの型があることが分かる。

以上の議論を踏まえると，第4章の理論的見解1が概ね支持されて，逸脱の認識段階におけるリーダーの思考特性は次のように解釈することができる。

リーダーは多様な考え方ができなければならない。思考の範囲を広げて，疑問を持って深く見ることにより，組織の外的環境との食い違いに気づく。それは再生の1つの手がかりになる。リーダーは，組織の外部者であるか，内部者であるかは問題ではない。

2−2. 関心の囲い込みと逸脱の増幅段階

　リーダーが示す再生のアジェンダ，手本（役割モデリング）について，各事例の記述を確認する。ここでのアジェンダ，手本はリーダーが気づいた既存組織の逸脱がベースとなっているため，組織の既成概念に囚われているメンバーから見れば逸脱した行動のように映る。サービス品質の向上（はとバス），産地の独自価値の訴求・伝達（今治タオル），クラゲの展示飼育（加茂水族館）という再生のアジェンダを描いたリーダーは，その方向性を伝えるために，模範的行動を表した手本を提示している。

　はとバスの宮端氏は，お茶に対する常客の苦情を耳にしたその場で，すぐに高級な茶葉に改めるよう指示した。その後も，バスの新車両の導入，ツアー利用客の食事のグレードをアップ，経費や効果の点で役員から反対されるが社員全員を対象にしたCS（顧客満足）研修の実施を決めた。これらの行動は賃金カットなど徹底した合理化を強いられた社員からみれば，予想外のことであり大きな驚きであった。

　今治タオルの佐藤氏は，組合員企業に白いタオルを展示出品することを提案した。吸水性を際立たせるための白であった。色や柄を強調してきた企業にとって，到底，納得できるものではなかった。「白いタオルは安物だ」というイメージを強く持っていたため無謀な提案に思えた。その後，白いタオルが展示会場に一堂に並んだ光景を目の当たりにした企業は，白色と言っても企業ごとに色づかいや織り具合が違い，多様性のあることを知った。没個性的なはずの白いタオルが，逆に，個性的であることに驚いた瞬間であった。

　加茂水族館の村上氏と奥泉氏は，クラゲに対する知識がなく，専用水槽などの設備投資がままならない状態の中で，春のシーズン開幕に合わせて数種類のクラゲを展示することを決めた。自分たちで企画した展示はこれまで上手くいった試しがないので職員や周囲は冷ややかであった。しかし，予想に反して，入館者が春休みの3月だけで1,000人以上も増えた。長い歴史の中で初めて増客を実現できたことに皆が驚いた。

　はとバスは経費の削減ではなく投資，今治タオルは没個性的ではなく個性的，加茂水族館は失敗予想に反して増客，いずれもネガティブに捉えられていた見方を対極的な形で例証してメンバーを驚かせた。シャイン（Schein, 1999）

は「変化は必ず新しい事柄の学習をともなう。そのため，学習に対する不安を低減させなければならない」と述べているが，3つの事例では後ろ向きな考え方に反してポジティブな驚きを与える手本が提示されて不安をやわらげている。

それでは，リーダーはなぜ，対極的な概念を持った手本を示せたのだろうか。

はとバスでは，賃金カットをいち早く行ったことで，単年度黒字の目処は立ち，少なくとも年度内はそれ以上の合理化を行わない方針であった。また，雇用リストラクチャリングは一切行わないことを明言した。就業条件を再調整した後であったので，一気にサービス向上へ舵を切る判断ができたとみられる。

今治タオルの佐藤氏は，それまでのグラフィックのデザインを通じて白色が決して没個性的ではなく，実は多様であって，非常に個性的であることを感じていた。そのことを，テキスタイルのデザインにも当てはめたとみられる。

加茂水族館は，前年の偶然ともいえる入館者の好反応を踏まえて，春のクラゲ展示を自分たちだけの手で実行した。村上氏は自身が過去に感じた印象から，クラゲは魅力的であるとのイメージを持っていたことも展示を後押しした。また，前年の秋に希望のあった多くの地元の学校にサカサクラゲを配布し，その生育を通じて関心を持ってもらうなど下準備を怠らず，ある程度計算された上での展示であったと推測される。

各事例では，黒字決算の手ごたえ（はとバス），リーダー自身の経験による手ごたえ（今治タオル），一定の潜在需要の手ごたえ（加茂水族館）というある種の拠り所と心理的に余裕を感じていたことが対極的な手本の生成を可能にしたと考えられる。

次に，リーダーが示した手本に対して，メンバーは認知レベルでどのように反応したのだろうか。

はとバスでは，新車両10台導入，CS研修実施などの投資を決めた。新車両の導入は賃金カットに不満を抱いていた運転士など乗務員を心機一転させ，仕事への意欲を掻き立てた。また，1,000万円，4か月をかけて社員全員を対象に職種を分けずにCS研修を実施した。「合理化の徹底とサービス向上」の方針は相反する要求を併記したために混乱を引き起こしてしまったが，上記の手

本が提示されて以降，次第に社員の間でその意味が共有されていった。

たとえば，特別車両「はとまるくん」を担当することになった運転士は，うれしさのあまり，出発前の挨拶で「はとまるくん」の説明を長々と話した。

「このバスは世界で2台しかない特別車両で，（中略）という性能を持っていて8,000万円もするんです。」

通常の運転士の挨拶は10秒足らずで終わるのだが，彼は1分以上も「自分の車」の自慢話をしたのである。新車両の導入は，運転士のモチベーションを大いに高めた。

今治タオルでは，展示ブースを白いタオルで埋めることを要請した。その後，白いタオルが会場に並べられる。

「各社各様の白いタオルが並ぶとそれは圧巻。圧倒された。」

白いタオルは安っぽくて広がりに欠けると冷ややかに見ていて，出品しなかったある企業の代表が次のように感じた。

「展示会場に並んだ白いタオルを見たときに，びっくりした。一目見て，うちもここに商品を置きたいと思った。」

これを機に，白いタオルの出品を表明する企業が増えていった。

加茂水族館では，手作りによるクラゲの展示を行った。その結果，これまで不可能だと思ってきた入館者の増客が実現できた。クラゲ展示の展望が開けてきたことを喜んだ。

「自分たちで何かを行って入館者数が増えたのは今までで初めてだった。嬉しかった。これは，クラゲにかけるしかないと腹をくくった。」

この方向で間違いないと確信し，自信を深めていった。

各事例の状況は表7-2に整理している。サービスの経費の削減から投資へ，没個性の白から個性的で多様な白へ，企画展示の失敗予想から成功へ，正反対の事柄を提起すれば組織内の意見の衝突や不一致を招く。しかし，きちんと例証を行うならばメンバーの認知を正反対の方向へ導くことができる。

メンバーは，組織の既成概念に基づいたネガティブな予想に反する手本に驚いている。驚きは認知的枠組みに影響を与える（Plutchik, 1980），また，ある種の余裕，冗長性を生み出すと考えられているが，上述の快感情をともなった語りや反応のテクストによってそのことが確認できる。逸脱の認識段階で察知

204　第2部　実証研究編

表7-2　手本の内容と認知への影響

	はとバス	今治タオル	加茂水族館
再生のアジェンダ	サービス品質の向上	産地の独自価値の訴求・伝達	クラゲの展示飼育
手本の内容	新車両を導入，CS研修を実施	展示ブースを白いタオルで埋める	自分たちの手によるクラゲの展示
対極的な視点	サービスの経費削減に反して投資	白色は没個性的という固定観念に反して個性的	入館者の減少は止められないという予想に反して増客
メンバーの認知に影響	抵抗：合理化に不満 驚き：運転士による新車両の自慢話し	抵抗：白は安物 驚き：出品しなかった企業が「やってみたい」と思う	抵抗：企画展示は成功しない 驚き：クラゲの魅力を確信し自信を深める

出所：筆者作成。

した逸脱（サービスの経費削減，色・柄が強調されて吸水性が伝えられていないこと，稚クラゲの見過ごし）を対極的に捉えた手本は，第2章3節の文献レビューで述べたように，メイヤー（Meyer, 1957）の言うメンバーを釈然とさせる逸脱であったと推察される。

　第4章の理論的見解2では，「リーダーは逸脱を手本の中に対極的に表現してメンバーを驚かせる。関心を引きつけて囲い込むとともに，心理的な余裕を引き出して「探求」に向けて準備させる。」を提示した。見解の前半部分は各事例の手本を通して確認することができる。後半部分についての解釈はどうだろうか。

　人に情報や知識を伝える状況では，事例が使われることが多い。事例には，伝えたい内容をより具体的に理解してもらうという理解支援効果と，内容に減り張りをつけて注意喚起するという動機づけ支援効果がある（海保, 2002）。注意の喚起に関して，ある属性の持つ言明をそれと対極にある属性を持つ言明に変える「概念の対極化」は，ある属性を持った言明がすでに広く受け入れられている場合には，強く関心を引きつけることができる（Davis, 1971）。また，驚きの量が大きくなるにつれて，面白いという感情・気分が大きくなる（丹羽, 1988）。

　それぞれのリーダーの示した手本はアジェンダの具体化であり，上記で示し

第 7 章　理論的見解の考察　205

た事例の持つ効果が発揮されている。しかも，その手本は組織の既成概念を対極的に扱ったもので，関心や興味を引きつけて囲い込んでいる。関心や興味は特定の対象に知的好奇心が向けられ，注意力を集中し続ける心理状態を指すが（Renninger & Hidi, 2002），それは学習の内発的な動機づけとして重要な役割を果たす。

　快感情と心理的余裕の関係に言及すると，快感情は比較的強いストレス状況下においても高頻度で生じる。その感情は目前の問題に対処するとき，広範囲の資源を取り寄せ，問題そのものというよりも，長い目で見てプラスになるような時定数の長い効果をもたらす（Isen, Johnson, Mertz & Robinson, 1985）。また，社交的になり対人関係の促進をもたらす（Lucas & Baird, 2004）。このように，快感情はゆとりや余裕，柔軟さと強く結びついている。

　組織の既成概念の対極化の事例である手本は，メンバーの関心を引きつけて囲い込んだ。そうした注意喚起により，新たな知識の「探求」が動機づけられたと考えることができる。また，第 3 章 3 節で言及したが，快感情は安心も意味し，学習不安を感じさせる「探求」に対してメンバーの気持ちをやわらげたとみられる。既に述べたように，ポジティブな驚きにより余裕，冗長性がもたらされる。

　心理的な余裕は，この段階では，はとバス，加茂水族館のほうが今治タオルよりも大きい。どの事例も予想とは正反対の手本からメンバーは非線形的な影響を受けているが，今治タオルの場合は，後述する 1 万円の白いタオルへの問い合わせが殺到してから顕著になる。つまり，手本の中がメンバーだけでなく顧客の反響の大きさも見通せる場合に心理的余裕が大きくなると考えられる（新車両，クラゲの場合は顧客の反響がすぐに見通せた）。

　以上の議論を踏まえると，逸脱の増幅段階における関心の囲い込みは最終的に次のように解釈することができる。

　リーダーは食い違いを手がかりにしてネガティブな予想とは正反対の手本を示すことにより，メンバーの関心を引きつけて囲い込む。そのときの驚きがメンバーの心理的な余裕を引き出して，彼らを新たな知識の学習へ動機づける。

206　第2部　実証研究編

2-3.　学習環境と外的環境へ働きかける段階

　第3章4節で触れたが，知識を技術知識と市場知識に分ける考え方がある
（Kogut & Zander, 1992）。

　最初に，保持する技術や資源について確認する。はとバスの既存技術は，一
路線一事業者という認可制度の下で蓄積してきた観光資源・施設とのネット
ワークや関係性，豊富な観光知識・接遇ノウハウを持ちコミュニケーション力
に優れたガイド，道路地図に詳しく安全運転に徹した運転士，ツアー商品の企
画力などである。今治タオルでは，良質な伏流水によって綿糸や生地の白度や
発色，本来持っている綿糸の柔らかさを引き出すことができる。産地の視点に
立てば，この優れた特性を最大限に活かし，強く訴求しなければならない。ま
た，早くから導入してきた複雑で繊細な色柄を表現できるジャカード織りの技
術も産地の強みである。加茂水族館の既存技術は，魚類で培った飼育・展示の
経験，偶然にも稚クラゲを生育させた経験，相談できる水族館同士の仲間であ
り，これらが頼みの綱であった。

　次に，長期にわたって低迷を続けてきた市場をどのように捉え直したのかと
いう点について確認する。

　はとバスの利用客数は東京オリンピックの1964年がピークで，それ以降減
少し続けてきた。宮端氏は高度化する非日常体験のニーズにきちんと応えて来
なかったことが原因だと考え，週末にバスに乗り観察を続けた。変化するニー
ズへどう対応するのか，メンバーの注意を市場の変化に向けようとした。

　今治タオルは，低価格輸入品による価格競争の影響を大きく受けて，バブル
経済の崩壊とともに生産量は減少の一途を辿った。佐藤氏は初めて今治タオル
を使って，その魅力に感動した。そこで，吸水性や使い心地をストレートに市
場に伝えることを目指した。「今治はタオルとしての本質的な価値を備えてい
ること」にもっと注意を向けるよう組合員企業に求めた。

　加茂水族館では，近隣で新水族館がオープンしたことや他館の展示を真似る
という同質化行動が自らの魅力を減じて，入館者数は長期にわたって下降線を
辿った。偶然にも，サンゴの展示がきっかけで稚クラゲに気づき，その展示が
魅力的であることを知る。一般の魚類には見られない幻想的な美しさや癒しを
多くの人々に感じてもらおうと，クラゲの飼育，繁殖を追求した。

第 7 章　理論的見解の考察　　207

　それでは，捉え直した領域に関する知識はどのようにして獲得したのであろうか。

　はとバスでは利用客のニーズはアンケートはがきを用いて収集した。また，初年度の CS 研修を深化させた全社員サービス研修を 2 年目以降から実施した。アンケートは自由記述式であり，意見を定量的に把握するというよりも，乗務員を中心とする社員が状況的・文脈的意味を理解したうえで，利用客に的確な行動がとれることを意識した。アンケートをもとに，毎月 1 回，改善策を話し合う会議体の制度が確立された。サンキューレターは掲示板に貼り出した。全社員サービス研修では問題点と対応策を討議し，多数の提案が生まれた。

　今治タオルでは，ロゴマークの制定・導入でプロジェクトにかかわっていた佐藤氏が，東京に売り場を確保することを条件に 2 年目から総合プロデューサーを引き受けた。直営店の開設は資金的に難しかったが，東京新宿のデパートに常設の専用売り場を設置することができた。食品以外の産地の商品では初めての売り場であり，マスコミの注目を集めることになった。売り場は半年ごとにリニューアルが行われ，その都度，新しいデザインのタオルが並べられた。また，商品の価値を消費者にきちんと説明できる販売員のアドバイザー機能を高める目的でタオルソムリエ制度を創設した。資格認定試験の合格者をタオルソムリエと呼び，彼らに対して研修会を定期的に行った。研修会はタオルの知識や情報を伝えることはもちろんだが，ソムリエから市場や消費者の情報を収集する場にもなった。

　加茂水族館では，他の水族館に研修に行って繁殖を学んだり，クラゲの仲間の輪を築いた。大学にも相談した。また，子供たちにクラゲ学習会を始めた。子供たちが新奇な生き物に興味を深められるような場を用意して，水族館本来の教育の役割を果たすと同時に，彼らのストレートな反応を大事にした。つまり，熱しやすく冷めやすい彼らを飽きさせないようにすることが自らの心理的エネルギーとなって展示種類数を拡げることができた。

　人々が参加し，相互にコミュニケーションを行い，働きかけ合い，共通の体験をする，そうした枠組みが「場」と呼ばれる。場の生成には，働きかけ意図をもって作られる経営による「場の設定」と自律的に起こる現場の人々による

208 第2部 実証研究編

「場の創発」がある（伊丹, 2005）。市場の変化, 顧客の反応に接触する場として, はとバスではアンケートはがき, 今治タオルではデパートの常設売り場やタオルソムリエを通じた研修会, 加茂水族館では子供クラゲ学習会がそれに相当した。はとバス, 今治タオルは場の設定と考えられ, 加茂水族館の場合は現場を担当していた奥泉氏による場の創発であった。

　各事例ともに, 新たに捉え直した領域に「場」を通じて保持する技術や資源を活用しようと試みた。そして, 次のような新しい知識や方法が生み出された。はとバスでは, 社員からの提案をもとにして, 床上げして利用客のアイポイント（目の位置）を上げた車両, 乗降時の踏み台, ガラス張り天井の車両, 新幹線のグリーン車に相当するような車両などが誕生した。また, ガイドは利用客に温かい食事が提供できるように気配りした。運転士は出発前に挨拶を行うようになり, ヒヤリハット体験を教科書にした安全運転の勉強会を始めた。

　今治タオルでは, 佐藤氏の白いタオルの要請に対して, 徐々に出品企業, 出品点数が増えていった。また, 組合が払い出ししたロゴマークのネームタグが119万枚（2年目）, 248万枚（3年目）, 740万枚（4年目）と増え続けた。企業ごとに漂白の加減やジャカート織りの織り方が微妙に違うところから, 多種多様な白いタオルを生み出すことができた。デパートの専用売り場のタオルは, 佐藤氏がデザインしたグラフィック・デザイン, つまり, 普段のテキスタイル・デザインではないデザインに適合したタオルを短納期で製作しなければならないこともあった。組合員企業は, 白いタオルの個性化と, 今までにないデザインパターンという両方に対して既存の技術を応用するべく精力的に取り組んだ。

　加茂水族館では, 経営的困難をきわめながらも, まず, 魚類用の水槽をもとにしてクラゲの飼育方法を考えた。クラゲ専用の水槽は高価なために買えない。そこで, 魚類用の水槽の改造を重ねて独自方式による水槽を完成させた。次に, クラゲの繁殖は魚類の場合と同じようにはいかなかった。実体顕微鏡が買えない状況であっても根気よく試行錯誤を繰り返し, とうとう自前でビゼンクラゲの繁殖に成功した。必要な機材や設備がない中で失敗して1つを学び, また失敗して別の1つを学んでいった。4年目には11〜12種類を展示できるようになり種類数で日本一を達成した。クラゲという新たな領域は既存技術と

の適合度合いが小さかったために困難を強いられるが，不断の努力が続けられた。

　各事例の状況は表7-3に整理している。第4章の理論的見解3では，「知識を市場と技術に分ける。既存技術を「活用」してメンバーの学習不安をやわらげる。他方で，新たな市場の反応に接触する仕組みを用意してそこでの「探求」を促進する。こうして，新たな領域に対する既存技術の転用が推進される。」を提示した。

　はとバスは非日常性の高度化を求めるセグメント，今治タオルは本質的価値を求めるセグメント，加茂水族館は幻想性や癒しを求めるセグメントに照準を合わせた。そして，既存の技術を従来とは違う新たな対象に移転して転用を図るというルーティンを開発した。

　これらの事例に基づけば，転用とは既存の技術を新しい市場に対応させるルーティンを開発することであると考えられる。市場と技術を組み合わせ，既存のものを活用した新しいルーティン開発であるので，「活用」だけでなく「探求」としての特徴を持っている。つまり，両利きの学習である。

　アンケートはがき（はとバス），タオルソムリエ（今治タオル），子供学習会（加茂水族館）の場を通じて，探求するべきセグメントに接触できるような状

表7-3　学習環境と行動への影響

	はとバス	今治タオル	加茂水族館
保持する技術	・観光情報やコミュニケーションに優れたガイド ・安全運転に徹した運転士 ・ツアー商品の企画力	・良質な伏流水がもたらす白度や柔らかさ ・繊細な色柄を表現するジャカード織り	・魚類の飼育・展示の知識や経験
市場の捉え直し	・非日常的空間の充実	・吸水性や使い心地の本質的価値の訴求	・幻想的な美しさや癒しの提供
市場情報の収集	・アンケートはがき	・デパートの専用売り場 ・資格を持ったタオルソムリエ	・子供クラゲ学習会 ・仲間の輪を築く
メンバーの行動に影響	・提案が増える ・床上げ車両，特別車両の提案 ・運転士の挨拶	・白いタオルの出品が増える ・グラフィックデザインにも適合したタオル	・独自のクラゲ水槽を完成 ・自前で繁殖させて展示種類を拡大（4年目に日本一）

出所：筆者作成。

210 第2部 実証研究編

況を作ること，つまり，既存技術の転用先を明確にすることが両利きの学習を可能にする。

　新しい知識の獲得を目的とした学習とイノベーションを意味する「探求」活動は，「活用」活動に比べて，不確実な結果が長時間かかって因果関係も曖昧なままで現れる。大きな成果も得られるが，不確実性に対するリスクの負担が付随する（Levinthal & March, 1993）。すでに第3章4節や第4章で述べてきたように，「探求」のリスクや学習の取り組みやすさを考えると，知識を市場と技術に切り分けた上で，既存の技術をできるだけ利用する方向（「活用」活動）を示すことによりメンバーの不安感をやわらげる必要がある。一方，利用先となる新たなアプリケーション，あるいは，新たなカテゴリーについての知識は習得，吸収（「探求」活動）しなければならない。人は，場が与えられることによって潜在的な価値観や能力を顕在化させ，他の人との相互作用を通じて創造的な活動を生み出す可能性を得ると言われるが（和田，2005），3つの事例を見る限りでは既存の技術を顧客の反応に接触させることによって新たな知識の創出につなげようとしていることがうかがえる。

　以上の議論を踏まえると，外的環境へ働きかける段階における学習環境は最終的に次のように解釈することができる。

　手本を行動に移すために，リーダーは知識を市場と技術に分け，保持する技術をどの市場に「活用」するのか，対象を絞り込む。新しい市場の知識に接触する仕組みを用意してメンバーの「探求」活動を促す。学習不安に注意を払いながら両利きの学習により転用を推進する。

2-4. リーダーとメンバーの相互の影響関係

　自己再生へ舵を切る学習プロセスにおいてリーダーの行動がメンバーの学習態度に影響を及ぼす状況について，これまでの議論を踏まえながら表7-4に整理した。

　再生において「探求」活動が学習の鍵を握っている。しかし，逸脱の認識段階では逸脱の察知，逸脱の増幅段階では組織スラック，外的環境へ働きかける段階では学習不安という「探求」活動上の課題が存在している（第3章1節を

表7-4　リーダーとメンバーの相互の影響関係

	逸脱の認識段階	逸脱の増幅段階	外的環境へ働きかける段階
「探求」活動上の課題	・逸脱の察知	・組織スラックの補充	・学習不安の低減
リーダーの行動	・組織の外的環境との食い違いに気づく	・驚きを与える手本を提示	・保持する技術の活用を考える ・市場の知識に接触する仕組みを用意
メンバーの学習態度	・食い違いに気づかない ・リーダーに冷ややか	・予想とは正反対の手本に，関心が引きつけられる ・心理的な余裕も生じる	・新たな市場への意識を高め，提案に取り組む

出所：筆者作成。

参照）。リーダーはそうした課題に対してどのように行動しているのか。次のように整理ができる。組織の外的環境との食い違いに気づき，それを手がかりにして驚きを与える手本を指し示す。保持する技術の活用を考えながら，外的環境である市場の知識に接触する仕組みを用意する。

　一方，メンバーは次のように反応する。最初，食い違いに気づいていないメンバーはリーダーの行動に冷ややかだが，逸脱の増幅段階で強く関心が引きつけられて心理的余裕を生む。また，外的環境へ働きかける段階では新たな市場への意識を高め，提案に取り組むようになる。つまり，「探求」の行動を起こす。

　時間の経過に従って，リーダーの行動が具体化，可視化してくる。それに応じて，メンバーの学習態度も変化している。リーダーのこうした行動はメンバーの認知的枠組に影響を及ぼして，「活用」を中心としてきた彼らの学習を「探求」活動へ向ける。言い換えれば，メンバーの学習パターンを変えるために，手本や仕組みの生成が強く意識されている。

　また，リーダーの持つ多様な思考特性は，再生のきっかけとなる逸脱の察知（逸脱の認識段階）はもちろんのこと，その後の逸脱の増幅段階，外的環境へ働きかける段階の行動に影響を及ぼし，驚きを与える手本や，市場知識に接触する仕組みを作り出すなど豊かな着想を生んでいる。

第3節　メンバーの学習

　第4章で示したメンバーの学習を動機づける理論的見解について，その妥当性を議論する。

　まず，3つの事例の記述を吟味する。はとバスの宮端氏は，合理化を徹底する中で社員全員を対象にCS（顧客満足）研修をスタートし，サービス向上に付随する学習への不安感をやわらげた。また，新車両を導入して，利用客へのサービス品質だけでなく乗務員の関心を引きつけ彼らを学習へ動機づけた。一方，利用客から返送されたアンケートはがきを社員全員に回覧し，「運転士の挨拶に驚き感激した」，「ガイドの語りに引き込まれた」などのサンキューレターは掲示板に貼り出した。

　今治タオルでは，佐藤氏が要請した白いタオルに対して懐疑的な企業が少なくなかった。しかし，一堂に並んだ光景を見て多様性に富み個性的であることに驚く。出品しなかった企業に，「うちもやってみたい」と思わせた。また，デパートに専用売り場を確保してマスコミに数多く取り上げられるが，中でも，テレビ放映された1万円の白いタオルが大きな反響を呼び，組合事務所に問い合わせが殺到した。白いタオルに込められた産地独自の価値が消費者に伝わりつつあることを組合員全員が確信した。

　加茂水族館の村上氏が主導し奥泉氏が手掛けたクラゲの展示は，開館以来初めてとなる増客を実現した。不可能と思われていたことを可能にしたことが大きな自信となって，クラゲの飼育・繁殖へ突き進んだ。繁殖の様子を伝えるために始めたクラゲ学習会で食い入るようにのぞき込む子供たちの表情は好奇心に溢れていた。

　どの事例もメンバーが予想とは正反対の手本に驚いて心理的にポジティブな影響を受けた様子がうかがえる。また，サンキューレター（はとバス），問い合わせの殺到（今治タオル），子供たちの好奇心溢れる表情（加茂水族館）といった顧客からの嬉しい反応が，好意の返報性となって多くの提案（はとバス），高品質で多種多様な白いタオル（今治タオル），自前繁殖による多種類化

（加茂水族館）という新たな知識の学習を促進した。

　そうして，外部からは次のように評価されるようになった。はとバスでは，宮端氏の社長就任4年目に「プロが選ぶ優良観光バス30選」で第1位に選ばれた。その後も，連続して第1位を獲得した。今治タオルでは，認知度の調査で今治の認知が17.5%（2004年）から30.1%（2008年），51.5%（2012年）へ向上した。加茂水族館は，クラゲに取り組み始めて6年目に日本動物園水族館協会から繁殖賞を受賞した。なお，12年目には同協会で最も栄誉ある古賀賞に輝いている。各事例の状況は表7-5に整理している。

　第4章の理論的見解4では，「メンバーはリーダーの示す手本をみて驚き，関心を持つ。また，顧客の好意に返報行動をとる。組織内外の関係を通じてもたらされる快感情がメンバーの安心感を醸成する。そのことが自己効力感を高めて，新しい知識の学習，すなわち，「探求」活動を促す。」を提示した。

　周りの人から受容されているという安心感である他者受容感が先に形成されて，その後の過程で自己効力感を促進すると指摘されているが（桜井, 1997），事例ではリーダーが示した手本から受けた驚き，顧客から返ってくる嬉しい反応，いずれも快感情がもたらされている。ポジティブ気分は安心を意味する。つまり，リーダーや顧客から受容されているという安心感が形成される。こうした他者受容感が自己効力感を高めて学習を促進している状況が読み取れる。自己効力感は学習意欲を高めること（Schunk, 1982）や，自己効力感を持った

表7-5　メンバーの学習の動機づけ

	はとバス	今治タオル	加茂水族館
快感情をもたらす源泉	・新車両の導入 ・利用客からのサンキューレター	・白いタオルの多様さ ・1万円の白いタオルの問い合わせが殺到	・クラゲの展示で初めて増客 ・子供学習会の好奇心あふれる表情
メンバーの行動に影響	・提案が増える ・床上げ車両，特別車両の提案 ・運転士の挨拶	・白いタオルの出品が増える ・高品質なタオルの商品化に拍車がかかる	・独自のクラゲ水槽を完成 ・自前で繁殖させて展示種類を拡大（4年目に日本一）
外部による評価	・プロが選ぶ優良観光バスで第1位	・産地の認知度が向上	・日本動物園水族館協会の繁殖賞，古賀賞を受賞

出所：筆者作成。

214　第2部　実証研究編

行動が認められ励まされればさらに努力をして成功の機会を高めること（Bandura, 1977）が指摘されている。メンバーの自己効力感はリーダーが手本を示す役割モデリングと信念を説くフレーム調整からも生まれるとされるが（Shamir *et al.*, 1993），本事例の場合は，リーダーだけでなく顧客，つまり，組織の内部と外部という複数の他者から影響を受けている。

　快感情とは別に，理解の促進という観点から捉えることもできる。たとえば，文章の理解には，最も浅い逐語的理解，次にテクストベース理解，最も深い状況モデルによる理解の3つの水準がある。たとえば，図は状況モデルを外的に表現したもので，状況モデルを築いて文章理解を促進する（Kintsch, 1998）。

　はとバスでは抽象的で曖昧なために理解が浅かった「サービスの向上」を新車両の導入，今治タオルの「吸水性，使い心地」という独自性を白いタオル，加茂水族館の探し求めてきた「魅力的な展示物」をクラゲの展示，それぞれが手本を示した。つまり，文章や言葉のためにそれまで意味が伝わりにくかったものを現物という状況モデルに置き換えて学習を促進した。3つの事例はこうした重要性を教えてくれている。

　また，ウェンガー（Wenger, 1990, 1998）は透明性（transparency）と不透明性（opaqueness）を相対的な関係で捉えている。たとえば，業務マニュアルは，職員がすべきことを漏れがなく記述している。しかし，その手順がなぜそうでなければならないかということは職員には見えない。マニュアルは業務の構造を職員に対して不可視にしているが，基本的には，よりよい透明性が確保される必要がある。この議論に基づけば，ただ単に情報に接するのではなく，「なぜそうなのか」と理由を確認できて，腑に落ちるような状況が作られる必要があり，そうした状況であればメンバーによる情報の意味や背景の理解が進む。

　顧客の反応が見えることは重要であるが，ただ見えるだけではなく，その文脈的な意味や背景を把握できるかが問題である。はとバスでは状況的意味をつかめるように自由記述式のアンケート，今治タオルはデパートの専用売り場や資格を持つタオルソムリエからのフィードバック情報，加茂水族館は子供学習会での直接のやり取り，それぞれの方法を通じて反応に対する理解の促進を

図っている。

　組織内での透明性に関しては，アンケートはがきを社員全員に回覧（はとバス），なぜ白いタオルなのかをリーダー自らが水やご飯の例を使って組合員企業に説明（今治タオル），毎月の経営状況を赤字であっても職員全員に報告（加茂水族館）が行われていたことを付記する。リーダーがメンバーの理解の促進に配慮したことは，彼らの新しい知識の学習に影響を与えた可能性がある。

　以上の議論を踏まえると，メンバーの学習の動機づけは最終的に次のように解釈することができる。

　メンバーはリーダーの示す予想とは正反対の手本を見て心理的にポジティブな影響を受ける。また，顧客から好意的な反応があると意欲が掻き立てられる。リーダーや顧客からもたらされる快感情がメンバーの安心感を醸成し，そのことにより自己効力感が高まって新たな知識の学習が促進される。また，メンバーの文脈的な意味や背景の理解が進めばさらに促進される。

第4節　「探求」についての解釈

4−1．両利きの学習における「探求」

　ここまでは，自己再生へ舵を切るプロセスは「探求」と「活用」の両利きの学習生成プロセスであるという見方から，新たな市場へ既存の技術を移転する転用についても指摘してきた。加えて，転用における「探求」と「活用」の関係，手本の提示のあり方と「探求」の関係について理解を深めておきたい。

　3つの事例は新たな市場領域の知識を「探求」し，そこに既存技術を「活用」しようとした。はとバスは，非日常性の高度化を求める利用客層を既存技術の改善，つまり「活用」によって切り開こうとした。今治タオルは，吸水性や使い心地という本質的価値を求めるセグメントを既存技術の表現方法の工夫，つまり「活用」によって開発しようとした。デパートが今治タオル専用の常設売り場を設けたのも，従来型のテキスタイル・デザインではなく，佐藤氏による

目新しいデザイン，つまりグラフィック・デザインに今治の既存技術を活用しようと考えたからであろう。加茂水族館はクラゲの展示という新たな領域を自分たちの保持する既存技術を活用すれば開拓できるのではないかと考えた。

　事例を踏まえる限りでは，次のような解釈ができる。今まで十分に意識して来なかった市場領域を標的に定め，そこへ既存技術を移転し転用を図る。具体的には既存技術を利用して新規市場を探求しその反応を確認しながら1つ1つ知識を獲得する中で明らかになる技術の問題点や課題を改善・改良する（図7-1を参照）。ここでは，新たな市場の知識やルーティンの「探求」と既存技術の「活用」という両利きの学習が行われる。

　自身の経験からの学習を「活用」，他者の経験からの学習を「探求」とみなせば，両者は潜在的に制限されていないために両立できるとする見方がある（Baum *et al.*, 2000）。他者の経験を新たな市場領域の知識に置き換えて考えれば，アンケートはがきによって非日常的空間に関するニーズ（はとバス），デパートの専用売り場や資格を持ったタオルソムリエを通じて本質的価値に関する情報（今治タオル），子供学習会の反応や水族館同士の仲間の助言を通してクラゲの魅力や展示・飼育に関する情報（加茂水族館）を収集しながら知識を得ている。

　第1章2節の分類に従えば，どの事例も単一ドメインの組織によって「探求」と「活用」が相互作用的に行われる逐次的な両利きの学習である。逐次的両利きでは，組織が「探求」と「活用」の間の連鎖的な切り替えを適切なタイ

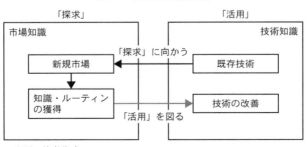

図 7-1　知識間の相互作用

出所：筆者作成。

ミングで行うことを許容するような環境を整えておく必要がある（Lavie *et al.*, 2010）。この点について，知識を技術と市場に分けて，技術の「活用」，市場の「探求」を進めたとしても，最終的には知識として統合する必要がある。知識を全体最適化してその水準を高めるには，「活用」と「探求」の学習がバランスよく実行されること，つまり，両者が適宜切り替えられながら推進されることが重要である。再生へ舵を切った3つの事例は顧客の反応に目を向けたために上手くバランスできたものと考えられる。

　既存技術の見方については，リーダーが外部者か，内部者かによっていくらか違いがみられる。株主から派遣された経営者の場合は，短期間での回復を目指して，新たな領域について自分なりに知ろうと努力し，既存技術の向上を急がせる（はとバス）。外部の専門家の場合は，既存技術を客観的に見てその強みや魅力について再構成できないかを考える（今治タオル）。一方，内部者は少しでも既存技術を活用できる可能性があればそれを過大評価してつい背伸びをしてしまう（加茂水族館）。これは，いわゆる，自らの見えざる資産を部分的にオーバーする活動をあえて行うオーバーエクステンションである（伊丹，1984）。

　ところで，既存技術をどんな市場領域へ転用するのかが重要になる。すでに議論してきたが，快感情をもたらす手本を指し示し，さらに，顧客の反応に接触できる仕組みを設けることによってメンバーの意識や行動を新しい市場領域の「探求」活動へ向ける必要がある。とりわけ，図7-2が示すように，手本の提示がポイントになるとみられる。

　手本の提示は，新しい市場領域へ既存技術を転用するための予告でもあり，新たな知識の「探求」に火をつける。その「探求」が起きるには十分なスラックが必要になる。乗務員をやる気にした新車両の導入（はとバス），やってみたいと思わせる白いタオル群が並んだ光景（今治タオル），初の増客を果たし大きな自信を得たクラゲの展示（加茂水族館）。どの事例も行動規範となる手本がネガティブな予想に反したことで快感情をもたらし，驚きがメンバーの心理的余裕を引き出した。余裕という意味では，「探求」活動に必要とされるスラックを供給する役割を果たしている。舵を切るプロセスでいう逸脱の増幅段階における手本の提示が，快感情をもたらしてメンバーの学習の一端を「探

図 7-2　学習パターンの変化

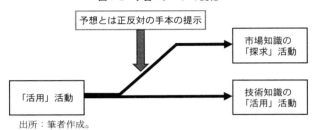

出所：筆者作成。

求」活動の方向へ向かわせる屈折レンズの働きをしている可能性がある。

　3つの事例と先行研究の知見をつなぎ合わせると次のように解釈することができる。ポジティブな驚きが快感情をもたらして学習不安を抑える。その安心感が自己効力感を高めて「探求」活動にプラスに働きかける。また，驚きによって余裕，冗長性が生じ，それがある種の組織スラックとして認知的枠組みに影響を与えて「探求」活動を促す。ポジティブな驚きが安心感を生むと同時にスラックとなって「探求」活動に作用している。組織をポジティブな心理状態に保つことが再生へ向かう学習に好影響を与えると考えられる。

4-2．その他

　新たな市場領域と既存技術の適合度という点から見れば，今治タオル，はとバス，加茂水族館の順に両者の適合度合いがだんだんと小さくなる。言い換えれば，加茂水族館では保持する既存技術を過大評価して突き進んだ結果，藤原(2008)が指摘している技術水準に見合わない不適合さによって予想以上の「探求」活動が生じた。地方の地場産業では，今治タオルのように，まず，適合度の大きそうな新たな領域を探索し，それを標的にして既存技術を転用する方法は取り組みやすい。

　再生を合理化である縮小段階と成長機会を追求する回復段階の2つに分ける見方がある。はとバスの場合は，外部者であった宮端氏が社長に就任して1年目に単年度黒字を果たしたが，その要因は縮小段階を短期間で終えて，すばやく回復段階へ舵を切った行動にあった。再生では縮小段階でスタートダッシュをかけ一気に片づける。そして，回復に腰を据えて取り組むことが何よりも重

第 7 章　理論的見解の考察　219

要であると教えている。

終章
結論と今後の課題

　本研究の目的は次のように定めた。衰退した組織が自己再生を図るには新しい知識の「探求」と既存知識の「活用」を併用する両利きの学習を行う組織へ転じる必要がある。その舵を切るプロセスにおいてリーダーの行動とメンバーの学習の影響関係に注目しながら分析を行い，組織を変容させていく両者の相互作用のパターンを経時的に見出す。リーダーとは，衰退して慢性的な危機に陥った組織において再生への道筋を描き出し，メンバーを先導していく人を指す。また，自己再生とは，「他人の資本や再生支援などの専門機関，専門家集団に頼らずに組織自らの手で既存の経営資源の再構成を行って，組織のライフサイクルを危機に陥った衰退段階から成長段階へ遷移させる組織学習」と定義した。なお，研究に当たって次のような前提条件を踏まえた。

①　本研究でいう自己再生のプロセスとは，縮小段階と回復段階からなる再生全体の中でも回復へ舵を切る時機，すなわち，戦略変更と業務改善に取り組み始めるタイミングを指している。また，その枠組みとしてワイク（Weick）の自己組織化のプロセスの生態学的変化段階，イナクトメント段階を援用する。

②　対象とする組織は，衰退段階にあり組織スラックの乏しい単一ドメインの中小規模組織を念頭に置いている。また，組織学習では「探求（exploration）」，「活用（exploitation）」と呼ばれる学習パターンに注目する。

終章　結論と今後の課題　221

第1節　発見事項

　自己再生へ舵を切る学習プロセスは，組織の逸脱を察知する「逸脱の認識段階」，手本を示しメンバーの関心を引きつける「逸脱の増幅段階」，顧客の反応に応じようと「探求」活動に向かわせる「外的環境へ働きかける段階」という3つの段階からなると考えて，以下の課題を提起した。

　「リーダーはどんな思考特性を持ち，メンバーに対してどのようにして関心を引きつけ，どんな学習環境を整えるのか。このとき，メンバーは認知上，行動上どのような変化を見せるのか。」

1-1.　各段階の要諦

　各段階において意識すべき学習上の課題が存在する。それに対してリーダーのとる行動，メンバーの受ける影響，与える影響についていくつか明らかにすることができた。

　逸脱の認識段階においては，「リーダーは多様な考え方ができなければならない。思考範囲を広げて，疑問を持って深く見ることにより，組織の外的環境との食い違いに気づく。それは再生の1つの手がかりになる。リーダーは，組織の外部者であるか，内部者であるかは問題ではない。」

　逸脱の増幅段階においては，「リーダーは食い違いを手がかりにしてネガティブな予想とは正反対の手本を示すことにより，メンバーの関心を引きつけて囲い込む。そのときの驚きがメンバーの心理的な余裕を引き出して，彼らを新たな知識の学習へ動機づける。」

　外的環境へ働きかける段階においては，「手本を行動に移すためにリーダーは知識を市場と技術に分け，保持する技術をどの市場に「活用」するのか，対象を絞り込む。新しい市場の知識に接触する仕組みを用意してメンバーの「探求」活動を促す。学習不安に注意を払いながら両利きの学習により転用を推進する。」

　再生において「探求」活動が学習の鍵を握るが，逸脱の察知，組織スラッ

ク，学習不安の課題をともなう。リーダーはこれらに対して，組織の外的環境との食い違いに気づき，それを手がかりにして驚きを与える手本を指し示す。そして，保持する技術の活用を考えながら，外的環境である市場の知識に接触する仕組みを用意する。強い関心と快感情を抱いたメンバーは「探求」の行動を起こすが，課題を十分に意識したリーダーが影響を与えた結果である。

1-2. 学習の動機づけ

次に，メンバーの学習について以下のような因果関係を観察することができた。「メンバーはリーダーの示す予想とは正反対の手本を見て心理的にポジティブな影響を受ける。また，顧客から好意的な反応があると意欲が掻き立てられる。リーダーや顧客からもたらされる快感情がメンバーの安心感を醸成し，そのことにより自己効力感が高まって新たな知識の学習が促進される。また，メンバーの文脈的な意味や背景の理解が進めばさらに促進される。」

1-3. 両利きの学習における「探求」

上記以外に，単一ドメインの組織における学習に関して，次の点が明らかになった。自己再生へ舵を切る学習プロセスでは，新たな市場領域の知識を「探求」し，そこに既存技術を「活用」しようという両利きの学習が行われる。「探求」と「活用」が相互作用的に行われる逐次的な両利きである。とりわけ，「探求」について次のように捉えることができる。逸脱の増幅段階における予想とは正反対の手本の提示が，ポジティブな驚きとして快感情をもたらし学習不安を抑える。その安心感が自己効力感を高めて「探求」活動にプラスに作用する。また，驚きによって余裕，冗長性が生じ，それがある種の組織スラックとなって「探求」活動を促す。

こうした手本の提示が，メンバーの学習の一端を「探求」活動へ向ける屈折レンズの働きをしている可能性がある。加えて，顧客から受ける好意的な反応もそれを後押しする。

組織をポジティブな心理状態に保つことが再生へ向かう学習に好影響を与える。つまり，再生における両利きの学習は平常時の場合とは異なり，感情の側面から解釈する必要がある。

終章　結論と今後の課題　　223

表終-1　自己再生へ舵を切るプロセスモデル

		逸脱の認識段階	逸脱の増幅段階	外的環境へ働きかける段階
リーダーの行動		・多様な考え方ができること。そのことにより，組織の外的環境との食い違いに気づく。	・食い違いを手がかりにして，ネガティブな予想とは正反対の手本を示す。	・手本を行動に移すために，保持する技術が活用できる新たな市場対象を絞る。 ・そうした顧客に接触する仕組みを用意する。
メンバー	感情の変化	・不安と無力感が入り交じった状態	・変化に抵抗をみせるが，手本に驚いて快感情を抱く。 ・心理的な余裕が生まれる。	・顧客の好意的な反応もポジティブな気分を高める。学習への不安がやわらぐ。
	学習	―	・心を引かれ，注意を向ける。 ・新たな知識の学習を意識する。	「探求」と「活用」，両利きの学習に取り組み始める。

出所：筆者作成。

　本節で述べてきた以上の発見事項について，表終-1にプロセスモデルとしてまとめている。表を時間軸で見ると，リーダーの行動，メンバーの感情・学習が，逸脱の認識，逸脱の増幅，外的環境への働きかけと段階的に変容していく様子が確認できる。一方，縦軸から両者の関係に着目すると，具体的な反応の状況や影響の程度が理解できる。

　ポジティブ感情を刺激されたメンバーが保持する技術を新たな市場へ転用する「探求」と「活用」の両利きの学習に取り組むことによって，自己再生へ大きく舵を切っていく。また，リーダーは多様な考え方ができることは勿論だが，不安を抱いたメンバーの感情に心を配ることが重要なポイントである。

第2節　理論的および実践的含意

2－1．理論的な含意，意義

　自己再生へ舵を切るプロセスについて，組織学習の観点から，「逸脱の認識段階」，「逸脱の増幅段階」，「外的環境へ働きかける段階」の3つの段階に分けて，それぞれの段階をリーダーの行動とメンバーの学習という相互の影響関係に言及しながら描き出した。これまで変革型リーダーシップの多くの研究は定

量的調査を中心にして行われてきた。しかし，時間の経過とともにメンバーの
リーダーに対する認識レベルが深化することから，リーダーとメンバーの相互
作用のプロセスは経時的に考察することも必要である。本研究ではこの点に着
目し，質的調査を通じて明らかにした。

　本研究は，マーチ（March）らが学習の主体を組織ルーティンとし，その
ルーティンの変化を学習としたマクロ視点の組織学習論を理論的な背景にして
いる。これに適応する学習パターンは「探求」と「活用」の2つである。しか
し，彼らの学習論では，どのようなプロセスで学習するのかについては言及し
ていない。

　今回，「探求」と「活用」の学習パターンに着目しながら自己再生へ舵を切
る時機を3段階の学習プロセスに見立てて考察し一定の見解を導き出した点
は，組織学習論に新たな示唆をもたらした。

　知識と学習の関係について，知識を「市場」と「技術」に分け，それぞれを
「探求」と「活用」という学習パターンと結びつけて，両利きの学習を理解し
ようと試みた。すなわち，新しい市場を「探求」し既存の技術知識を「活用」
すること，既存のものを転用する新しいルーティンの開発である。既存の技術
知識の「活用」は組織に安心感を醸成する。顧客の反応に接触できる仕組みが
用意されると，新たな市場知識を「探求」しやすい。再生へ舵を切るには，知
識と学習パターンを組み合わせた枠組みの下で，市場の「探求」と技術の「活
用」を相互作用的に繰り返す逐次的な両利きの学習が必要なことを見出した。
両利きの学習について知識と学習パターンを組み合わせて考察した点は従来の
両利きの学術文献には見られないユニークな視点である。

　また，衰退し危機に陥って不安やストレスが高じている組織においても，ポ
ジティブな感情を作り出すことが可能である。そのことが，その後の組織学習
に好影響を与えていることが確認できた。ポジティブ感情を作り出す方法の1
つは，行動規範となる手本を予想とは正反対の表現内容にすることであった。
組織の再生について，感情的な側面から論じた研究が少ない中で，ポジティブ
感情に言い及んだことは意義深い。

2－2. 実践的な含意

　一般的に，企業の再生は，債務超過や赤字収支などの理由で存続が危ぶまれる企業について，その原因を排除し生まれ変わらせるものとして捉えられている。再生手法には，銀行融資のリスケジュール，私的整理，民事再生，会社更生などの法的整理があるため，支援機構など専門機関，資産処理・経営改善の外部コンサルタント，弁護士・会計人の専門家集団が手掛ける領域であるとみられやすい。

　本研究は，こうした財務の立て直しに焦点を当てた企業の再生とは異なり，次の3つの点から自己再生のあり方を提示している。

　1つ目は，自己再生へ舵を切るリーダーは，企業の再生手法に関して特別な経験やノウハウを持った人である必要はない。また，外部から招聘された人か，従来からその組織を任されてきた人かは問わない。

　2つ目は，従業員の雇用を維持する。整理解雇，希望退職者の募集等は行わない。

　3つ目は，リーダーは再生の手法やスキルは持っていないが，自らの多様な思考力を発揮して従業員の学習に対する意識や態度，行動を変容させることができる。

　つまり，リーダーは従業員の心理状態をポジティブに変えるような行動をとることの方法論，たとえば，ネガティブな予想とは正反対の表現をした手本を示せば，驚きを与え関心を引きつけ，従業員を新しい知識の学習へ動機づけやすいことなど，従業員の感情に及ぼす影響を考慮に入れて行動すべきことを示した。この点は，実務上，活用価値はあるだろう。

　自己再生の鍵は組織学習次第であると考えれば，リーダーは再生の手法やスキルに長じていなくても，再生へ舵を切る行動を起こし組織を変容させることは可能である。第1節の発見事項で簡潔に提示したリーダーの行動とメンバーの学習態度に関する要締は，中小組織の休廃業・解散を回避する手引きとして多少なりとも参考になろう。

第3節　限界と今後の課題

3−1．研究の限界

　危機に陥った衰退組織が自己再生を果たした事例，つまり，財務の立て直しでなく事業の立て直しを順調に進めた事例はそれほど多くは存在しない。そのため，組織の自己再生は定量的な調査分析が難しい研究テーマである。本研究の実証分析では，3つの事例を取り上げた。それぞれ事業分野が違ったが，理論から導いた見解をおおよそ裏付ける解釈ができた。しかし，これらに基づく発見事項を一般的・普遍的に主張するにはもう少し検証方法を充実させる必要がある。分析の枠組みを，さらに，もう1段精緻化させるか，再生とは異なる場面，たとえば，イノベーションや新規事業の事例調査と重ね合わせてみるなどの方法により，理論的見解の熟度や妥当性を高めていかなければならない。

3−2．今後の課題

　快感情が安心感を生み，自己効力感を高めて「探求」活動を促すプロセス，あるいは，驚きが余裕，冗長性を生んで「探求」活動を促すプロセス，つまり，「探求」を生起・起動させるプロセスについては，現状，的を得た実験や研究は見当たらず，本研究においても推論を交えた総論的な議論で終わっている。研究目的ではこうしたミクロな議論に踏み込んだ考察を想定していなかったためだが，「探求」に重要な影響を及ぼす心理的な因果関係を包摂して分析することは今後に残された課題である。

　また，学習を知識の獲得や移転と捉えたところがある。新しい知識を生み出すという視点に立てば，「探求」活動の内容をさらに掘り下げて考察する必要がある。

　本研究が対象としたプロセスは再生へ舵を切る時機であり，組織の再生という全体像からみれば回復初期過程にすぎない。その後の本格的回復過程を含めて研究範囲を拡げることにより，再生に関して連続的で一貫性のある知見を蓄積する。こうした点も今後の課題である。

参考文献

A:

阿部修人・小黒曜子（2004）「社長交代と外部出身取締役：Semiparametric 推定による分析」『経済研究』55 (1), 72-84。

Abernathy, W. J. (1978), *The Productivity Dilemma: Roadblock to Innovation in the Automobile Industry*, Johns Hopkins University Press.

Abernathy, W. J., & Clark, K. B. (1985), Innovation: Mapping the winds of creative destruction, *Research policy*, 14 (1), 3-22.

Adams, J. S. (1976), The structure and dynamics of behavior in organizational boundary roles. In M. D. Dunnette (Ed.), *Handbook of industrial and organizational psychology* (pp.1175-1199), Rand McNally.

Adams, J. S. (1980), Interorganizational processes and organization boundary activities, *Research in Organizational Behavior*, 2, 321-355.

Ajzen, I. (1991), The theory of planned behavior, *Organizational Behavior and Human Decision Processes*, 50 (2), 179-211.

Akgün, A., Lynn, G., & Byrne, J. (2006), Antecedents and Consequences of Unlearning in New Product Development Teams, *Journal of Product Innovation Management*, 23 (1), 73-88.

Aldrich, H. E. (1999), *Organizations evolving*, Sage Publications.

Aldrich, H., & Herker, D. (1977), Boundary Spanning Roles and Organization Structure, *Academy of Management Review*, 2, 217-230.

Alkahami, A. S., & Slovic, P. (1994), A Psychological Study of the Inverse Relationship Between Perceived Risk and Perceived Benefit, *Risk Analysis*, 14, 1085-1096.

Ancona, D., & Caldwell, D. (1992), Demography And Design: Predictors Of New Product Team Performance, *Organization Science*, 3 (3), 321-341.

Anderson, J. R. (1983), *The Architecture of Cognition*, Harvard University Press.

Andriopoulos, C., & Lewis, M. W. (2009), Exploitation-exploration tensions and organizational ambidexterity: Managing paradoxes of innovation, *Organization Science*, 20 (4), 696-717.

Ansoff, H. I. (1965), *Corporate Strategy: An analytic approach to business policy for growth and expansion*, McGraw-Hill.（広田寿亮 訳（1977）『企業戦略論』産業能率大学出版部。）

浅川和宏・中村洋（2005）「製薬企業の研究者レベルにおける研究成果達成の条件」『経営行動科学』18 (3), 223-234。

芦澤美智子（2012）「買収後の企業再生を成功に導くケイパビリティ：日本電産が成功させた企業再生の事例から」『Venture Review』20, 15-24。

Atuahene-Gima, K. (2005), Resolving the capability-rigidity paradox in new product innovation, *Journal of Marketing*, 69 (4), 61-83.

鮎川潤（2006）『逸脱行動論』（新訂版）放送大学教育振興会。

B:

馬場杉夫（1994）「人間資源に関する問題領域」『三田商学研究』37 (2), 213-220。

228   参考文献

馬場靖憲（1998）『デジタル価値創造』NTT 出版。

Baden-Fuller, C., & Winter, S. (2005), *Replicating organizational knowledge: Principles or templates*, (Working Paper, October 19), Wharton School, University of Pennsylvania.

Bandura, A. (1977), Self-efficacy: toward a unifying theory of behavioral change, *Psychological Review*, 84, 191-215.

Barr, P. S., Stimpert, J. L., & Huff, A. S. (1992), Cognitive Change, Strategic Action, and Organizational Renewal, *Strategic Management Journal*, 13 (1), 15-36.

Bass, B. M., & Steidlmeier, P. (1999), Ethics, character, and authentic transformational leadership behavior, *Leadership Quarterly*, 10 (2), 181-217.

Baum, J.A.C., Li, S. X., & Usher, J. M. (2000), Making the next move: How experiential and vicarious learning shape the locations of chains' acquisitions, *Administrative Science Quarterly*, 45 (4), 766-801.

Becker, H. S. (1963), *Outsiders: Studies in the sociology of deviance*, Free Press. （村上直之 訳 (1978) 『アウトサイダーズ』新泉社。）

Beckman, C. M. (2006), The influence of founding team company affiliations on firm behavior, *Academy of Management Journal*, 49 (4), 741-758.

Benner, M. J., & Tushman, M. (2002), Process management and technological innovation: A longitudinal study of the photography and paint industries, *Administrative Science Quarterly*, 47 (4), 676-706.

Benner, M. J., & Tushman, M. (2003), Exploitation, Exploration, and Process Management: The Productivity Dilemma Revisited, *Academy of Management Review*, 28 (2), 238-256.

Berlyne, D. E. (1966), Curiosity and Exploration, *Science* (New Series), 153 (3731), 25-33.

Berscheid, E., & Walster, E. (1969), *Interpersonal Attraction*, Addison-Wesley. （蜂屋良彦 訳 (1978) 『対人的魅力の心理学』誠信書房。）

Bibeault, D. B. (1982), *Corporate turnaround*, McGraw-Hill.

Bindra, D. (1959), Stimulus change, reactions to novelty, and response decrement, *Psychological Review*, 66 (2), 96-103.

Boeker, W. (1997), Strategic Change: The Influence of Managerial Characteristics and Organizational Growth, *Academy of Management Journal*, 40 (1), 152-170.

Boumgarden, P., Nickerson, J., & Zenger, T. R. (2012), Sailing into the wind: Exploring the relationships among ambidexterity, vacillation, and organizational performance, *Strategic Management Journal*, 33 (6), 587-610.

Bourgeois III., L.J., & Singh, J.V. (1983), Organizational Slack and Political Behavior Among Top Management Teams, *Academy of Management Proceedings*, August, 43-47.

Burgelman, R. A. (2002), Strategy as vector and the inertia of coevolutionary lock-in, *Administrative Science Quarterly*, 47 (2), 325-357.

Burns, S., & Bulman, C. (2000), *Reflective Practice in Nursing: The Growth of the Professional Practitioner* (2nd ed.), Blackwell. （田村由美・中田康夫・津田紀子 監訳 (2005) 『看護における 反省的実践：専門的プラクティショナーの成長』ゆみる出版。）

C :

Cameron, K. S., Kim, M. U., & Whetten, D. A. (1987), Organizational effects of decline and turbulence, *Administrative Science Quarterly*, 32 (2), 222-240.

Cao, Q., Gedajlovic, E., & Zhang, H. (2009), Unpacking organizational ambidexterity: Dimensions, contingencies, and synergistic effects, *Organization Science*, 20 (4), 781-796.

Caplan, G. (1964), *Principles of Preventive Psychiatry*, Basic books. (新福尚武 監訳, 河村高信 他 訳 (1970)『予防精神医学』朝倉書店。)

Cardinal, L. B. (2001), Technological innovation in the pharmaceutical industry: The use of organizational control in managing research and development, *Organization Science*, 12 (1), 19-36.

Cavanaugh, M. A., Boswell, W. R., Roehling, M. V., & Boudreau, J. W. (2000), An empirical examination of self-reported work stress among US managers, *Journal of applied Psychology*, 85 (1), 65-74.

Charlesworth, W. R. (1969), The role of surprise in cognitive development. In D. Elkind, & J. H. Flavell (Eds.), *Studies in cognitive development* (pp.257-314), Oxford University Press.

Chen, E. L., & Katila, R. (2008), Rival interpretations of balancing exploration and exploitation: simultaneous or sequential. In S. Shane (Ed.), *Handbook of Technology and Innovation Management* (pp.197-214), John Wiley & Sons.

Chi, M. T. H. (1981), Knowledge development and memory performance. In M. Friedman, J. P. Das, & N. O'Conner (Eds.), *Intelligence and Learning* (pp. 221-230), Plenum Press.

Christensen, C. M. (1997), *The Innovator's Dilemma*, Harvard Business School Press.

Christensen, C. M., & Bower, J. L. (1996), Customer power, strategic investment, and the failure of leading firms, *Strategic Management Journal*, 17 (3), 197-218.

Cialdini, R. B. (1988), *Influence: Science and Practice*, Scott, Foresman. (社会行動研究会 訳 (1991)『影響力の武器：なぜ人は動かされるのか』誠信書房。)

Cohen, W. M., & Levinthal, D. A. (1990), Absorptive capacity: A new perspective on learning and innovation, *Administrative Science Quarterly*, 35 (1), 128-152.

Crossan, M. M., Lane, H., & White, R. (1999), An Organizational Learning Framework: From Intuition to Institution, *Academy of Management Review*, 24 (3), 522-537.

Crossan, M. M., & Sorrenti, M. (1997), Making Sense of Improvisation. In J. P. Walsh, & A. S. Huff (Eds.), *Advances in Strategic Management*, 14 (pp. 155-180), JAI Press.

Cunliffe, A. L. (2002), Reflexive Dialogical Practice in Management Learning, *Management Learning*, 33 (1), 35-61.

Cyert, R. M., & March, J. G. (1963), *A behavioral theory of the firm*, Prentice-Hall.

D :

Daft, R. L., & Weick, K. E. (1984), Toward a model of organizations as interpretation systems, *Academy of Management Review*, 9 (2), 284-295.

Davis, M. S. (1971), That's interesting! Towards a phenomenology of sociology and a sociology of phenomenology, *Philosophy of the Social Sciences*, 1, 309-344.

Davis, F. D. (1989), *Perceived Usefulness, Perceived Ease of Use, and User Acceptance of Information Technology*, MIS Quarterly, 13 (3), 319-340.

Deci, E. L. (1975), *Intrinsic motivation*, Plenum Press.

出川淳 (2000)「ナレッジマネジメント体系のための基礎的研究：知識の分類と課題の提起」『商學討究』50 (4), 21-45。

DeMarco, T. (2001), *Slack: Getting Past Burnout, Busywork, and the Myth of Total Efficiency*, Broadway. (伊豆原弓 訳 (2001)『Slack ゆとりの法則：誰も書かなかったプロジェクト管理の誤解』日経 BP 社。)

230　参考文献

Dosi, G. (1982), Technological paradigms and technological trajectories: A suggested interpretation of the determinants and directions of technical change, *Research Policy*, 11 (3), 147-162.

Duncan, R. B. (1976), The ambidextrous organization: Designing dual structures for innovation. In R. H. Kilmann, L. R. Pondy, & D. Slevin (Eds.), *The Management of Organization*, vol. 1 (pp. 167-188), North-Holland.

E :

Ebben, J. J., & Johnson, A. C. (2005), Efficiency, flexibility, or both? Evidence linking strategy to performance in small firms, *Strategic Management Journal*, 26 (13), 1249-1259.

Eisenhardt, K. M. (1989), Building theories from case study research, *Academy of Management Review*, 14 (4), 532-550.

Eisenhardt, K. M., & Brown, S. L. (1997), The Art of Continuous Change: Linking Complexity Theory and Time-Paced Evolution in Relentlessly Shifting Organizations, *Administrative Science Quarterly*, 42 (1), 1-34.

Ekman, P., & Friesen, W. V. (1975), *Unmasking the Face: A Guide to Recognizing Emotions from Facial Clues*, Prentice-Hall.

Ellis, S., Mendel, R., & Nir, M. (2006), Learning from successful and failed experience: The moderating role of kind of after-event review, *Journal of Applied Psychology*, 91 (3), 669-680.

Epstein, S. (1994), Integration of the cognitive and the psychodynamic unconscious, *American Psychologist*, 49, 709-724.

Eysenck, M. W. (1979), Anxiety, learning, and memory: A reconceptualization, *Journal of Research in Personality*, 13 (4), 363-385.

F :

Fennell, M. L., & Alexander, J. A. (1987), Organizational boundary spanning in institutionalized environments, *Academy of Management Journal*, 30 (3), 456-476.

Festinger, L., Schachter, S., & Back, K. (1950), *Social pressures in informal groups: A study of human factors in housing*, Harper & Row.

Fink, S. L. (1967), Crisis and Motivation: A Theoretical Model, *Archives of Physical Medicine & Rehabilitation*, 48 (11), 592-597.

Fink, S. (1986), *Crisis Management: Planning for the Inevitable*, Amacom Books. (近藤純夫 訳 (1986) 『クライシスマネジメント：企業危機といかに闘うか』経済界。)

Finkelstein, S., & Haleblian, J. (2002), Understanding acquisition performance: The role of transfer effects, *Organization Science*, 13 (1), 36-47.

Finkelstein, S., & Hambrick, D. (1996), *Strategic Leadership Top Executives and Their Effects on Organizations*, West Publishing.

Finucane, M. L., Alhakami, A., Slovic, P., & Johnson, S. M. (2000), The affect heuristic in judgments of risks and benefits, *Journal of Behavioral Decision Making*, 13, 1-7.

Fiol, C. M., & Lyles, M. A. (1985), Organizational learning, *Academy of Management Review*, 10 (4), 803-813.

Flavell, J. H. (1978), Metacognitive Development. In J. M. Scandura, & C. J. Brainerd (Eds.), *Structural/Process Theories of Complex Human Behavior* (pp. 213-245), Sijthoff and Noordhoff.

Foster, R. N. (1986), *Innovation: The Attacker's Advantage*, Macmillan. (大前研一 訳 (1987) 『イノベーション：限界突破の経営戦略』TBS ブリタニカ。)

参考文献　　231

Freud, S. (1936), *The problem of anxiety*, W.W. Norton & Company.

Friedman, S. D., & Saul, K. (1991), A leader's wake: Organization member reactions to CEO succession, *Journal of Management*, 17 (3), 619-642.

藤本隆宏（2001）『生産マネジメント入門 I 』日本経済新聞社。

藤原雅俊（2008）「多角化企業の戦略と資源：見えざる資産の蓄積と利用のダイナミクス」伊藤秀史・沼上幹・田中一弘・軽部大編『現代の経営理論』4 章，有斐閣。

古澤和行（2004）「知識創造としての組織学習プロセス」『経済科学』52 (1), 39-55。

G：

Garvin, D. A. (2000), *Learning in action: A guide to putting the learning organization to work*, Harvard Business School Press.

Gavetti, G., & Levinthal, D. (2000), Looking Forward and Looking Backward: Cognitive and Experiential Search, *Administrative Science Quarterly*, 45 (1), 113-137.

Gibson, C. B., & Birkinshaw, J. (2004), The antecedents, consequences, and mediating role of organizational ambidexterity, *Academy of Management Journal*, 47 (2), 209-226.

Gieryn, T. F. (1983), Boundary-work and the demarcation of science from non-science: Strains and interests in professional ideologies of scientists, *American Sociological Review*, 48 (6), 781-795.

Glassman, R. B. (1973), Persistence and loose coupling in living systems, *Behavioral Science*, 18 (2), 83-98.

Goold, M., Campbell, A., & Alexander, M. (1994), *Corporate level strategy*, John Wiley & Sons.

Gouldner, A. W. (1960), The norm of reciprocity: A preliminary statement, *American Sociological Review*, 25 (2), 161-170.

Gupta, A. K., Smith, K. G., & Shalley, C. E. (2006), The Interplay Between Exploration and Exploitation, *Academy of Management Journal*, 49 (4), 693-706.

H：

Hall, E. T. (1976), *Beyond Culture*, Doubleday & Company.

Hall, B. H., Jaffe, A. B., & Trajtenberg, M. (2001), *The NBER patent citation data file: Lessons, insights and methodological tools*, (Working Paper, No. 8498), NBER (National Bureau of Economic Research).

Hambrick, D. C., & Schecter, S. M. (1983), Turnaround strategies for mature industrial-product business units, *Academy of Management Journal*, 26 (2), 231-248.

Hannan, M. T., & Freeman, J. (1984), Structural inertia and organizational change, *American Sociological Review*, 49 (2), 149-164.

長谷正人（1991）『悪循環の現象学：「行為の意図せざる結果」をめぐって』ハーベスト社。

He, Z. L., & Wong, P. K. (2004), Exploration vs. exploitation: An empirical test of the ambidexterity hypothesis, *Organization Science*, 15 (4), 481-494.

Hedberg, B. (1981), How Organizations Learn and Unlearn. In P. C. Nystrom, & W. H. Starbuck (Eds.), *Handbook of Organizational Design*, vol.1 (pp. 3-27), Oxford University Press.

Heifetz, M., & Halle, S. (1996), Leading change, overcoming chaos-making change succeed in your organization, *Hospital Material Management Quarterly*, 18 (1), 17-27.

Helfat, C. E., Finkelstein, S., Mitchell, W., Peteraf, M., Singh, H., Teece, D., & Winter, S. G. (2007), *Dynamic Capabilities: Understanding Strategic Change in Organizations*, Blackwell Publishing.

Helmich, D. L., & Brown, W. B. (1972), Successor Type and Organizational Change in the Corporate

232 参考文献

Enterprise, *Administrative Science Quarterly*, 17 (3), 371-381.

Henderson, R., & Clark, K. B. (1990), Architectural innovation: The reconfiguration of existing product technologies and the failure of established firms, *Administrative Science Quarterly*, 35 (1), 9-30.

Hermann, C. F. (1963), Some Consequences of Crisis which Limit the Viability of Organization, *Administrative Science Quarterly*, 8 (1), 61-82.

Hidi, S. (1990), Interest and its contribution as a mental resource for learning, *Review of Educational Research*, 60 (4), 549-571.

Hidi, S., & Renninger, K. A. (2006), The four-phase model of interest development, *Educational Psychologist*, 41 (2), 111-127.

Higgins, E. T. (1997), Beyond Pleasure and Pain, *American Psychologist*, 52 (12), 1280-1300.

Higgins, E. T. (1998), Promotion and Prevention: Regulatory Focus as A Motivational Principle, *Advances in Experimental Social Psychology*, 30, 1-46.

平澤哲 (2013)「未知のイノベーションと組織アイデンティティ：相補的な発展のダイナミクスの探究」『組織科学』46 (3), 61-75。

広田すみれ (2012)「リスク認知の各論的特徴」中谷内一也 (2012)『リスクの社会心理学』2章, 有斐閣。

宝月誠 (2004)『逸脱とコントロールの社会学：社会病理学を超えて』有斐閣アルマ。

Hogg, M. A. (1993), Group Cohesiveness: A Critical Review and Some New Directions, *European Review of Social Psychology*, 4 (1), 85-111.

Hollander, E. P. (1967), *Principles and methods of social psychology*, Oxford University Press.

Holsti, O. R. (1978), Limitations of Cognitive Abilities in the Face of Crisis, *Journal of Business Administration*, 9 (2), 39-55.

本田多美枝 (2003)「Schön 理論に依拠した『反省的看護実践』の基礎的理論に関する研究：第一部 理論展開」『日本看護学教育学会誌』13 (2), 1-15。

Huber, G. P. (1991), Organizational learning: The contributing processes and the literatures, *Organization Science*, 2 (1), 88-116.

Hurst, D. K. (1995), *Crisis and Renewal: Meeting the Challenge of Organizational Change*, Harvard Business School Press.

I :

Iansiti, M. (1998), *Technology integration: making critical choices in a dynamic world*, Harvard Business School Press. (NTT コミュニケーションウエア 訳 (2000)『技術統合』NTT 出版。)

Iansiti, M., McFarlan, F. W., & Westerman, G. (2003), Leveraging the incumbent's advantage, *MIT Sloan Management Review*, 44 (4), 58-64.

今田高俊 (2010)「組織活性化の条件：人と組織のエンパワーメント」『経営行動科学』23 (1), 67-78。

犬飼知徳 (2005)「組織の衰退に関する新たな研究枠組みの探求」『香川大学経済論叢』77 (4), 189-209。

Isen, A. M. (1999), Positive Affect. In T. Dalgleish, & M. J. Power (Eds.), *Handbook of Cognition and Emotion* (pp. 521-539), John Wiley & Sons.

Isen, A. M. (2000a), Some perspectives on positive affect and self-regulation, *Psychological Inquiry*, 11 (3), 184-187.

Isen, A. M. (2000b), Positive Affect and Decision Making. In M. Lewis, & J. M. Haviland (Eds.), *Handbook of Emotions* (2nd. ed.) (pp. 417-435), Guildford.

Isen, A. M., Johnson, M. M., Mertz, E., & Robinson, G. F. (1985), The influence of positive affect on the unusualness of word associations, *Journal of Personality and Social Psychology*, 48 (6), 1413-1426.

石坂庸祐（2014）「組織双面性アプローチの論点：「イノベーターのジレンマ」の超克をめざして」『九州共立大学研究紀要』4 (2), 107-119。

伊丹敬之（1984）『新・経営戦略の論理』日本経済新聞社。

伊丹敬之（1999）『場のマネジメント：経営の新パラダイム』NTT 出版。

伊丹敬之（2005）『場の論理とマネジメント』東洋経済新報社。

Itami, H., & Numagami, T. (1992), Dynamic interaction between strategy and technology, *Strategic Management Journal*, 13 (S2), 119-135.

Izard, C. E. (1991), *The Psychology of Emotions*, Plenum Press.

泉敦子・権赫旭（2015）「社長交代と企業パフォーマンス：日米比較分析」『RIETI Discussion Paper Series』（独立行政法人経済産業研究所）15-J-032。

J：

Jackson, S. E., May, K. E., & Whitney, K. (1995), Under the dynamics of diversity in decision-making teams. In R. A. Guzzo, & E. Salas (Eds.), *Team effectiveness and decision making in organizations* (pp. 204-261), Jossey-Bass.

James, W. (1890), *The principles of Psychology*, Dover Publications.

Janis, I. L. (1982), *Groupthink: Psychological studies of policy decisions and fiascoes*, Houghton Mifflin.

Jansen, J. J. P., Simsek, Z., & Cao, Q. (2012), Ambidexterity and firm performance in multiunit context: Cross-level moderating effect of structural and resource attributes, *Strategic Management Journal*, 33 (11), 1286-1303.

Jansen, J. J. P., Van Den Bosch, F. A. J., & Volberda, H. W. (2006), Exploratory Innovation, Exploitative Innovation, and Performance: Effects of Organizational Antecedents and Environmental Moderators, *Management Science*, 52 (11), 1661-1674.

Jemison, D. B. (1984), The importance of boundary spanning roles in strategic decision-making [I], *Journal of Management Studies*, 21 (2), 131-152.

K：

香川秀太（2011）「状況論の拡大：状況的学習，文脈横断，そして共同体間の「境界」を問う議論へ」『認知科学』18 (4), 604-623。

加護野忠男（1983）「文化進化のプロセス・モデルと組織理論」『組織科学』17 (3), 2-15。

Kahneman, D., & Frederick, S. (2002), Representativeness revisited: Attribute substitution in intuitive judgment. In T. Gilovich, D. Griffin & D. Kahneman (Eds.), *Heuristics and biases: The psychology of intuitive judgment* (pp.49-81), Cambridge University Press.

海保博之（2002）『くたばれ，マニュアル！　書き手の錯覚，読み手の癇癪』新曜社。

Katila, R. (2002), New product search over time: past ideas in their prime? *Academy of Management Journal*, 45 (5), 995-1010.

Katila, R., & Ahuja, G. (2002), Something old, something new: A longitudinal study of search behavior and new product introduction, *Academy of Management Journal*, 45 (6), 1183-1194.

河村洋子・Singhal, A. (2012)「社会の中の良い逸脱：Positive Deviance」『熊本大学政策研究』3, 35-45。

Kelley, H. H., Condry Jr, J. C., Dahlke, A. E., & Hill, A. H. (1965), Collective behavior in a simulated panic situation, *Journal of Experimental and Social Psychology*, 1, 20-54.

金美伶 (2006)「不安障害の診断及び不安の心理療法」『お茶の水女子大学子ども発達教育研究センター紀要』3, 123-130。

Kintsch, W. (1998), *Comprehension: A paradigm for cognition*, Cambridge University Press.

北折充隆 (2000)「社会規範とは何か：当為と所在に関するレビュー」『名古屋大学大学院教育発達科学研究科紀要 心理発達科学』47, 155-165。

北沢毅 (1987)「規則適用過程における行為者の意志」『ソシオロジー』（社会学研究会）32 (1), 55-71。

Kogut, B., & Zander, U. (1992), Knowledge of the firm, combinative capabilities, and the replication of technology, *Organization Science*, 3 (3), 383-397.

近藤良樹 (1988)「驚きの感情：その認識作用面の分析」『研究論文集』（佐賀大学）36 (1), 29-50。

Koruna, S. (2004), Leveraging knowledge assets: combinative capabilities-theory and practice, *R&D Management*, 34 (5), 505-516.

Kotter, J. P. (1982), *The Genaral Managers*, Free Press.

Kotter, J. P. (1990), *A Force for Change: How leadership differs from management*, Free Press.

Krishnan, V., & Gupta, S. (2001), Appropriateness and impact of platform-based product development, *Management Science*, 47 (1), 52-68.

Kroeger, C. V. (1974), Managerial development in the small firm, *California Management Review*, 17 (1), 41-47.

工藤秀雄 (2008)「「探索 (exploration)」の発端とプロセスに関する理論的考察」『神戸大学大学院経営学研究科 Discussion Paper』2008・37。

釘原直樹・三隅二不二 (1984)「緊急恐怖状況下の迷路脱出に及ぼすリーダーシップ条件効果に関する実験的研究」『心理学研究』55 (4), 214-220。

釘原直樹・三隅二不二・佐藤静一・重岡和信 (1982)「模擬被災状況における避難行動力学に関する実験的研究（Ⅱ）：緊急事態のリーダーシップの研究」『実験社会心理学研究』21 (2), 159-166。

Kuhn, T. S. (1962), *The Structure of Scientific Revolutions*, University of Chicago Press.

Kuhnen, C. M., & Knutson, B. (2011), The Influence of affect on beliefs, preferences, and financial decisions, *Journal of Financial and Quantitative Analysis*, 46 (3), 605-626.

倉八順子 (1991)「外国語学習における情意要因についての考察」『社会学心理学教育学』（慶應義塾大学大学院社会学研究科紀要）33, 17-25。

楠正三 (1992)「驚き，ひらめき，好奇心の心理学」日本創造学会編『驚きから閃きへ』2章，共立出版。

桑田耕太郎・田尾雅夫 (1998)『組織論』有斐閣。

L：

Lane, P., Koka, B., & Pathak, S. (2006), The Reification of Absorptive Capacity: A Critical Review and Rejuvenation of the Construct, *Academy of Management Review*, 31 (4), 833-863.

Lavie, D., Kang, J., & Rosenkopf, L. (2011), Balance within and across domains: The performance implications of exploration and exploitation in alliances, *Organization Science*, 22 (6), 1517-1538.

Lavie, D., & Rosenkopf, L. (2006), Balancing Exploration and Exploitation in Alliance Formation, *Academy of Management Journal*, 49 (4), 797-818.

Lavie, D., Stettner, U., & Tushman, M. L. (2010), Exploration and Exploitation Within and Across Organizations, *Academy of Management Annals*, 4 (1), 109-155.

Lawrence, P. R., & Lorsch, J. W. (1967), *Organizations and environment: Managing differentiation and integration*, Harvard University Press.

Lazarus, R. S., & Folkman, S. (1984), *Stress, appraisal, and coping*, Springer Publishing.

Leary, M., Tambor, E., Terdal, S., & Downs, D. (1995), Self-Esteem as an Interpersonal Monitor: The Sociometer Hypothesis, *Journal of Personality & Social Psychology*, 68 (3), 518-530.

Lemert, E. M. (1951), *Social pathology: A systematic approach to the theory of sociopathic behavior*, McGraw-Hill.

Leonard, D., & Sensiper, S. (1998), The role of tacit knowledge in group innovation, *California Management Review*, 40 (3), 112-132.

Leonard-Barton, D. (1992), Core capabilities and core rigidities: A paradox in managing new product development, *Strategic Management Journal*, 13 (S1), 111-125.

Levinthal, D. A. (1998), The Slow Pace of Rapid Technological Change: Gradualism and Punctuation in Technological Change, *Industrial and Corporate Change*, 7 (2), 217-247.

Levinthal, D. A., & March, J. G. (1981), A model of adaptive organizational search, *Journal of Economic Behavior & Organization*, 2 (4), 307-333.

Levinthal, D. A., & March, J. G. (1993), The myopia of learning, *Strategic Management Journal*, 14 (S2), 95-112.

Levitt, E. E. (1969), *The psychology of anxiety*, Bobbs-Merrill.

Levitt, B., & March, J. G. (1988), Organizational learning, *Annual Review of Sociology*, 14 (1), 319-340.

Lichtenstein, S., Slovic, P., Fischhoff, B., Layman, M., & Combs, B. (1978), Judged frequency of lethal events, *Journal of Experimental Psychology: Human Learning and Memory*, 4, 551-578.

Lichtenthaler, U. (2009), Absorptive Capacity, Environmental Turbulence, and the Complementarity of Organizational Learning Processes, *Academy of Management Journal*, 52 (4), 822-846.

Loewenstein, G. F., Weber, E. U., Hsee, C. K., & Welch, N. (2001), Risk as feelings, *Psychological Bulletin*, 127, 267-286.

Lord, M. D., & Ranft, A. L. (2000), Organizational learning about new international markets: Exploring the internal transfer of local market knowledge, *Journal of International Business Studies*, 31 (4), 573-589.

Louis, M. R., & Sutton, R. I. (1991), Switching cognitive gears: From habits of mind to active thinking, *Human Relations*, 44 (1), 55-76.

Lubatkin, M., Simsek, Z., Ling, Y., & Veiga, J. (2006), Ambidexterity and Performance in Small-to Medium-Sized Firms: The Pivotal Role of Top Management Team Behavioral Integration, *Journal of Management*, 32 (5), 646-672.

Lucas, R. E., & Baird, B. M. (2004), Extraversion and Emotional Reactivity, *Journal of Personality and Social Psychology*, 86 (3), 473-485.

M：

Manning, G., & Curtis, K. (2002), *The Art of Leadership*, McGraw-Hill

March, J. G. (1991), Exploration and exploitation in organizational learning, *Organization Science*, 2 (1), 71-87.

March, J. G. (2006), Rationality, foolishness, and adaptive intelligence, *Strategic Management Journal*, 27 (3), 201-214.

March, J. G., & Simon, H. A. (1958), *Organizations*, John Wiley & Sons.

March, J. G., Sproull, L. S., & Tamuz, M. (1991), Learning from Samples of One or Fewer,

236 参考文献

Organization Science, 2 (1), 1-13.

Maruyama, M. (1963), The second cybernetics: Deviation-amplifying mutual causal processes, *American Scientist*, 5 (2), 164-179.

Maslow, A. H. (1954), *Motivation and Personality*, Harper & Row Publishers. (小口忠彦 訳 (1971)『人間性の心理学』産業能率大学出版部部。)

松尾睦 (2012)『学習する病院組織』同文舘出版。

McGrath, R. G. (2001), Exploratory learning, innovative capacity, and managerial oversight, *Academy of Management Journal*, 44 (1), 118-131.

Meyer, L. B. (1957), Meaning in music and information theory, *Journal of Aesthetics & Art Criticism*, 15, 412-424.

Meyer, M. H. (1997), Revitalize your product lines through continuous platform renewal, *Research-Technology Management*, 40 (2), 17-28.

Miles, R. E., & Snow, C. C. (1978), *Organizational Strategy, Structure, and Process*, McGraw-Hill. (土屋守章・内藤崇・中野工 訳 (1983)『戦略型経営：戦略選択の実践シナリオ』ダイヤモンド社。)

Miner, A. S., & Mezias, S. J. (1996), Ugly duckling no more: Pasts and futures of organizational learning research, *Organization Science*, 7 (1), 88-99.

三島浩路 (2003)「親しい友人間にみられる小学生の「いじめ」に関する研究」『社会心理学研究』19 (1), 41-50。

三隅二不二 (1984)『リーダーシップ行動の科学』(改訂版) 有斐閣。

三隅二不二・佐古秀一 (1982)「模擬的緊急被災状況における誘導者のリーダーシップ行動が被誘導者の追随行動に及ぼす効果に関する実験的研究」『実験社会心理学研究』22 (1), 49-59。

Mitroff, I. I. (1988), Crisis management: Cutting through the confusion, *MIT Sloan Management Review*, 29 (2), 16-19.

宮城音弥 (1968)『不安について 人間性の心理学』岩波新書。

宮島英昭・青木英孝 (2002)「日本企業における自律的ガバナンスの可能性：経営者選任の分析」伊藤秀史編『日本企業 変革期の選択』第2部，東洋経済新報社。

水谷文俊・中村絵里 (2010)「組織スラックは非効率か」『国民経済誌』201 (4), 29-41。

Moore, G. A. (2005), *Dealing with Darwin: How Great Companies Innovate at Every Phase of Their Evolution*, Portfolio. (栗原潔 訳 (2006)『ライフサイクルイノベーション』翔泳社。)

Morgan, G. (1986), *Images of Organization*, Sage Publications.

森下一仁 (2000)『思考する物語』東京創元社。

Mowrer, O. H. (1960), *Learning Theory and Behavior*, John Wiley Sons.

Muffatto, M., & Roveda, M. (2000), Developing product platforms: analysis of the development process, *Technovation*, 20 (11), 617-630.

村上陽一郎 (1985)「理解の文脈依存化」佐伯胖編『理解とは何か』(認知科学選書4) 1章，東京大学出版会。

村上陽一郎 (1986)「認識の相対性」渡辺慧編『知るということ：認識学序説』(認知科学選書8) 補稿，東京大学出版会。

村上幸雄 (1992)「異質馴化と馴質異化の世界」日本創造学会編『「驚き」から「閃き」へ』3章，共立出版。

武藤安子 (1999)「事例研究法とはなにか」『日本家政学会誌』50 (5), 541-545。

N:

Nadler, D. A., & Tushman, M. L. (1995), Types of organization change: From incremental improvement to discontinuous change. In D. A. Nadler, R. B. Shaw, A. E. Walton, & Associates (Eds.), *Discontinuous change: leading organization transformation* (pp.15-34), Jossey-Bass. (斎藤彰吾 監訳（1997）『不連続の組織変革：ゼロベースから競争優位を創造するノウハウ』2章，ダイヤモンド社。)

中谷内一也（2012）「リスク認知と感情」『リスクの社会心理学』3章，有斐閣。

奈須正裕（1995）「達成動機の理論」宮本美沙子・那須正裕編『達成動機の理論と展開：続・達成動機の心理学』序章，金子書房。

Nelson, T. O., & Narens, L. (1994), Why investigate metacognition. In J. Metcalfe, & A. P. Shimamura (Eds.), *Metacognition: Knowing about knowing* (pp.1-26), MIT Press.

Nelson, R., & Winter, S. (1982), *An Evolutionary Theory of Economic Change*, Harvard University Press.

Nevis, E. C., DiBella, A. J., & Gould, J. M. (1995), Understanding organizations as learning systems, *Sloan Management Review*, 36 (2), 73-85.

Newcomb, T. M. (1953), An approach to the study of communicative acts, *Psychological Review*, 60 (6), 393-404.

Nicolis, G., & Prigogine, I. (1977), *Self-Organization in Nonequilibrium Systems: From Dissipative Structures to Order through Fluctuations*, John Wiley Sons.

Nisbett, R. E., Borgida, E., Crandall, R., & Reed, H. (1976), Popular induction: Information is not necessarily informative. In J. S. Carroll, & J. W. Payne (Eds.), *Cognition and Social Behavior* (pp.47-64), Lawrence Erlbaum.

西川良子（2016）「今治タオルプロジェクトに見る地域ブランディングの成功要因」『梅花女子大学文化表現学部紀要』12, 77-92。

丹羽洋子（1988）「驚きの喚起が達成に及ぼす情緒過程について」『日本教育心理学会総会発表論文集』30 (0), 804-805。

野村一夫（2003）『リフレクション：社会学的な感受性へ』（新訂版）文化書房博文社。

野中郁次郎（1985）『企業進化論：情報創造のマネジメント』日本経済新聞社。

野中郁次郎（1986）「組織秩序の解体と創造：自己組織化パラダイムの提言」『組織科学』20 (1), 32-44。

沼上幹（2000）『行為の経営学：経営学における意図せざる結果の探究』白桃書房。

O：

小川隆義（2003）「企業再生への戦略形成―衰退からの脱却」『日本経営診断学会論集』3, 272-282。

小城武彦（2015）「組織衰退プロセスからの脱却を阻害する組織内メカニズム」『日本経営学会誌』36, 62-73。

Olson, M. (1965), *The theory of collective action: public goods and the theory of groups*, Harvard University Press.

小野坂弘（1993）「パラダイム転換論の諸論点」『法政理論』25 (4), 179-203。

大河内暁男（1979）『経営構想力：企業者活動の史的研究』東京大学出版会。

大月博司（1999）『組織変革とパラドックス』同文舘出版。

大山正・東洋（1984）『認知と心理学 認知心理学構座1』東京大学出版会。

O'Reilly, C. III., & Tushman, M. (2008), Ambidexterity as a dynamic capability: Resolving the innovator's dilemma, *Research in Organizational Behavior*, 28, 185-206.

O'Reilly, C. III., & Tushman, M. (2013), Organizational Ambidexterity: Past, Present and Future, *Academy of Management Perspectives*, 27 (4), 324-338.

238 参考文献

P：

Pandit, N. R. (2000), Some Recommendations For Improved Research on Corporate Turnaround, *Management*, 3 (2), 31-56.

Penrose, E. T. (1959), *The Theory of the Growth of the Firm*, Basil Blackwell.

Pham, M. T., & Higgins, E. T. (2005), Promotion and Prevention in Consumer Decision Making: State of the Art and Theoretical Propositions. In S. Ratneshwar, & D. G. Mick (Eds.), *Inside consumption: consumer motives, goals and desires* (pp. 8-43), Routledge.

Pintrich, P. R. (2002), The role of metacognitive knowledge in learning, teaching, and assessing, *Theory Into Practice*, 41 (4), 219-225.

Plutchik, R. (1980), *Emotion: A Psychoevolutionary Synthesis*, Haprper & Row.

Probst, G., & Büchel, B. (1997), *Organizational learning: The competitive advantage of the future*, Prentice Hall.

Puranam, P., Singh, H., & Zollo, M. (2006), Organizing for innovation: Managing the coordination-autonomy dilemma in technology acquisitions, *Academy of Management Journal*, 49 (2), 263-280.

Puvlov, I. P. (1927), *Conditional Reflexes: An Investigation of the Physiological Activity of the Cerebral Cortex*, Oxford University Press.

R：

Rajagopalan, N., & Spreitzer, G. M. (1997), Toward a Theory of Strategic Change: A Multi-Lens Perspective and Integrative Framework, *Academy of Management Annual Meeting Proceedings*, 22, 48-79.

Reisenzein, R. (2000), The Subjective Experience of Surprise. In H. Bless, & J. P. Forgas (Eds.), *The message within: the role of subjective experience in social cognition and behavior* (pp.262-279), Psychology Press.

Renninger, K. A., & Hidi, S. (2002), Student Interest and Achievement: Developmental Issues Raised by a Case Study. In A. Wigfield, & J. S. Eccles (Eds.), *Development of Achievement Motivation: A volume in Educational Psychology* (pp. 173-195), Academic Press.

Robbins, K., & Pearce II., J. A. (1992), Turnaround : Retrenchment and Recovery, *Strategic Management Journal*, 13 (4), 287-309.

Robinson, S. L., & Bennett, R. J. (1995), A Typology of Deviant Workplace Behaviors: A Multidimensional Scaling Study, *Academy of Management Journal*, 38 (2), 555-572.

Rollo, M. (1950), *Meaning of Anxiety*, Pickle Partners Publishing.

Rosenberg, N. (1976), *Perspectives on technology*, Cambridge University Press.

Rosenbloom, R. S. (2000), Leadership, capabilities, and technological change: The transformation of NCR in the electronic era, *Strategic Management Journal*, 21 (10-11), 1083-1103.

Rosenkopf, L., & Nerkar, A. (2001), Beyond Local Search: Boundary-Spanning, Exploration, and Impact in the Optical Disk Industry, *Strategic Management Journal*, 22 (4), 287-306.

Rothaermel, F. T., & Deeds, D. L. (2004), Exploration and exploitation alliances in biotechnology: A system of new product development, *Strategic Management Journal*, 25 (3), 201-221.

Rousseau, D. M., Sitkin, S. B., Burt, R. S., & Camerer, C. (1998), Not so Different after All: A Cross-Discipline View of Trust, *The Academy of Management Review*, 23 (3), 393-404.

Rowley, T., Behrens, D., & Krackhardt, D. (2000), Redundant governance structures: An analysis of structural and relational embeddedness in the steel and semiconductor industries, *Strategic Management Journal*, 21 (3), 369-386.

Ryan, A. M., & Pintrich, P. R. (1997), Should I Ask for Help? The Role of Motivation and Attitudes in Adolescents' Help Seeking in Math Class, *Journal of Educational Psychology*, 89 (2), 329-341.

S：

桜井茂男（1997）『学習意欲の心理学：自ら学ぶ子どもを育てる』誠信書房。

Schein, E. (1999), *The Corporate Culture Survival Guide*, Jossey-Bass Publishers.

Schöllhammer, H., & Kuriloff, A. H. (1979), *Entrepreneurship and Small Business Management*, John Wiley & Sons.

Schön, D. A. (1983), *The Reflective Practitioner*, Jossey-Bass. (柳沢昌一・三輪建二 監訳（2007）「省察的実践とは何か：プロフェッショナルの行為と思考」鳳書房。)

Schön, D. A. (1987), *Educating the Reflective Practitioner*, Jossey-Bass.

Schön, D. A. (1996), Reflective Conversation with Materials. In T. Winograd (Ed.), *Bringing design to software* (Chapter 9), Addison-Wesley Professional. (瀧口範子 訳（1998）『ソフトウエアの達人たち：認知科学からのアプローチ』9章, アジソン・ウェスレイ・パブリッシャーズ・ジャパン。)

Schumpeter, J. (1934), *Capitalism, socialism, and democracy*, Harper & Row.

Schunk, D. H. (1982), Effects of effort attributional feedback on children's perceived self-efficacy and achievement, *Journal of Educational Psychology*, 74, 548-556.

Schunk, D. H. (2000), Coming to terms with motivation constructs, *Contemporary Educational Psychology*, 25, 116-119.

Schwarz, N. (1990), Feelings as information: Informational and motivational functions of affective states. In E. T. Higgins, & R. M. Sorrentino (Eds.), *Handbook of motivation and cognition: Foundations of social behavior* (Vol. 2) (pp.527-561), Guilford Press.

関沢洋一・桑原進（2012）「感情が消費者態度に及ぼす影響についての予備的研究」『行動経済学』5, 118-136。

Shamir, B., House, R. J., & Arthur, M. B. (1993), The motivational effects of charismatic leadership: A self-concept based theory, *Organization Science*, 4 (4), 577-594.

柴田友厚（2009）「技術戦略の組織的転換過程：松下電器プラズマテレビの事例」『研究 技術 計画』24 (1), 54-70。

Shibata, T. (2012), Unveiling the successful process of technological transition: A case study of Matsushita Electric, *R&D Management*, 42 (4), 358-376.

柴田友厚・馬場靖憲・鈴木潤（2017）「探索戦略の迷走：富士フイルムとコダックの分岐点」『赤門マネジメント・レビュー』16 (5), 213-232。

柴田友厚・児玉充・鈴木潤（2017）「二刀流組織からみた富士フイルムの企業変貌プロセス」『赤門マネジメント・レビュー』16 (1), 1-22。

Siggelkow, N., & Levinthal, D. A. (2003), Temporarily divide to conquer: Centralized, decentralized, and reintegrated organizational approaches to exploration and adaptation, *Organization Science*, 14 (6), 650-669.

Siggelkow, N., & Rivkin, J. W. (2005), Speed and search: Designing organizations for turbulence and complexity, *Organization Science*, 16 (2), 101-122.

Simon, H. A. (1947), *Administrative Behavior: A Study of Decision-Making Processes in Administrative Organization*, Macmillan.

Simsek, Z. (2009), Organizational ambidexterity: Towards a multilevel understanding, *Journal of Management Studies*, 46 (4), 597-624.

240 参考文献

Singh, J. V. (1986), Performance, slack, and risk taking in organizational decision making, *Academy of Management Journal*, 29 (3), 562-585.

Singhal, A. (2011), Turning diffusion of innovations paradigm on its head. In A. Vishwanath, & G. A. Barnett (Eds.), *The Diffusion of Innovations: A Communication Science Perspective* (pp.193-205), Peter Lang.

Skinner, B. F. (1938), *The Behavior of Organisms: An Experimental Analysis*, Appleton-Century-Crofts.

Slatter, S., & Lovett, D. (1999), *Corporate turnaround*, Penguin Books. (ターンアラウンド・マネジメント・リミテッド 訳 (2003)『ターンアラウンド・マネジメント』ダイヤモンド社。)

Slovic, P., Finucane, M. L., Peters, E., & MacGregor, D. G. (2004), Risk as analysis and risk as feelings: Some thoughts about affect, reason, risk, and rationality, *Risk Analysis*, 24, 311-322.

Smelser, N. J. (1963), *Theory of Collective Behavior*, Free Press.

Sørensen, J. B., & Stuart, T. E. (2000), Aging, obsolescence, and organizational innovation, *Administrative Science Quarterly*, 45 (1), 81-112.

Spielberger, C. D., Gorsuch, R. L., & Lushene, R. E. (1970), *Manual for the State-Trait Anxiety Inventory*, Consulting Psychologists Press.

Starbuck, W. H. (1976), Organizations and their environments. In M. D. Dunnette (Ed.), *Handbook of Industrial and Organizational Psychology* (pp.1069-1124), Rand McNally.

Starbuck, W. H. (1983), Organizations as action generators, *American Sociological Review*, 48, 91-102.

Starbuck, W. H., Greve, A., & Hedberg, B. (1978), Responding to crises, *Journal of Business Administration*, 9 (2), 111-137.

Staw, B. M., Sandelands, L. E., & Dutton, J. E. (1981), Threat rigidity effects in organizational behavior: A multilevel analysis, *Administrative Science Quarterly*, 26 (4), 501-524.

Stigliz, J. E. (1987), Learning to learn, localized learning and technological progress. In P. Dasgupta, & P. Stoneman (Eds.), *Economic Policy and Technological Performance* (pp.125-153), Cambridge University Press.

Strauss, A. L. (1944), The literature on panic, *Journal of Abnormal and Social Psychology*, 39 (3), 317-328.

Stuart, T., & Podolny, J. (1996), Local search and the evolution of technological capabilities, *Strategic Management Journal*, 17, 21-38.

鈴木修 (2007)「「探索 (exploration)」と「活用 (exploitation)」との両立に関する考察：IRI ユビテックの事例を題材に」『一橋大学大学院商学研究科 Technical Report』No.43。

鈴木修 (2013)「新製品開発における「活用 (exploitation)」と「探索 (exploration)」との比率と、継続的な企業成長との関係に関する実証分析：医薬品開発を題材に」『研究 技術 計画』27 (1-2), 27-38。

Szulanski, G. (2000), The process of knowledge transfer: A diachronic analysis of stickiness, *Organizational Behavior and Human Decision Processes*, 82 (1), 9-27.

T：

高橋秀直 (2009)「市場創成期における参入行動に関する分析視角」『一橋研究』33 (3, 4), 1-12。

高橋伸夫 (2007)「組織の吸収能力とロックアウト」『赤門マネジメント・レビュー』6 (8), 345-352。

高野陽太郎・波多野誼余夫 (2006)『認知心理学概論』放送大学教育振興会。

高瀬常男 (1975)「実践研究の方法論的課題」続有恒・高瀬常男 編『心理学研究法 13 実践研究』2

章，東京大学出版会。

竹淵真由（2009）「実践の省察に関する一考察：社会教育・生涯学習実践研究方法論の確立に向けて」『人間文化創成科学論叢』12, 267-275。

武石彰・青島矢一・軽部大（2008）「イノベーションの理由：大河内賞受賞事例にみる革新への資源動員の正当化」『組織科学』42 (1), 4-14。

竹原卓真・佐藤直樹（2004）「喜びの顔文字による感情伝達の促進効果」『日本顔学会誌』4, 9-17。

竹村和久（1997）「思考・判断と感情」海保博之編『温かい認知の心理学』4 章，金子書房。

竹綱誠一郎・鎌原雅彦・沢崎俊之（1988）「自己効力に関する研究の動向と問題」『教育心理学研究』36 (2), 172-184。

田中堅一郎（2009）「組織市民行動・非生産的行動」産業・組織心理学会編『産業・組織心理学ハンドブック』(pp.188-191), 丸善。

田中周平（2005）「救急看護におけるフィンクの危機モデルに関する研究：先行研究分析から抽出した臨床応用への留意点」『山口県立大学看護学部紀要』9, 91-99。

谷口淳一（2012）「援助行動の意図性と特定性が好意伝達の可否に与える影響」『対人社会心理学研究』12, 135-141。

田尾雅夫（1991）『組織の心理学』有斐閣ブックス。

田尾雅夫（1999）『組織の心理学』（新版）有斐閣ブックス。

田柳恵美子（2010）「音楽のパフォーマンスデザインとイノベーション：ジャズにおける即興と革新を事例として」『認知科学』17 (3), 459-473。

Teece, D. J. (2007), Explicating dynamic capabilities: The nature and microfoundations of (sustainable) enterprise performance, *Strategic Management Journal*, 28 (13), 1319-1350.

Teece, D. J. (2009), *Dynamic capabilities and strategic management: Organizing for innovation and growth*, Taylorfrancis.

寺澤朝子（2005）「組織行動論の展開」岸田民樹編『現代経営組織論』4 章，有斐閣。

戸梶亜紀彦（2004）「感動体験の効果について：人が変化するメカニズム」『広島大学マネジメント研究』4, 27-37。

Tsang, E. W. K., & Zahra, S. A. (2008), Organizational unlearning, *Human Relations*, 61 (10), 1435-1462.

Tushman, M. L., Anderson, P. C., & O'Reilly, C. A. III. (1997), Technology Cycles, Innovation Streams, and Ambidextrous Organizations: Organization Renewal through Innovation Streams and Strategic Change. In M. L. Tushman, & P. C. Anderson (Eds.), *Managing Strategic Innovation and Change* (pp. 3-23), Oxford University Press.

Tushman, M. L., & O'Reilly, C. A. III. (1996), Ambidextrous organizations: Managing evolutionary and revolutionary change, *California Management Review*, 38 (4), 8-30.

Tushman, M. L., & Romanelli, E. (1985), Organizational evolution: A metamorphosis model of convergence and reorientation, *Research in Organizational Behavior*, 7, 171-222.

Tversky, A., & Kahneman, D. (1973), Availability: A heuristic for judging frequency and probability, *Cognitive Psychology*, 5, 207-232.

U :

Utterback, J. M. (1994), *Mastering the dynamics of innovation*, Harvard Business School Press.

V :

Vargo, S., & Lusch, R. (2004), Evolving to a New Dominant Logic for Marketing, *Journal of*

Marketing, 68, 2-3.

Virany, B., Tushman, M. L., & Romanelli, E. (1992), Executive succession and organization outcomes in turbulent environments: An organization learning approach, *Organization Science*, 3 (1), 72-91.

W :

和田崇編（2005）『創発まちづくり：動く・繋がる・生まれる』学芸出版社。

Wang, H., & Li, J. (2008), Untangling the Effects of Overexploration and Overexploitation on Organizational Performance: The Moderating Role of Environmental Dynamism, *Journal of Management*, 34 (5), 925-951.

Watanabe, C., & Asgari, B. (2004), Impacts of functionality development on dynamism between learning and diffusion of technology, *Technovation*, 24 (8), 651-664.

Watzlawick, P., Beavin, J. H., & Jackson, D. D. (1967), *Pragmatics of Human Communication*, W.W. Norton & Company.

Weick, K. E. (1979), *The social psychology of organizing*, Addison-Wesley. (遠田雄志 訳 (1997)『組織化の社会心理学』文眞堂。)

Weick, K. E. (1995), *Sensemaking in organizations*, Sage Publications. (遠田雄志・西本直人 訳 (2001)『センスメーキング イン オーガニゼーションズ』文眞堂。)

Weitzel, W., & Jonsson, E. (1989), Decline in Organizations: A Literature Integration and Extension, *Administrative Science Quarterly*, 34 (1), 91-109.

Wenger, E. (1990), *Toward a theory of cultural transparency: Elements of a social discourse of the visible and the invisible*, Doctoral Dissertation, University of California, Irvine.

Wenger, E. (1998), *Communities of practice: Learning, meaning and identity*, Cambridge University Press.

Wi, J. H. (魏晶玄) (2001)「資源の移動と再結合による製品アーキテクチャの変化への適応プロセス：東芝のラップトップのケースを中心に」『経済学研究』43, 43-56。

Wiersema, M. F. (1992), Strategic consequences of executive succession within diversified firms, *Journal of Managenzent Studies*, 29 (1), 73-94.

Wigfield, A., & Eccles, J. S. (2000), Expectancy: Value Theory of Achievement Motivation, *Contemporary Educational Psychology*, 25, 68-81.

Winne, P. H. (2001), Self-regulated learning viewed from models of information processing. In B. J. Zimmerman, & D. H. Schunk (Eds.), *Self-regulated learning and academic achievement: Theoretical perspectives* (2) (pp.153-189), Lawrence Erlbaum.

Winter, S. G., & Szulanski, G. (2001), Replication as strategy, *Organization Science*, 12 (6), 730-743.

Wolman, C., & Frank, H. (1975), The solo woman in a professional peer group, *American Journal of Orthopsychiatry*, 45 (1), 164-171.

X :

Xie, X., Wang, M., Zhang, R., Li, J., & Yu, Q. (2011), The role of emotions in risk communication, *Risk Analysis*, 31, 450-465.

Y :

山田誠二（2005）「手続き的知識と宣言的知識」人工知能学会編『人工知能学事典』(pp.213-214), 共立出版。

山口裕幸（1997）「メンバーの多様性が集団創造性に及ぼす影響」『九州大学教育学部紀要』（教育心理学部門）42, 9-19。

山倉健嗣（1988）「革新的組織の視点」『横浜経営研究』9 (2), 81-93。

山倉健嗣（1993）『組織間関係：企業間ネットワークの変革に向けて』有斐閣。

山根一郎（2005）「驚きの現象学」『椙山女学園大学研究論集』36, 13-28。

山根一郎（2006）「恐怖の現象学的心理学」『人間関係学研究』5, 113-129。

山野井順一（2006）「中小企業における経営者交代と戦略変更の関係：後継者の組織社会化の影響」『日本経営学会誌』16, 43-55。

山岡徹（2016）「組織における両利き経営に関する一考察」『横浜経営研究』37 (1), 43-54。

山崎秀雄（2009）「企業における製品イノベーションのプロセスと持続的競争優位」『日本経営学会誌』24, 16-28。

山崎由香里（2011）『組織における意思決定の心理：組織の記述的意思決定論』同文舘出版。

矢守克也・三隅二不二（1988）「緊急異常事態発生時の対処行動に及ぼす平常時リーダーシップ行動の効果」『実験社会心理学研究』28 (1), 35-46。

安室憲一（1987）「組織のクォンタム・リープ論：ポピュレーション・エコロジーにおける組織進化の一試論」『商大論集』38 (3-4), 227-251。

Yerkes, R. M., & Dodson, J. D. (1908), The relation of strength of stimulus to rapidity of habit-formation, *Journal of comparative neurology & Psychology*, 18, 459-482.

Yin, R. K. (1994), *Case study research: Design and method*, Sage Publications.

吉田孟史（1991）「組織間学習と組織の慣性」『組織科学』25 (1), 47-57。

吉田孟史（2004）「組織の自己再生：疑いと驚きの役割」『経済科学』52 (3), 25-42。

吉田孟史（2011）「ビジネスモデル進化論：知識創造的学習の観点から」『青山経営論集』46 (1), 89-106。

結城祥（2011）「マーケティング・チャネルにおける関係性と機動性の管理」『政策科学』（立命館大学政策科学会）18 (2), 1-10。

Z：

Zahra, S. A., & George, G. (2002), Absorptive capacity: A review, reconceptualization, and extension, *Academy of Management Review*, 27 (2), 185-203.

Zander, U., & Kogut, B. (1995), Knowledge and the speed of the transfer and imitation of organizational capabilities: An empirical test, *Organization Science*, 6 (1), 76-92.

Zollo, M., & Winter, S. G. (2002), Deliberate learning and the evolution of dynamic capabilities, *Organization Science*, 13 (3), 339-351.

事項索引

【数字・アルファベット】

2 種類の不安　67
4I フレームワーク　20
S 字曲線　15
Yerkes-Dodson の法則　53, 67

【ア行】

アジェンダ　75
アプリケーション・イノベーション　44
アンラーニング　13
異質馴化　89
異質性　91-92, 199
逸脱　56-57, 83
意図せざる結果　62
イナクトメント　70-71
因果マップ　63
疑うこと　63
オーバーエクステンション　217
オープン・エンド　21, 137
驚き　103-106
　　――の感情　104
オペラント条件づけ　52

【カ行】

快感情　105, 205
解釈コード　11
概念の対極化　97, 204
回復段階　46
外部者（アウトサイダー）　85, 88, 199
学習意欲　123
学習棄却　60
学習の近視眼　22
学習の自己破壊的な特性　22
「活用」　3-8, 12-13, 47
　　――と「探求」の両立　26
感情ヒューリスティックス　102
関心や興味　131, 205

危機管理　48
危機の段階　48-50
企業家　47
技術軌道　14
技術知識　110
技術転換　32
技術パラダイム　15
機動性　18, 35
吸収能力　114-115
急進的な学習　13, 34
急進的な革新　14
脅威―硬直モデル　40
境界連結者　86, 199
局所探索　20
経営者の交代　84-85
計画におけるグレシャムの法則　22, 65
経験的システム　99
経験に基づく学習　14
経路依存性　42
広域探索　20
行為システムの環境記述　140
行為の後のリフレクション　94
行為の中のリフレクション　94
好意の返報性　121
公式化　19, 40
高次学習　60
構造的イノベーション　61
構造的両利き　31
行動の逸脱　77
古典的条件づけ　52
コンフリクト　42, 66

【サ行】

サービス・ドミナント・ロジック　82
再生　43-44, 46
時間的両利き　31
事業転換　46
自己引用特許　16

事項索引　245

自己効力感　76, 122, 213
自己再生　4
自己組織化　69
市場開発　117
市場知識　110
市場のライフサイクル　44
失敗の罠　24
周縁部分　86
集権化　18, 40
集合行為モデル　41
集合財　41
集合性　76
集団凝集性　73
集団的浅慮　59
縮小段階　46
状態不安　51
焦点化プロセス　20
スキーマ　52
ステークホルダー　84, 89
ストレス　52
制御焦点理論　106
生態学的変化　70-71
制度的信頼性　58
製品アーキテクチャ　24
製品イノベーション　16, 44
製品プラットフォーム　14
制約された合理性　23
宣言的知識　110
漸進的な学習　13, 34
漸進的な革新　14
センスメーキング　70
想起容易性　100
促進焦点　106
組織学習　12
組織慣性　14, 26, 43, 86
組織スラック　3, 21, 65
組織能力　28, 36
組織の危機　42
組織のクォンタム・リープ　90
組織の衰退　39-40
組織の断続平衡モデル　33
組織の有効性　42
組織のライフサイクル　19, 39
組織のルーティン　11-12, 45

組織変革　43

【タ行】

対境担当者　86
ダイナミック・ケイパビリティ　36
多義性　70
多義的　58
他者受容感　123, 213
脱物象化　89
単一ドメイン　30
「探求」　3-8, 12-13, 47, 198
　　——活動の発端　57
　　——の類型　20
断続平衡モデル　29
逐次的両利き　29, 216
知識移転　112
知識結合能力　116
知識の多様性　113, 116
直交的な関係　27
低次学習　60
手続き的知識　110
転用　112-113
動機づけ支援効果　97, 204
同時的両利き　29
透明性　214
特性不安　51

【ナ行】

内発的動機づけ理論　123
二重構造の組織　30
認識のスキーマ　74
認知ギアの転換　77
認知的枠組み　13, 62, 76
認知に基づく学習　14
認知の逸脱　77

【ハ行】

場　76, 117, 207
　　——の設定　119, 207
　　——の創発　119, 208
派生製品　14
パイプライン　17
パラダイム　11, 44
　　——転換　91

246　事項索引

パラドックス　30, 33
半構造化インタビュー　139
非公式化　19
非同調　59
ヒューリスティックス　99
非連続的イノベーション　15
不安　51-52
　　──スキーマ　52
不協和状態　105
複製　34, 113
不透明性　214
負の外部効果　25
フレーム　70
　　──調整　76
プロセス・イノベーション　16
プロセスモデル　45
分化　112
分極化思考　53
分権化　18
文章の理解　214
分析的システム　99
文脈的両利き　31
変革型リーダーシップ　74
変革への抵抗　54
返報性の原理　121
防衛機制　50
方略的知識　110

ポジティブ気分　107

【マ行】

埋没費用　25
マイルストーン　82
メタ認知的知識　110
メンタリング　75
モジュール　14

【ヤ行】

役割モデリング　74, 76
有能性の罠　25
ゆらぎ　56, 92
良い逸脱　59
予防焦点　107

【ラ行】

ランダム・トランスフォーメーション理論　90
理解支援効果　97, 204
リフレクション　89, 93-95
利用可能性ヒューリスティックス　99
両利きの学習　5, 8, 28-29, 216
ルース・カップリング　30
ルーティン・ベース　12
レイブリング・パースペクティブ　64
連続的イノベーション　15

人名索引

【ア行】

アイセン（A. M. Isen）　107
浅川和宏・中村洋　92
アダムス（J. S. Adams）　86
アバナシー（W. J. Abernathy）　16
　　——とクラーク（W. J. Abernathy & K. B.
　　　Clark）　61
アンゾフ（H. I. Ansoff）　117
伊丹敬之　76, 117
犬飼知徳　40
今田高俊　92
イン（R. K. Yin）　137
ウェンガー（E. Wenger）　214
小野坂弘　91
オライリーとタッシュマン（C. O'Reilly III. &
　　M. Tushman）　28

【カ行】

カティラ（R. Katila）　113
　　——とアフジャ（R. Katila & G. Ahuja）
　　　17, 27
カプラン（G. Caplan）　49
キャバノーら（M. A. Cavanaugh et al.）　54
グールドナー（A. W. Gouldner）　121
クーン（T. S. Kuhn）　91
釘原直樹・三隅二不二　72
　　——・佐藤静一・重岡和信　73
工藤秀雄　56
グプタら（A. K. Gupta et al.）　27, 33
倉八順子　67
クローガー（C. V. Kroeger）　39
ケリーら（H. H. Kelley et al.）　72
コーエンとレビンサル（W. M. Cohen & D. A.
　　Levinthal）　114
コグットとザンダー（B. Kogut & U. Zander）
　　116-117
コッター（J. P. Kotter）　75

近藤良樹　103

【サ行】

ザーラとジョージ（S. A. Zahra & G. George）
　　114
サイアートとマーチ（R. M. Cyert & J. G.
　　March）　41
桜井茂男　123
シェイマーら（B. Shamir et al.）　76
シェルハマーとクリロフ（H. Schöllhammer &
　　A. H. Kuriloff）　42
シャイン（E. Schein）　67, 201
ジャニス（I. L. Janis）　59
ジャンセンら（J. J. P. Jansen et al.）　19
シュワルツ（N. Schwarz）　107, 132
ショーン（D. A. Schön）　93-95
スズランスキー（G. Szulanski）　112
スターバック（W. H. Starbuck）　43
ソレンセンとスチュアート（J. B. Sørensen &
　　T. E. Stuart）　16, 19

【タ行】

高野陽太郎・波多野誼余夫　100
高橋伸夫　116
タッシュマンとロマネリー（M. L. Tushman
　　& E. Romanelli）　33
田中周平　50
ダフトとワイク（R. L. Daft & K. E. Weick）
　　77
ダンカン（R. B. Duncan）　33
ツァングとザーラ（E. W. K. Tsang & S. A.
　　Zahra）　60
デービス（F. D. Davis）　88
デービス（M. S. Davis）　97-98
デカルト（R. Descartes）　103
出川淳　111
寺澤朝子　55
戸梶亜紀彦　105, 121

248　人名索引

【ナ行】

ナドラーとタッシュマン（D. A. Nadler & M. L. Tushman）　43
西川良子　199
野村一夫　89

【ハ行】

ハースト（D. K. Hurst）　43
ハイフェッツとホール（M. Heifetz & S. Halle）　54
バスとスタイドルマイヤー（B. M. Bass & P. Steidlmeier）　74
長谷正人　62-63
バンデューラ（A. Bandura）　122
ハンブリックとシェクター（D. C. Hambrick & S. M. Schecter）　45
ヒギンズ（E. T. Higgins）　107
フィオールとライルズ（C. M. Fiol & M. A. Lyles）　60
フィヌケーンら（M. L. Finucane et al.）　103
フィンク（S. Fink）　48, 55
フィンク（S. L. Fink）　49-50
フーバー（G. P. Huber）　112
藤原雅俊　218
古澤和行　77
プルチック（R. Plutchik）　105, 121
プロブストとビッフェル（G. Probst & B. Büchel）　21
ベーデン・フラーとウインター（C. Baden-Fuller & S. Winter）　113
ベッカー（H. S. Becker）　64
ヘッドバーグ（B. Hedberg）　13, 60, 119
ホール（E. T. Hall）　118

【マ行】

マーチ（J. G. March）　11-13, 19, 25, 27, 37, 224
マイルズとスノー（R. E. Miles & C. C. Snow）　24

マズロー（A. H. Maslow）　118
三隅二不二　73
　　──・佐古秀一　73
ムーア（G. A. Moore）　44
村上陽一郎　91
メイヤー（L. B. Meyer）　204
モウラー（O. H. Mowrer）　52

【ヤ行】

ヤーキズとドッドソン（R. M. Yerkes & J. D. Dodson）　53
安室憲一　90
山倉健嗣　86
山根一郎　104
山野井順一　88
矢守克也・三隅二不二　73
吉田孟史　44, 47

【ラ行】

ライアンとピントリッチ（A. M. Ryan & P. R. Pintrich）　79
リヒテンシュタインら（S. Lichtenstein et al.）　100
ルイスとサットン（M. R. Louis & R. I. Sutton）　62, 76
ルバトキンら（M. Lubatkin et al.）　16
レビット（E. E. Levitt）　67
レビットとマーチ（B. Levitt & J. G. March）　12
レビンサル（D. A. Levinthal）　112
　　──とマーチ（D. A. Levinthal & J. G. March）　24
レメルト（E. M. Lemert）　57
ローゼンコフとナーカー（L. Rosenkopf & A. Nerkar）　19
ローレンスとローシュ（P. R. Lawrence & J. W. Lorsch）　112

【ワ行】

ワイク（K. E. Weick）　3, 62-63, 70-71, 81, 220

著者紹介

北　真収（きた　まさのぶ）

摂南大学経営学部 教授

［主な経歴］

　1954年9月和歌山県生まれ。20数年間，メーカーや㈱野村総合研究所にて，企画・調査や海外業務などに携わる。2004年，北九州市立大学経済学部に赴任，その後，大学院 教授。2012年，岡山大学経済学部／大学院 教授。2018年から現職。専門は経営戦略，組織再生。

　東京工業大学大学院社会理工学研究科経営工学専攻博士後期課程修了。博士（学術）（東京工業大学）。

［主な著書］

　単　　著　『テキストブック　経営戦略』岡山大学出版会，2013年
　単　　著　『ケースで考えるトップマネジメントの意思決定』中央経済社，2007年
　共 編 著　『経営ケースブック　新たな市場，顧客を切り拓く』岡山大学出版会，2016年
　分担執筆　*Technological Innovation Across Nations* (Chihiro Watanabe *et al.* Eds.) (pp. 13-64), Springer, 2009年
　分担執筆　『中国製造業のアーキテクチャ分析』（藤本隆宏・新宅純二郎編著）第10章，東洋経済新報社，2005年

［主な論文］

　単　　著　「粘着情報の解釈とその構造」『日本経営学会誌』27，pp.3-14，2011年
　単　　著　「モジュラー型アーキテクチャにみる学習効果の一考察」『国際ビジネス研究学会年報』pp.103-119，2004年

など。

組織の自己再生マネジメント
―市場「探求」と技術「活用」の両利きの学習プロセス―

2019年11月10日　第1版第1刷発行　　　　　　　　　　　　検印省略

著　者　北　　真　収

発行者　前　野　　隆

発行所　株式会社 文　眞　堂

東京都新宿区早稲田鶴巻町533
電　話　03（3202）8480
FAX　03（3203）2638
http://www.bunshin-do.co.jp
郵便番号(162-0041)振替00120-2-96437

印刷・モリモト印刷／製本・高地製本所
©2019
定価はカバー裏に表示してあります
ISBN978-4-8309-5047-6 C3034